CLANDESTINOS

¿Qué hay detrás de la inmigración ilegal?

CLANDESTINOS

¿QUÉ HAY DETRÁS DE LA INMIGRACIÓN ILEGAL?

MARTÍN ALDALUR

EDICIONES B
GRUPO ZETA

Barcelona • Bogotá • Buenos Aires • Caracas • Madrid • México D.F. • Montevideo • Quito • Santiago de Chile

1.ª edición: febrero 2010

© Martín Aldalur Balbás, 2010
© Ediciones B, S. A., 2010
     Bailén, 84 - 08009 Barcelona (España)
     www.edicionesb.com

Printed in Spain
ISBN: 978-84-666-3439-7
Depósito legal: B. 1.107-2010

Impreso por S.I.A.G.S.A.

A María Jesús Balbás

Índice

Prólogo

Una voz peregrina, en el concierto del absurdo, vierte su clara lumbre entre las sombras del prejuicio y la ignorancia de vastos sectores de la conciencia colectiva. Martín Aldalur —su libro— restituye, si esto fuera posible, algo de la dignidad perdida. Nombra a los sin nombre, muestra a los invisibles, a los pobres entre los pobres, legitima a los clandestinos. Pinta blanco sobre negro —y la metáfora no podría ser más elocuente— en un fenómeno cuyos contornos se funden en el gris sucio de los discursos envilecidos. Y realiza esta gesta sin ceder a la tentación de idealizar a unos y satanizar a otros. Víctimas o victimarios, en estas páginas, todos tienen su oportunidad. Toma posición, por supuesto, pero no cierra juicios definitivos. Esa responsabilidad nos concierne.

En la aldea global, hay un infierno a la vuelta de la esquina ante nuestros ojos velados. Y por extraño que nos resulte no deja de ser el propio. El orbe entero es un cayuco, y más temprano que tarde viajaremos a bordo, no ajenos a exilios y naufragios. En este báratro insondable —reflejo en negativo, anamorfosis de la civilización del bienestar— anidan los espectros de nuestra incurable estupidez, de lo peor de nuestra condición: colonialismo, violencia, oscurantismo, negación del otro como semejante, racismo. Rémoras que la pesadilla de los siglos no ha hecho sino perfeccionar. La esclerosis opulenta de las sociedades burguesas, con su doble rostro, oculta intereses inconfesables y reproduce falacias, simulacros, barbarie, guerras sin fin. Hoy, como nunca antes, esta ronda de calamidades danza en la alienación de una realidad que se banaliza en la pantalla de los ordenadores, en la pseudoverdad de los medios. Nuevos escenarios, nuevos actores para un drama antiguo, mil veces representado, recurrente en la locura de la historia. La dolorosa suma de los testimonios que vienen nos recuerda que el problema del hombre siempre ha sido y seguirá siendo eminentemente moral.

Ocupa a los contemporáneos un fin de tiempo, un cambio de paradigma. En este vórtice, resulta difícil concebir —romanticismo de lado— un mundo mejor. Pero el desafío no cesa, si no acertamos se cumplirá la celebérrima sentencia: «mudar de tiranos sin destruir la tiranía».

GABRIEL LANDONI

1

Introducción

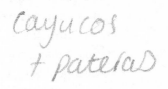

Clandestino, na.
(Del lat. *clandestīnus.*)
1. adj. Secreto, oculto, y especialmente hecho o dicho secretamente por temor a la ley o para eludirla.

Real Academia Española

A partir de 2006, con la llegada masiva de cayucos a las costas canarias procedentes del África occidental, se evidenciaron, por un lado, una comunidad africana que vivía en España desde hacía veinte años y, por otro, la dura realidad de un continente que nos mira y al que damos la espalda. Las portadas de los periódicos hablan de «avalancha» e «invasión» y, aunque la inmigración irregular llegada en cayuco y patera no supere el 4 % del total, la percepción general es la de un acecho, un peligro constante dentro del «problema de la inmigración».

Miles de personas mueren tratando de llegar a las costas europeas, personas que se han convertido en un número que retumba como un eco en los medios de comunicación. Una cifra despojada de todo valor humano que, en lugar de conmover, asusta. Según las estimaciones de la organización Fortress Europe, al menos diez mil inmigrantes han perdido la vida de este modo. Otras organizaciones multiplican este número por tres. A pesar de que en 2008 se celebrara el 60.º aniversario de la Declaración Universal de los Derechos Humanos, el control de los flujos migratorios que ejercen los estados priva del derecho al libre movimiento que tienen todas las personas, además de generar innumerables violaciones que no trascienden de los informes que emiten los diferentes organismos.

El vértigo y la vacuidad de la noticia informan y anestesian. Lejos de estimular el juicio crítico venden un producto cerrado, para ser consumido sin metabolizar. Esta corriente mediática genera sujetos pasivos e indiferentes. Tanto la censura como la sobreinformación están al servicio de velar la verdadera dimensión de los hechos. Tomar conciencia y situarnos ante este fenómeno nos obliga a ponerles rostro, nombre y apellido a las personas que llegan, a las que quedan en el camino y a las que mueren como una simple cifra.

Éste es un libro de testimonios. La prioridad la tendrán los inmigrantes, pero también hemos incluido las voces de los políticos, de los cuerpos de seguridad del Estado que están implicados en el proceso, de los médicos que atienden a inmigrantes, de los periodistas que informan, de los pensadores y miembros de diferentes organismos. Se trata de una reconstrucción del proceso desde el origen. Aunque siempre seguirán ausentes las voces de quienes no están, los que mueren en esta terrible aventura. Así, con la convicción de que la verdad absoluta no existe, este trabajo pretende aunar la mayoría de las subjetividades posibles sobre el mismo tema, sin eludir por esto la necesaria toma de posición. Y, del mismo modo que los africanos realizan la gran travesía para llegar a su «Dorado», se pretende invitar al lector a hacer un viaje a través de las páginas de este libro. Comprender —si fuera posible— las motivaciones, vivir los procesos y abrir canales de comunicación, por otra parte tan necesarios para que existan sociedades plurales, con un lugar para el diferente. La comunicación implica atravesar fronteras, no precisamente físicas, como las que tienen que sortear los que consiguen llegar a Europa, sino culturales. Sobrepasar los límites de nuestro sistema de creencias, de lo que aprendimos que era absoluto, y encontrarnos en un nuevo espacio. Para ello, durante los últimos tres años he entrevistado a más de 300 personas y he viajado por diferentes países. He visto de cerca el dolor, la indiferencia, la hipocresía y la dignidad. Desde una oficina del Senado en Madrid a un pueblito de pescadores en una recóndita isla de Senegal.

Los pobres son invisibles en cualquier sociedad, no se les mira a los ojos. Pero si además son inmigrantes y negros, son doblemente invisibles y paradójicamente incómodos: sólo se ven de manera negativa, amenazante o, en el mejor de los casos, condescendiente, como si fueran seres inferiores, «pobres diablos».

Es importante que nos preguntemos cómo percibimos a los demás, cómo percibimos la realidad. La brecha de apenas catorce kilómetros que separa el continente africano del europeo supone uno de los mayores abismos culturales y económicos del planeta. Al otro lado del estrecho está África, enigmática, desconocida, paupérrima. De nuestro lado, todo lo que ellos no tienen y anhelan. Pero ¿qué es África? Pareciera que es un país cuando en realidad es uno de los continentes más grandes, de mayor complejidad cultural y humana. ¿Cómo entrenar nuestra mirada? Tenemos que estar alerta a nuestra manera de ver las cosas y a nuestro prójimo. Percibimos la realidad con una lente que nos da la ilusión de la libertad de discernir. No somos plenamente conscientes de cuánto nuestra cosmovisión se ve condicionada por ciertos principios que manejamos como básicos.

Una tarde paseaba con Abdoulaye, un joven senegalés, por el puerto de Niodior, en una isla ubicada en la desembocadura de los ríos Sine y Saloum. Anochecía y se veían las palmeras recortadas en el horizonte. Los manglares daban paso a las aguas que dibujando meandros querían salir al mar. A la sombra de los cocoteros, observé perplejo que los hombres del pueblo estaban tumbados, charlando, guarecidos en unas rústicas construcciones hechas con troncos y cubiertas con hojas de palma secas mientras que las mujeres, vestidas con sus llamativas telas y con niños anudados a la espalda, trabajaban ahumando el pescado. Hacía tiempo que había observado que las mujeres trabajaban más que los hombres y no pude evitar preguntarle a Abdoulaye con cierta sorna:

—Aquí, ¿quiénes trabajan más, las mujeres o los hombres?
Sorprendido, me contestó:

—Los hombres pescan, cada uno cumple su parte.

—¿Por qué no les preguntamos a las mujeres, a ver qué dicen ellas?

—No lo entenderán. Cada uno cumple una función en la familia. Aquí es así. Pero si quieres, pregúntales.

Les pregunté, pero no manejábamos los mismos códigos, se reían mientras seguían con su faena. Ésta fue una de las claves para comprender dos cosas que me parecieron de vital importancia. La primera, que tenía que mirar de otra manera, o por lo menos reconocer mi mirada como parcial y no trasladar mi universo de valores a todas las situaciones. La segunda fue el hecho, nada desdeñable, de que «cada miembro de la familia cumple un cometido.» El de muchos jóvenes es partir en cayuco a Europa. La emigración forma parte de una estrategia familiar, de tribu o de clan. Pero no sólo es así en África, por lo pronto, también lo fue en España hasta no hace mucho tiempo.

En Dakar conocí a un personaje con el que pronto entablé amistad. Un catalán del Pirineo, un artista que fue a parar a la cooperación española. Vicens Casassas vive en Senegal desde hace varios años y es un gran conversador. En más de una ocasión lo fui a buscar a su oficina, ubicada en el barrio de Point E, cerca de la famosa pastelería francesa Les Ambassades. El barrio está lleno de *toubabs*, blancos que han elegido esta zona para trabajar. Así encontramos las sedes de innumerables ONG y organismos internacionales. Hay que cruzar la rotonda y la estación de servicio para llegar a la oficina de Vicens. Baja las escaleras, va vestido con una camiseta de rayas blancas y negras y lleva la gorra de siempre. Vamos a comer un suculento *thieboudienne* —arroz con pescado— al único restaurante popular de la zona. La comida sale por menos de dos mil francos CFA —unos tres euros—. Vicens habla sobre los vericuetos de la cooperación y sobre sus impresiones respecto a la sociedad senegalesa. Dice que le parece una sociedad opaca, haciendo una metáfora con el color de la piel de los africanos. Asegura que no llega a entenderla en su totalidad. «Ahora, estar aquí me ha servido para conocer mi propia sociedad, *aquello.*» Asegura que muchas de las cosas que ocurren hoy en Senegal ocurrían ayer en el Pirineo catalán, del que él proviene, y que los olvidos de nuestra sociedad al respecto suponen una falta de reconocimiento de nuestro pasado, «de lo que somos».

TODOS SOMOS INMIGRANTES

Ángel camina por la peatonal, junto al mercado municipal de San Sebastián de La Gomera, en las islas Canarias. Tiene los brazos fuertes y las manos duras. Los años como marinero, obrero o revolucionario no lo han amilanado. Todo lo contrario, a pesar de los avatares camina erguido, desafiante. Sigue fumando mucho y unas grandes gafas de montura metálica velan su mirada honesta. Días antes, cuando buscaba a alguien que hubiese partido del archipiélago canario como «clandestino» en la posguerra española, hablé con él y fue tajante: «Quedan muy pocos supervivientes del *Telémaco*. Son muy mayores y apenas pueden hablar. Además, ¡conozco la historia de este barco mejor que ellos mismos!» Toda una vida de investigaciones y entrevistas sobre el barco en el que emigró su padre, Cristóbal Suárez, así lo acreditan.

Nos sentamos en la terraza de un populoso bar del municipio. Pide café y enciende un cigarrillo. De cerca se aprecian en su rostro pequeñas manchas escarlata. No podemos hablar dos minutos sin que un transeúnte lo salude afectuosamente.

—Es muy conocido por aquí.

—Aquí nací y aquí me crie, pero una etapa de mi vida, y de la de muchos de mis paisanos, ha estado muy lejos de estas tierras.

España vivió entre 1936 y 1939 una de las guerras civiles más cruentas del último siglo. Dicen los historiadores que en los lugares donde no hubo frente la represión fue todavía más dura. Éste es el caso de las islas Canarias. Los miles de exiliados y las fosas colectivas que se destapan cada tanto dan prueba de la brutalidad con la que operó la represión franquista.

—En La Gomera los ahogaron. En Tenerife estaba la prisión

flotante donde los fascistas le ataban una piedra al cuello a la persona que querían eliminar y la tiraban al mar, casi siempre viva.

—Pero ¿su padre emigró en 1950?

—Sí. Mi padre se tuvo que ir por razones económicas. Aunque la guerra civil terminara en 1939, la guerra mundial terminó en 1945 y la posguerra, para nosotros, acabó en 1953.

A diferencia de Francia —donde apenas acabada la Segunda Guerra Mundial llegaron las ayudas y en los establecimientos había comida—, en España la posguerra duró catorce años, hasta 1953. Cuando Alemania perdió, la España de Franco fue castigada con un bloqueo económico, conocido en el país como la época de la autarquía. Tanto es así que 1945 pasó a la historia como el año del hambre. Sólo cuando Estados Unidos vio en Franco un fiel aliado contra el comunismo, España empezó a salir de un aislamiento económico que la había llevado a unos índices de pobreza ya superados en el siglo XIX.

—¿Aquello era duro?

—No había donde trabajar, no había dinero, se vivía del trueque. Además, sin ninguna perspectiva de futuro. La represión política era terrible y había una incultura absoluta, basada en el adoctrinamiento. Por eso la gente marchaba a Venezuela.

El país suramericano estaba viviendo la industrialización del petróleo y hacía falta mano de obra. En 1936 comenzó el periodo de los ingresos del petróleo en Venezuela, siendo uno de sus mejores momentos la década de 1950, justo cuando se dieron los flujos migratorios hacia el país. «Yo fui después de las grandes oleadas migratorias clandestinas.»

Cristóbal Suárez era hijo de pescadores. En su juventud se había dedicado a la pesca con su padre, aunque luego sumó esta labor al oficio de carpintero. Aunque no fuera un hombre alto era corpulento, un hombre fuerte. Cuando viajó a Venezuela estaba casado y tenía tres hijos. Fue uno de tantísimos canarios que emigraron de manera clandestina. «En lugar de la patera o el cayuco, las embarcaciones utilizadas eran unos veleros muy viejos, dedicados a la pesca en la costa africana, frente al antiguo Sahara español.» Los propietarios vieron la gran oportunidad de quitárselos de encima, vendiéndoselos a grupos mafiosos canarios que transportaron a Venezuela a todas estas personas desesperadas. Para que fuera rentable, las mafias sobrecargaban las embarcaciones al máximo. El barco en el que Cristóbal fue de clandestino se llamaba *Telémaco*. Se trataba de una embarcación tipo pailebot de dos palos y botalón. Era un barco muy duro, como luego demostró. Cuando salió de La Gomera tenía 104 años. «Fueron 171 personas, aunque como máximo no cupieran más de 150.» Cada uno tuvo que pagar cinco mil pesetas de la época, que suponían una gran suma de dinero. Las conseguían a través de los prestamistas y usureros, que venían a ser los mismos dueños de las embarcaciones. «Se trataba de un círculo infernal.» La desesperación hizo que muchos pidieran las cinco mil pesetas a estos prestamistas. Una vez recibido el dinero había que firmar un documento por diez mil pesetas pagaderas en seis meses, siempre con un aval familiar, que podía ser una propiedad, «la casa o el terreno de la madre o el abuelo.» Así, el objetivo era llegar a Venezuela, trabajar y reunir las diez mil pesetas a la mayor brevedad posible.

No siempre se consiguió pagar. En el caso del *Telémaco*, tuvieron la desgracia de llegar a Venezuela y quedar confinados cuatro meses en una isla. Con lo cual, las esperanzas de reunir las diez mil pesetas para enviarlas se desvanecieron. Además, había que depositar el dinero que se iba ganando, y el mejor depositario era el mismo prestamista. «Así utilizaba el mismo dinero para seguir engordando el negocio del préstamo.»

—¿Cómo fue el viaje de su padre?

—En el *Telémaco* la tripulación desertó y abandonaron la carga humana a su suerte. Sólo se quedó el patrón, porque lo retuvieron. A mi padre le tocó jugar un papel importante en este viaje, porque asumió la dirección de la embarcación: era el timonel.

El barco salió de San Sebastián de la Gomera el 9 de agosto de 1950. «Mi padre me decía que había comida suficiente para dos meses, racionándola.» Siempre lo primero que se racionaba era el agua. Utilizaron el rumbo clásico, con la proa siempre al poniente. «Por desconocimiento, no contaron con que en el mes de agosto se forman los grandes huracanes en el Caribe.» La ruta habitual era Canarias-Cabo Verde-Dakar, para luego cruzar el Atlántico, pero en este caso salieron derecho. «Es como si trazáramos un triángulo y ellos agarraran la hipotenusa en lugar de los catetos.»

Se encontraron con el huracán *Antigus*, fuerza dos, en un barco de diecinueve metros y medio de eslora. Hubo que meter a muchos en la bodega, mientras unos pocos iban en la cubierta. Tuvieron que romper la regada del barco para que el agua entrara y saliera. Cristóbal se tuvo que amarrar al timón, que estaba sobre cubierta. Mientras, la mayoría de sus compañeros iban en la bodega. «Si cerramos los ojos e imaginamos cómo se desarrollaba la vida de las 171 personas en este habitáculo, sería peor que el infierno de Dante. La gente gritaba, lloraba, vomitaba y se orinaba encima. Iban a una temperatura superior a los cuarenta grados por las propias emanaciones de esa vida tan compacta que llevaban en el interior del velero, mientras que mi padre estaba en la cubierta con una hipotermia.» Se salvaron del huracán, pero perdieron todo: las maletas, el carbón, la comida y el agua.

La cubierta quedó completamente barrida y ahí dio comienzo la otra odisea del *Telémaco*, que fueron el hambre y la sed. Sólo les quedó el tan socorrido gofio canario. Se trata de harina de millo, un tipo de maíz muy consumido en las islas. Llevaba mucho tiempo en la bodega y se había llenado de gorgojos. Se alimentaron de ese gofio picado con agua de mar.

Ángel rememora la odisea de su padre a bordo del *Telémaco* como si la hubiera vivido él mismo. Nos levantamos y damos un paseo por el puerto de San Sebastián de la Gomera. Se ven reflejadas las luces de los barcos en el puerto, mientras Ángel señala la cima de la montaña que corona la ciudad de San Sebastián. Se ven unas pequeñas luces: se trata de El Camello, el Centro de Internamiento para Emigrantes de La Gomera. Baja la mirada y sigue contando la historia de su padre: «Estaban desesperados cuando se encontraron con un barco español de la CAMPSA llamado *El Campante*.» Les dio alcance mientras hacía la ruta entre Tenerife y la isla de Curaçao. «Prácticamente no les atendieron. Quizás el capitán y la tripulación de *El Campante* tenían la experiencia de haberse encontrado con otros barcos clandestinos en el pasado, haberlos subido y que luego no quisieran abandonar la nave.»

Les lanzaron al mar una pequeña cantidad de agua potable en una barrica, un poco de harina y algo de aceite. Les sirvió para aquella noche. También les indicaron la ruta de Barbados, pero decidieron tomar la de Martinica. «El gobierno de Barbados, colonia inglesa, tenía la buena costumbre de repatriar a los inmigrantes. Éste no era el caso de Martinica, departamento de ultramar de Francia, donde sí los acogían.»

La sed y el hambre los acechaban cuando el día 7 de septiembre arribaron a la isla de Martinica por la zona del Diamante, la punta de l'Enfer. Allí vieron a unos pescadores. «Hay que decir que eran pescadores de raza negra, porque los habitantes de Martinica son descendientes de los esclavos que los blancos llevaron para la caña de azúcar.» Muchos de ellos nunca habían visto a un negro, pero por el adoctrinamiento histórico que en España se llevaba a cabo tenían metido a fuego que los negros e indios de América no bautizados se comían a la gente. «Cuando vieron a aquellos negros pensaron que era su fin.» Los pescadores se subieron a bordo y, mientras uno llevaba el timón, el otro con su barco de pesca fue indicando el camino para llegar a Fort de France, la capital. Dos o tres pasajeros del *Telémaco* fueron por tierra y llegaron antes.

Por una emisora de radio local contaron las condiciones en que llegaban sus compañeros de viaje. Así fue que, tanto en la bahía como en el muelle de la capital, se reunieron muchísimas personas. Las mujeres iban con sus niños anudados a la espalda, portando cubos de agua y calderos. Cristóbal y sus compañeros canarios se temían lo peor: «Ahora sí que nos van a comer de verdad.» «Esas personas tremendamente pobres, descendientes de esclavos, se quitaban la comida de la boca para llevársela a los pasajeros del *Telémaco*.» «Se dieron auténticas estampas, que vistas ahora nos recuerdan a todos los que están llegando en cayuco a Canarias. Comían y vomitaban, les llevaban pan, galletas y agua. Tenían el estómago tan atrofiado que no les admitía esa desesperación de comer lo máximo.» Fueron atendidos de una manera muy solidaria. «La gente que conozco del *Telémaco* estará eternamente agradecida, porque en esta isla se les dio lo que en su pueblo se les negaba, fundamentalmente la comida y el cariño que la población les dispensó, no así la administración francesa, que eran todos de raza blanca y no les daban ni los buenos días.»

Ángel cuenta que, luego de una semana, su padre y los compañeros se repusieron y arreglaron el barco. Siguieron costeando las Antillas Menores, y tardaron varios días en llegar de Martinica a La Guaira, el puerto de entrada a Venezuela. El día 16 de septiembre fondearon fuera del puerto, frente al aerofaro de Michael Díaz. Al día siguiente entraron al puerto y fueron apresados por las autoridades venezolanas. Allí se encontraron con muchos inmigrantes clandestinos canarios, como los pasajeros del *Cuatro hermanos*, el *Nuevo Teide* y de otras embarcaciones. «Había más de cuatrocientas personas, con los problemas que nos podemos encontrar aquí, en Canarias, hoy día. Hay que atender a los que llegan como sea. En este caso fueron apresados por la guardia nacional y confinados a La Orchila, una isla pequeña que el Ministerio de Agricultura utilizaba para tener el ganado en cuarentena.»

Sin saberlo, Cristóbal y sus compañeros fueron vendidos a un grupo mafioso para ser utilizados como mano de obra barata en un pueblo venezolano llamado Chivacoa. El Ministerio de Agricultura y Colonización había cedido unos terrenos, la finca de Los Cubanos, a un tal Jesús Azqueta. «Mi padre y sus compañeros de viaje fueron llevados al Trompillo, a lo que era conocido de manera eufemística como "el hotel de los inmigrantes", que no eran más que unas barracas que el gobierno de entonces mandó construir para recibir a los refugiados de la guerra de Europa.» Después los llevaron a cortar caña de azúcar a Chivacoa, donde los «explotaron miserablemente». Además tenían que pagar la comida que se les daba. De allí se marcharon a otros puntos del país.

«Unos se quedaron para siempre y otros regresaron, como fue el caso de mi padre. Muchos se niegan a volver por la cantidad de malos recuerdos que guardan. En Venezuela consiguieron tener perspectivas para formar una familia, tener un trabajo y reclamar a los familiares que quedamos en Canarias. Cada uno corrió su suerte. Algunos hicieron grandes fortunas, otros no. Pero aquel país —a pesar de las dificultades— les dio lo que el propio les negaba: trabajo y libertad.»

Meses antes, en Dakar, mientras los estudiantes de Letras de la Universidad Cheikh Anta Diop se manifestaban enérgicamente contra la precariedad de recursos, el profesor de Hispánicas, El Hadji Amadou Ndoye, hablaba sobre la tradición migratoria en Canarias y su reflejo en una prolífica literatura. Sentado en su despacho, dice:

—Por lo que he estudiado, en muchas novelas canarias el tema de la migración siempre ha estado presente, porque aquélla siempre ha sido una tierra de emigrantes.

—¿Algo que le venga a la mente?

—Me acuerdo del verso de un poeta de Agulo, de La Gomera, que se llama Bethencourt Padilla. Habla del Atlántico, que hace posible la amargura de ganarse el pan en tierra ajena. También hay un escritor de Lanzarote llamado Leandro Perdomo, que tiene un libro titulado *Nosotros, los emigrantes.* Él fue emigrante en Bélgica. La literatura canaria es muy interesante, porque en su narrativa está presente el tema de la emigración. Son libros que les pueden atraer a los chicos senegaleses.

Canarias es un archipiélago curioso: desde el punto de vista geográfico es África, su cultura recuerda al Caribe y administrativamente es España. Para el profesor Ndoye es una buena atalaya para conocer el mundo, porque muchas de las cosas que pasan en Canarias suceden en otros lugares. «Canarias es a la vez los tres continentes y puede ser un espejo para aprender sobre el mundo y sobre uno mismo. Porque cualquier literatura es un espejo. Así, la inmigración es un fenómeno universal.» Como dijo Tzvetan Todorov, «el extranjero no sólo es el otro, nosotros mismos lo fuimos o lo seremos, ayer o mañana, al albur de un destino incierto: cada uno de nosotros es un extranjero en potencia».

Sin ir más lejos, se calcula que más de 40 millones de europeos salieron de sus países, principalmente hacia América, entre 1815 y 1915.

Pero ahora para muchos africanos es muy duro, porque ellos lo viven en carne propia. Los que se embarcan son sus hijos, sus sobrinos y sus hermanos, son sus parientes, su gente.

Mientras el profesor habla, un bullicio cada vez más fuerte dificulta la conversación.

—¡Cómo gritan los estudiantes! ¿Por qué protestan?

—Por la precariedad, pero el descontento principal se debe a que los que salen del ámbito académico no pueden conseguir trabajo. Esto está ligado a la emigración. Trato de convencer a mis alumnos para que terminen sus estudios, para que como mínimo sean profesores hasta que Dios provea algo diferente. Pero me dicen que los profesores están mal pagados, que no tienen consideración social y que lo que ellos quieren no se lo puede dar la enseñanza. Mis propios sobrinos me vienen con este discurso. Les digo que por lo menos aprendan un oficio, pero quieren sus zapatillas Nike. Mi sobrino se montó en un cayuco, llegó hasta Marruecos, lo atraparon y lo devolvieron. Ahora me pregunto si no se estará preparando para salir de nuevo. Aunque esté el operativo Frontex,* salen desde más al sur, como Guinea-Bissau. Se las ingenian para tratar de sortearlo.

El profesor se abanica con un papel. Hace un calor bochornoso.

—¿Cuáles son los mitos que se han construido en torno a la migración?

—El más importante es la imagen que se tiene de Europa. Los propios escritores demuestran que la inmigración no es lo que los jóvenes se imaginan.

La escritora senegalesa Fatou Diome —afincada en Francia— lo hace en su obra *Le ventre de l'Atlantique* literalmente «El vientre del Atlántico». En esta novela, la autora está en París y mantiene contacto con su hermana, que vive en una isla del Sine Saloum,

---

* Agencia de la Unión Europea para el control y vigilancia de las fronteras exteriores, creada en 2004.

en Senegal. Su hermana tiene un hijo que es buen futbolista, y presiona a la autora para que le envíe un pasaje con el que el chico pueda viajar a Francia a probar suerte con el deporte. Ella trata de convencer a su hermana de que las cosas no son tan fáciles. Al final del libro, le envía dinero para que abran un locutorio en el pueblo y así ganar suficiente para salir de los apuros del día a día. Su tesis es la misma que la del profesor Ndoye: «La solución está aquí, en África. Pero como se dice en España, estos chicos tienen tantos pájaros en la cabeza que es muy difícil quitárselos.»

La vida sin papeles es muy difícil en Europa. Pero esto sólo lo sabe quien ha viajado. El chico que no ha salido no lo puede imaginar, sobre todo cuando el emigrante vuelve en un cochazo, se construye una casa bonita y lleva a su madre de peregrinación a La Meca. Es muy difícil convencerlos de que la inmigración no es sinónimo de prosperidad. «Desgraciadamente, muchos de los emigrantes que vuelven tienen un comportamiento algo farolero», dice el profesor Ndoye. Es algo propio del ser humano, los indianos tampoco hablaban de sus dificultades: venían con el diente de oro y se decían indianos.

Es sorprendente lo bien que Ndoye habla castellano. Cuenta, con cierto agotamiento en sus palabras, que cada vez que va a Europa le preguntan dónde lo aprendió. «Lo aprendí en África. Los europeos desconocen todo lo que estudiamos sobre ellos. Hoy, en Senegal, más de 70.000 alumnos cursan clases de español, en condiciones bastante difíciles.» El profesor cuenta que decidió aprender el idioma por el chachachá que escuchaba en su juventud. «Meneaba el esqueleto y quería entender la letra de las canciones que oía, como: "*Mamá, yo quiero saber de dónde son los cantantes que los encuentro tan galantes y los quiero conocer con sus trovas fascinantes y me las quiero aprender.*"» Pero los europeos desconocemos esta realidad. Especialmente en España, por haber tenido un pasado colonial pobre en el continente africano, no se tiene idea de que se enseña español en Mali, en Camerún, en Togo y en Senegal. Cuando se habla de África —protesta Ndoye— «sólo se habla de lo negativo, pero nunca se habla de los esfuerzos que hace la gente para superar la dificultad». Sería importante que se supiera que África difunde la cultura española y que incluso se hacen tesis sobre sus escritores. «No saben lo que hacemos, ni conocen nuestra literatura ni nuestros escritores. Hay un gran desequilibrio, lo que los africanos saben de España los españoles no lo saben de África.»

—Pero ahora ha aumentado la presencia española en Senegal.

—Sí, pero sería bueno que supieran algo de nosotros antes de llegar. Muchas veces la gente viene con prejuicios. No tienen ni idea de lo que es el terreno ni conocen la psicología de los locales. No tienen ni idea de su historia ni de su idiosincrasia. Y si no sabes nada del otro, ¿cómo haces? La cooperación supone el conocimiento mutuo, no se puede cooperar desde la ignorancia.

Según Ndoye, la imagen que hay de África es la de un lugar en el que sólo ocurren cosas terribles, guerras y hambre. Como hay tanto desconocimiento, cuando los africanos llegan a España no están bien considerados. «El miedo nace del desconocimiento y de la ignorancia, y desgraciadamente en Europa hay mucha ignorancia con respecto a lo que sucede en África. Estamos tratando de hacer esfuerzos para construir puentes. Que nos conozcan un poco más y un poco mejor y se darán cuenta de que el león no es tan fiero como lo pintan.» Debería haber más intercambio, dice Ndoye, para que tomemos conciencia de que las cosas no cambian tanto. «Me da mucha tristeza, porque suelo viajar y me preguntan si en África hay ciudades, o si comemos normalmente. Es muy curiosa la percepción que uno tiene del otro —África y Europa—. Son dos imágenes completamente contrastantes. Los que están dispuestos a montarse en un cayuco se creen que todo es muy fácil en España y que van a recoger el dinero desde la calle. Y en Europa se cree que en África todo lo que sucede es negativo.»

Son muchos los aportes de África al mundo que no son reconocidos. De allí salió la mano de obra necesaria para que despegara el capitalismo, también los recursos naturales como el coltán, elemento fundamental en el desarrollo tecnológico. En cuanto a la cultura, es notorio cómo su presencia llegó hasta el Caribe. El colonialismo y la esclavitud se apoyaron sobre unas ideas que niegan al otro cualquier tipo de historia, de rasgo de humanidad. Y el Caribe es la prueba de que África tiene una cultura, porque la cultura caribeña está por todo el mundo. De hecho, como el profesor apunta, el interés que existe en el África occidental por el español se debe a la música del Caribe. «Amamos el español gracias a la música del Caribe. Los tambores han vuelto a casa», celebra Ndoye, y cuenta que en Senegal existen muchos grupos que tocan salsa en lengua tukulor o mandinga.

África ha aportado mucho al mundo, pero la esclavitud y el colonialismo lo han negado. Es conocido el caso de Picasso, que sin la estatuaria negra no habría dado pie a la existencia del cubismo. El colonialismo y la esclavitud no pueden reconocer que el otro es un ser humano, porque se apoyan en una máxima moral que asegura: «Merecen su suerte, no existen, deben ser esclavos porque no son seres humanos.» En los testamentos de la época, los esclavos venían después del ganado y de los muebles. En los códigos negros el esclavo no es un ser humano, es un bien inmueble y esto tiene sus consecuencias hasta hoy. En el idioma lo vemos: «merienda de negros», «ser el negro de alguien», «el dinero negro». Y el lenguaje es historia, es psicología, es la manera de ver y percibir al otro. Quedan muchas batallas por librar para cambiar la imagen que hay de África y de sus descendientes.

Ndoye asegura haber vivido en carne propia lo que supone ser negro fuera del continente africano: «Como decía José Martí: "Conozco el monstruo y he vivido en sus entrañas."»

«He conocido a inmigrantes cuando estaba en Francia y he visto lo duro que es ser inmigrante. Mi único sueño era terminar mis estudios y rajarme cuanto antes. Cuando voy a España me preguntan:

»—¿Señor, usted viene aquí a buscar trabajo?

»—No, señor, yo soy ave de paso. Dentro de una semana, si Dios quiere, me echo a mi tierra de negro y de cangrejo.

»—Pase, pase.»

DE CÓMO DEVENIR DON QUIJOTE

Poco sabemos de la historia reciente de la inmigración del África subsahariana a España. Javier Galparsoro, abogado de extranjería y presidente de CEAR Euskadi (Comisión Española de Ayuda al Refugiado), nos invita a su despacho para descubrirla. La sala de espera está llena de personas que hablan las lenguas más remotas, una auténtica torre de Babel. Una vez dentro, nos asegura que la relación con la inmigración le ha supuesto una transformación absoluta. «En este momento, soy un hombre con una mente muy amplia, con un sentido muy universal de la existencia.» En los veinte años de profesión ha tenido que «enterrar a personas que han muerto en nuestra tierra indocumentadas, que no se sabe ni se sabrá quiénes eran. He visto personas con heridas de guerra, mujeres violadas, mutiladas. He visto gente desplomada aquí llorando, personas trastornadas y gente que se ha suicidado. Tengo 52 años, es una edad en la que he sido testigo de mucho sufrimiento».

Las cruentas guerras y conflictos que se daban en ese continente ya desde los años setenta movieron a muchas personas a buscar nuevos horizontes. Así, los primeros subsaharianos en llegar al país, o estaban en tránsito hacia la Europa rica y se quedaron o vinieron escondidos en grandes barcos de carga, como polizones. Javier Galparsoro fue uno de los primeros en trabajar en materia de asilo con estos inmigrantes que recién empezaban a llegar.

La primera vez que Javier subió a un barco fue un día lluvioso de febrero de 1991, en el puerto de Bilbao. También era la primera vez que veía a un polizón. Tenía pocas horas para actuar. Se trataba de un barco turco: el *Namik Quemal.* Nunca olvidaría ese nombre. El barco era enorme y venía de un puerto alemán. Todo sucedió muy rápido. Había recibido una llamada de ACNUR: «*There is a stowaway*», lo que significaba que había un polizón en el barco al cual no habían podido reconocer. En aquel momento no existía ninguna normativa específica sobre polizones.

Javier fue al puerto pensando ingenuamente que podía subir

al barco. Eran alrededor de las cuatro de la tarde y no había nadie. Era una zona descarnada. En el horizonte se empezó a divisar una mole inmensa, el *Namik Quemal*. Trató de subir a bordo, pero se topó con la policía:

—Usted no puede subir a bordo. Este barco es turco, y es territorio de Turquía.

—Ah, sí, pues me han llamado para interesarme, porque dentro de este territorio turco que dicen ustedes hay un señor...

—Sí, sí. Ya lo sabemos, por eso estamos aquí, para que no salga del barco.

—Bueno, está bien, yo vengo a interesarme nada más, no lo voy a sacar. Quiero saber quién es y qué le pasa.

Pasó ese forcejeo y al final le autorizaron a subir. Se entrevistó con el capitán. «Recuerdo que era turco, un hombre rudo. Hablé con él en inglés, un inglés dificultoso. Era desconfiado, lógico.» Quería saber a quién representaba y qué estaba ofreciendo. En los barcos se bebe mucho, y Javier puede dar fe de ello. El capitán sacó un anisado turco llamado *raki* que Javier ya conocía porque había visitado Turquía unos años antes. Se bebieron unas cuantas copas. Fue captando su confianza, pero había un problema: no le dejaban ver al polizón.

Estuvo dos horas y media hablando con el capitán. Iba, venía, llamaba a su organización. Le decían que siguiera insistiendo y que averiguara quién era esta persona. Pero el polizón estaba oculto, custodiado en un camarote. El tiempo pasaba y el barco se iba, irremediablemente, no se sabía adónde. En un último intento, hacia la medianoche, volvió con la esperanza de concretar ese encuentro.

En su segunda visita el capitán no estaba solo. Estaban la policía, un representante del armador, un representante de la consignataria y parte de la tripulación. Había conversaciones cruzadas en turco, inglés y castellano. La policía hablaba por *walkie talkie*. El barco estaba calentando motores, preparándose para zarpar. De repente, en medio de toda esa locura, a Javier se le ocurrió decir: «Bueno, ya que nos vamos, ¿por qué no conocemos a este hombre? Todos estamos hablando de alguien a quien no hemos visto.» La policía aparentaba no haber estado con él.

El capitán dio la orden de que el polizón subiera. El hombre subió y se quedó en una esquina mientras todos siguieron discutiendo. Javier sabía que era eritreo. Eritrea era un país recién independizado, y tenía la información de que podía ser un militar. El hombre iba vestido con una chaqueta de leñador y un gorro de lana. Estaba ahí, acurrucado en una esquina de camarote.

En un momento, Javier se acercó y cruzaron algunas palabras. «Por favor, ayúdeme —dijo el hombre—. Llevo seis meses a bordo y nadie, absolutamente nadie, me está escuchando.» Javier habló con los presentes: «Necesito un poco más de tiempo para poder hablar con este hombre. Me está diciendo que lleva seis meses a bordo. ¡Pero de qué estamos hablando, qué es esto, qué es el asilo, qué es la protección internacional, a quién estamos protegiendo!» Finalmente vio que había motivos para pedir asilo político e hizo una petición, en su nombre y bajo su responsabilidad. Fueron amenazados por las autoridades, podía haber una sanción económica a CEAR, porque estaban retrasando la salida del barco y los remolcadores costaban un dineral. Pero Javier no podía dejar a aquel hombre solo. Ya le había visto la cara, y no sabía lo que iba a ser de él. Consiguió que bajara del barco, pidió asilo político y se lo concedieron. Aquello da la medida de lo que supone la tarea de quien trabaja con la inmigración: «Hay que pelear hasta el último minuto del partido, con coraje, luchando contra tirios y troyanos.» Todo aquel mundo era desconocido para Javier, muy áspero y de muchos intereses.

Pasados los años, Javier le preguntó a Semere, que es como se llamaba el polizón:

—¿Qué pensabas en aquella noche loca?

—La verdad es que cuando os vi a todos discutiendo de esa forma, sin entender vuestro idioma, creí que estabais estudiando la forma de eliminarme.

MAMÁ CALAMOCARRO

A primera vista, esta mujer que entra en el elegante Café de la Granja de Bilbao podría parecer la misma que desembarcó en

Ceuta en aquel julio de 1995. Pero ha pasado demasiado tiempo, demasiada agua bajo el puente. Ana García ha cambiado. Las convicciones y la entrega a sus ideales siguen intactos, pero como ella misma admite: «No todo ha sido fácil. Ha habido situaciones que me han defraudado mucho, y esto pasa factura.» Lleva unos bonitos pendientes a juego con el collar y una camisa a rayas azul y blanca. Habla con precisión pedagógica. Ni alta ni baja, lleva el pelo rizado, con algunas mechas rubias. Nos sentamos junto a la barra ante una cerveza, un café y un *pintxo* de tortilla.

Es la presidenta de la ONG Afrika Etxea —la Casa de África— desde 1998, pero esta historia es larga. Todo empezó en Ceuta hace más de 14 años. Movida por una fuerte convicción religiosa, siempre participó en diferentes actividades solidarias. Había viajado con su marido a países tan diversos como Bolivia, Senegal y Mali para impartir clases a las comunidades que más lo necesitaran. Donaba parte de su sueldo e iba a misa todos los domingos. De hecho, llegó a la ciudad autónoma situada al norte de Marruecos con un grupo de jóvenes cristianos. Ella era la monitora y tenían por objetivo entrar en contacto con otras culturas. Ceuta parecía ser el lugar ideal porque desde hace siglos allí conviven en paz musulmanes, cristianos, judíos y, en los últimos años también, hindúes. Todos ellos en una comunidad de menos de ochenta mil personas.

Pero Ana y su grupo hallaron algo que no esperaban. En las inmediaciones de la ciudad, cerca de un paso fronterizo con Marruecos, había un asentamiento de refugiados. «En la península nadie sabía que hubiera un campamento como los que se ven por la tele en Ruanda.» Situado en un bosquete a tres kilómetros de la ciudad, Calamocarro, era un campamento que albergaba a unas cien personas llegadas de diferentes países del África subsahariana. Hutus, tutsis, cristianos y musulmanes convivían entre la inmundicia. Dormían sobre cartones y tapados con plásticos. Las condiciones sanitarias eran deplorables y no parecía que a nadie le importara. Estas personas llegaban por Hacho —un monte de Marruecos— y se quedaban en este campamento esperando a poder pasar a la península. «No existía ningún dispositivo para atenderlos. Así como ahora para el gobierno los inmigrantes son inexistentes, también lo eran entonces.»

Ana mira hacia un punto lejano, entrecierra los ojos y dice: «Soy creyente, pero el Jesús en el que yo creo no es el Jesús de la Iglesia. Es un Jesús que lleva una túnica y unas sandalias y ayuda a todo el que puede.» Esta bilbaína asegura haber encontrado en la inmigración al pobre entre los pobres. «Compramos unos cuadernos y empezamos a darles clases de castellano a la sombra de un árbol.» Dialogaban durante horas y Ana escuchaba atentamente sus historias. «No era sólo darles clases de castellano, era comprar un cartón de leche y tomarlo juntos, era contactar con esas personas.» Después de pasar veinte días en el campamento, los refugiados le pidieron por favor que se quedara con ellos. Pero Ana tenía a su familia.

Volvió a Bilbao, pero todo lo que había vivido en esos veinte días le hacía pensar obsesivamente en ello. Un extraño sentimiento se apoderó de ella. Había pasado treinta años en la enseñanza, siempre con el principio del compromiso por bandera. A los jóvenes del grupo les dijo: «Mirad el Evangelio, este es el Jesús de las sandalias, el de los pobres. Ahora, cuando volváis a vuestras ciudades, intentad comprometeros con algo.» Pero por las noches, cuando se metía en la cama, ese extraño sentimiento volvía y se decía: «Otra vez estoy implicando a los demás para que se comprometan, pero yo qué. ¿Voy a seguir como hasta ahora?» Para Ana, dar lo que a uno le sobra es fácil, pero compartir lo que uno necesita para sí mismo es lo complicado.

—¿Qué era lo más preciado?

—Lo más preciado que tenemos es la libertad.

Vio que tenía a sus hijos mayores y que, en el trabajo, podía pedir una excedencia. «Quería hacer algo más que ir a misa los domingos. Pensé en un año, pero fue a más: desde entonces le he dedicado todo mi ser.» Llegó a su casa y lo planteó. Necesitaba compartir una etapa de su vida con estas personas. Su hijo mayor —que entonces tenía 23 años— le dijo que no estaba de acuerdo, pero el pequeño le dijo: «Ama, nunca te he visto tan feliz, los ojos te brillan, por mí no hay problema.» Su marido también accedió. Asumió el riesgo y por este camino incierto, precisamente, desde su estructura de clase cruzó esa línea invisible que te hace contrasistema.

En octubre volvió a Ceuta para quedarse. Entregó toda su vida a los inmigrantes, «a los pobres de entre los pobres». Pero el precio fue caro. Perdió a su familia. Se terminó separando, porque su marido se enamoró de otra persona. Su madre estuvo sin dirigirle la palabra durante un año entero, pues no entendía «cómo podía dejar la docencia para ir a estar con los negros». Ana García había dejado de ser «profesora de» para pasar a ser «Mamá Calamocarro». Así es como la llamaban. Aquello le supuso implicarse en una realidad para la cual jamás había creído ser capaz. Hasta entonces se veía válida para la enseñanza, pero no dejaba de ser «la típica tía pija que tiene su familia y su piso de vacaciones». Nunca pensó que fuera a vivir de la caridad, compartiéndolo todo las veinticuatro horas del día con personas que en nada eran afines a ella. Se acercó a sus principios religiosos con determinación, implicándose hasta el fondo y de verdad en algo. Hoy por hoy su mayor satisfacción es pensar que pudo acoger y ayudar a siete mil inmigrantes que hoy en día están documentados y con trabajo.

Cuando llegó aquel octubre a Ceuta, se quedó tres días en casa de una amiga mientras buscaba algo para alquilar. Encontró un piso de treinta metros en el barrio musulmán del Príncipe y se presentó en Calamocarro con su carpeta. El recibimiento fue increíble. «Aquí estoy, vengo a trabajar con vosotros, a compartir el cartón de leche y lo que tengamos.» Desde entonces la empezaron a llamar mami, mamá, «Mamá Calamocarro».

Al mes de estar en Ceuta, Ana se sentía agotada. Lo atribuía al cambio y a que dormía poco. Veía cosas tan fuertes que al meterse en la cama no podía conciliar el sueño. Personas con los pies hechos trizas que para ir al hospital tenían que caminar siete kilómetros. Los curaban y tenían que hacer otros siete kilómetros de vuelta. Historias de mucho sufrimiento. Pero el agotamiento persistía y fue al médico. Le diagnosticaron tuberculosis.

No había desarrollado la enfermedad, pero tuvo que estar nueve meses tomando pastillas. Gracias a los padres franciscanos de Cruz Blanca, bajaba a los comedores públicos. El hermano Braulio, otro pilar fundamental de esta historia, quería que comiera con la comunidad. La estuvieron cuidando y comió con ellos durante los tres años que pasó en Ceuta. «Se implicaron muchísimo conmigo. Cuando había alguna persona enferma en Calamocarro la bajaba y ellos la atendían.»

Ana se empezó a mover en las instituciones y consiguió que el Ejército les diera tiendas de campaña. Estaban completamente desvencijadas, pero era mejor que taparse con plásticos. «Nos ayudaron los chicos de la Legión y conseguí que la comida que sobraba en los cuarteles la subieran a Calamocarro.» También les cedieron unas aulas en un instituto para dictar las clases y al año se empezaron a confeccionar unas listas por las que iban entrando en la península documentados todos aquellos que no tuvieran delitos de sangre. Había prioridades: primero salían madres con bebés, los enfermos, las mujeres y luego, por orden de llegada, los varones. Las mujeres empezaron a llegar en el año 1997.

Todos los días solía estar hasta las ocho y pico en Calamocarro. Luego, aprovechaba las últimas luces y volvía a Ceuta por un camino pedregoso, estrecho y lleno de curvas. Un día que volvía, de pronto se encontró con un joven que apareció de la nada. Le dio un susto de muerte. Se llamaba Ibrahim y se tiró al suelo. Implorando, se puso de rodillas frente a ella.

—¡Por favor, me tienes que sacar de aquí, por favor!

—Ibrahim, en esta vida nunca te tienes que poner de rodillas ante nadie. Solamente ante Dios, ante Alá.

Normalmente había quinientas o seiscientas personas en el campamento, aunque en una ocasión llegó a haber dos mil y pico. Fue en la época en la que España estaba negociando el tratado de pesca con Marruecos. «Una de las formas que Marruecos tenía para presionar era controlar más o menos la frontera. Los políticos no lo reconocerán, pero siguen haciendo lo mismo.» En el año 1996, mientras los gobiernos negociaban, llegaron cientos de inmigrantes a Ceuta.

Calamocarro colapsó en varias ocasiones. Cada vez que se daba un conflicto en el interior del continente, el campamento lo expresaba. Vivieron hasta dos mil refugiados de 25 nacionalidades diferentes. Cada vez que una guerra partía a un país, cientos de personas escapaban de las atrocidades. «El tercer mundo estaba en casa, y todavía no nos habíamos enterado.»

Ana consiguió que los inmigrantes pudieran vender periódicos en los semáforos y así tuvieran un remanente para sus gastos. También levantó una tienda de campaña con un médico y una enfermera que iban como voluntarios. Luchó mucho para que hubiera un centro de acogida. «Gracias a Dios, las personas que colaboraron conmigo voluntaria y gratuitamente fueron las primeras en tener un contrato cuando hubo financiación.» Todas las tardes había clases. Ana también consiguió un autobús para que los bajara y subiera. Entre sus objetivos también estaba que los medios dieran a conocer lo que estaba sucediendo. En el último año, cuando vio que todo estaba encauzado, comenzó a soñar con un centro de acogida en la península, con alojamiento, manutención, clases y formación. «Fuimos los primeros en poner en marcha un proyecto así.» Lo consiguieron.

Siempre le decía a su amigo Germinal: «Esto ya está, tengo que buscar algo en la península, que es donde llegan y no tienen nada.» Volvió a Bilbao, pero en la Comunidad Autónoma del País Vasco las autoridades se negaron totalmente a involucrarse. Recuerda con tristeza cómo los padres franciscanos les habían cedido una casa en la localidad de Forua, Vizcaya. Pero el alcalde, cuando ya tenían la casa prácticamente habilitada, les denegó el permiso de uso asistencial que precisaban. «Literalmente me dijo: "Los putos negros devalúan los terrenos".» Se trataba de una zona residencial, «de gente de pasta, con chalets impresionantes». Los mismos padres franciscanos les cedieron otra casa en Olite, Navarra. Así nació Afrika Etxea de Olite.

—¿Cómo han sido estos años en Olite?

—Durante siete años he estado dando todo mi ser a Afrika Etxea. Veinticuatro horas al día, los 365 días. Vivíamos con los inmigrantes, y excepto dormir, pues cada uno teníamos nuestra habitación, todo lo demás lo hacíamos juntos. Comíamos juntos, teníamos una huerta, los acompañábamos al médico y vivíamos de caridad.

La casa de Olite acogió a más de 400 inmigrantes. Afrika

Etxea prestó a la sociedad un servicio esencial. Una casa de acogida cuyo funcionamiento se basó en el trabajo vocacional de sus voluntarios, Ana García y Damián Lecumberri, y de muchas otras personas anónimas. Su objetivo fue vivir autofinanciados, con un espíritu que trascendía el sistema convencional. Apoyado en la generosidad y en la buena voluntad de las personas. Recibían donaciones del banco de alimentos, aportaciones de algunas empresas privadas y de algunas instituciones, que se fueron desligando en la medida que el tema políticamente no interesaba. La asistencia se fue institucionalizando y el cierre de Afrika Etxea de Olite coincidió con la apertura de pisos de acogida en Pamplona por parte de la Cruz Roja.

Llegó un momento en el que Ana no pudo más. «Me he sentido muy mal en la relación con los políticos. Mi amor se fue resquebrajando. Dejé de sonreír, de confiar en las personas, me sentí utilizada.» Para Ana el mundo de la inmigración está mediatizado y se percibe de una manera falsa: «Parece que los únicos inmigrantes que hay son los que han llegado en cayuco. Parece que es algo dañino, y no son más que personas que vienen a trabajar. Para un negro todo es mucho más difícil. Creo que hasta las actitudes políticas son racistas.»

Ahora los padres franciscanos han vendido los terrenos y no hay nadie para que los releve en este trabajo que han realizado voluntariamente. Afrika Etxea se ha contraído y el desierto ha avanzado. Mientras, Ana García repite la frase que lleva diciendo desde hace nueve años: «La inmigración no ha hecho más que empezar. Sólo vemos la punta del iceberg.»

CANARIAS ESTÁ EN ÁFRICA

El profesor Ndoye decía que «Canarias es a la vez los tres continentes, y puede ser un espejo para aprender sobre el mundo y sobre uno mismo». Este pequeño archipiélago volcánico es el espejo de la sociedad moderna. Así pues, su historia también nos sirve para aprender sobre la historia de la humanidad. La migración ligada a Canarias es muy anterior a los procesos que se están dando hoy día. Los habitantes prehispánicos del archipiélago —conocidos como «guanches»— llegaron por mar. Hay varias teorías al respecto, pero todo indica que eran antiguos bereberes que vivían en la costa africana. Llegaron a las islas por vía marítima en sucesivas oleadas. Las cronologías más rigurosas hablan del siglo III al I a.C., pero el comienzo puede ser anterior. Esta primera migración se vio seguida por el «redescubrimiento de Canarias» durante el siglo XIV. La conquista del archipiélago se dio en el contexto del descubrimiento de América. Así es como los castellanos llegaron, en barco también, con la espada y la cruz. Además de éstos, llegaron flamencos, andaluces, portugueses e incluso esclavos africanos.

Entre 1486 y 1650, en la población grancanaria de Agaete hubo un gran ingenio azucarero, al que llevaron mano de obra esclava. Gran parte de la población africana se mezcló con la local. Los registros antiguos dan cuenta de ello. No cabe duda de que Canarias es una tierra mestiza. En la propia península también hubo un elevado número de afrodescendientes durante los siglos XVI y XVII. España, como potencia colonial, comerció con negros en sus territorios. Aunque en la península no tuvieran un estatus de esclavos, muchos africanos fueron relegados a los trabajos más duros, sobre todo en Andalucía. Es famoso el caso del esclavo de Velázquez, Juan de Pareja, a quien inmortalizó en un cuadro. La literatura de la época también da cuenta de este hecho. *El valiente negro de Flandes*, de Andrés de Claramonte, o *El Lazarillo de Tormes* hablan de la presencia de afrodescendientes en la península Ibérica. Pero se fueron mezclando hasta el punto de desaparecer, incluso de la memoria colectiva.

Esta versión reciente de la migración que estamos tratando, comienza en Canarias en 1994, cuando se produce la primera llegada de una barquilla —como se conocen las pateras en el archipiélago— desde la costa del continente africano. La primera llegó el 28 de agosto de ese año. Venían dos jóvenes que huían del Sahara occidental y fueron expulsados inmediatamente a Marruecos. El hecho pasó casi desapercibido en la prensa local, dado que hacía varios años que estas embarcaciones estaban llegando al sur de la península. En 1988 había comenzado el fenómeno de las pateras en el estrecho de Gibraltar, justo un año después de que España hubiera entrado a formar parte de la Comunidad Económica Europea. Hasta que no empezaron los naufragios, los medios no comenzaron a dar cuenta del trágico fenómeno que llenaría de cadáveres las playas del sur. El 1 de noviembre de 1988 es cuando se tiene noticia de las primeras víctimas en las costas andaluzas. Pero no fue sino hasta 1991 cuando España empezó a exigir el visado a los marroquíes. Fue el año de entrada en vigor del Tratado de Schengen.* Los marroquíes que querían entrar a España de manera formal enfrentaban dos problemas: la negativa del Reino de Marruecos a otorgarles pasaporte y la arbitrariedad de la policía española, que con frecuencia no les dejaba cruzar la frontera de Algeciras.

La distancia más corta de Canarias al continente africano es de 96 kilómetros, desde el faro de la Entallada, en Tuineje —isla de Fuerteventura—, a Berbería, en el antiguo Sahara español, hoy Marruecos. El viejo dicho «De Tuineje a Berbería se va y se viene en un día» da una medida de la relación histórica de Fuerteventura con el continente africano. «Pero, a pesar de que muchos *majoreros* —habitantes de Fuerteventura— hubieran vivido en el Sahara español, nadie se esperaba que fuera a abrirse una nueva ruta por aquí», dice José Naranjo. Este periodista especializado en inmigración nos recibe una tarde de verano en la localidad grancanaria de Telde para analizar el devenir de la migración clandestina en patera y cayuco desde su propia experiencia.

En 1994 José Naranjo trabajaba en el diario *La Provincia.* Recuerda cómo «la población y los medios se tomaron la llegada de la primera barquilla como una simple anécdota». Ni él mismo sospechaba que se iba a convertir en un testigo de primer nivel.

En el proceso de descolonización del Sahara occidental, el Reino de Marruecos ocupó este territorio ilegalmente y, desde

---

* Se trata del acuerdo alcanzado en la localidad de Schengen, en Luxemburgo, el 14 de junio de 1985, por el que los estados miembros —de la entonces Comunidad Económica Europea— suprimieron los controles de las fronteras comunes, potenciando sus fronteras externas a fin de obstaculizar la inmigración irregular de ciudadanos extracomunitarios.

entonces, somete a su población. El opresivo ambiente que se respiraba en el Sahara hizo que los jóvenes saharauis y del sur de Marruecos encontraran con esta vía una puerta de salida.

Como una anécdota simbólica, José relata que, entre los cinco saharauis que llegaron en la segunda patera, uno contaba que en su casa tenía una toalla de playa en la que se veían impresas las siete islas Canarias junto a la colorida silueta de una mujer en bañador. No tenía ni idea de que esas islas estuvieran tan cerca. Había un gran desconocimiento, pero a medida que empezaron a llegar los primeros la voz de que había una nueva ruta corrió como un reguero de pólvora. Naranjo suele decir que se abrió una puerta y la luz comenzó a entrar progresivamente, «pero hasta que la luz llegó hasta el fondo de África pasaron unos cuantos años.»

La segunda patera arribó en febrero de 1995 con los cinco ocupantes en su interior. Traían historias de tortura y persecución en su país y podían pedir asilo. En la calle comenzó a organizarse un fuerte movimiento de solidaridad debido al vínculo histórico con el pueblo saharaui. Consiguieron quedarse. Pero al mismo tiempo empezó a crecer una postura social —hasta entonces desconocida en la isla— con un marcado carácter xenófobo en la que se situaba al inmigrante como una fuente de conflictos y un competidor para el trabajo.

El primer punto de inflexión se dio en 1998 con los problemas de seguridad ciudadana en Fuerteventura y Lanzarote ligados a la inmigración. También se produjo la detención de un empresario del sur de Fuerteventura en la localidad de Pájara. Tenía trabajando en su finca a inmigrantes en situación irregular. Esto supuso una conmoción para la sociedad de la pequeña isla. Mientras tanto aumentaba notablemente la llegada de pateras. Se pasó de una patera cada tres meses a tres pateras al mes. La prensa empezó a interesarse. A José Naranjo lo enviaron a cubrir la noticia a Fuerteventura. «En la calle encontré un discurso de preocupación. No había una red de asistencia. Sólo había un comedor muy pequeño de Cáritas y una casa de acogida, muy pequeña también, de la Cruz Roja.» Habían pasado cuatro años y nadie se había preparado.

La falta de previsión, unida al miedo y al desconocimiento de la sociedad, generó las primeras reacciones de rechazo. Muchos políticos aprovecharon este miedo para hacer campaña. Éste es el caso del concejal de Puerto del Rosario Antonio Hormiga, que calificó el fenómeno como la «marcha azul», en referencia a la Marcha Verde marroquí. Estaba trasladando la idea de que los inmigrantes vienen a ocupar Canarias. «Hay que decir que el miedo que subyace entre muchos canarios viene de la época del Gran Marruecos de Hassan II. Se trata de una visión irredentista del país, que incluye Mauritania, parte de Argelia, el Sahara occidental, Ceuta, Melilla y Canarias. *El País* publicó en su día una viñeta que dibujaba África como una gran boca que se quería comer a Canarias. Ésta es la imagen que mejor ilustra ese temor», apunta Naranjo.

A partir de 1998, la migración se fue doblando cada año. Por ley, los recién llegados sólo podían permanecer 72 horas en comisaría, por lo que en 1999 se habilitó, con carácter provisional, la vieja terminal de Fuerteventura como centro de internamiento. «Seguramente se trató de una de las peores violaciones de los derechos humanos en suelo español desde la llegada de la democracia.»

El segundo punto de inflexión fue en julio de ese año, cuando una patera naufragó en el sur de Fuerteventura y murieron nueve marroquíes. La televisión recogió las imágenes de los cadáveres flotando y se veía cómo las olas movían los cuerpos cerca de la playa. Murieron menores, y la sociedad se planteó los peligros que corrían estos chicos en la ruta.

En agosto de 1999 José Naranjo fue por primera vez a El Aaiún a investigar los puntos de salida. Descubrió que existía una red organizada de tráfico de personas. Un señor llamado Mohamed Salem, dueño de un par de hoteles en la ciudad, se ocupaba del alojamiento, cobraba y tenía a gente que patroneaba las embarcaciones. «Cuando existe una demanda, siempre se dan los cauces para que haya redes de este tipo. Pero este señor debía de ser bastante hijo de puta», resalta Naranjo. Tras la ocupación, la familia de Salem se había alineado con el gobierno de Marruecos y pertenecía al *establishment* poderoso de El Aaiún. Era un tipo muy mal visto y en la calle lo acusaban de querer aprovecharse de la miseria para cobrar lo máximo. En la época se pagaban ochenta o noventa mil pesetas. Salían de la franja que se extiende entre El Aaiún y Tarfaya. Se tardaba entre un día y día y medio de navegación. Las condiciones no eran malas, porque eran experimentados, conocían el mar y salían cuando era favorable. Los naufragios se daban cuando arribaban a la costa. No conocían el litoral de Fuerteventura, que está repleto de lo que los marineros llaman «la maja», los riscos casi superficiales que están alejados de la costa.

El tercer gran punto de inflexión se produjo en enero del año 2000, cuando empezaron a aparecer subsaharianos en las pateras. Hasta entonces, todos eran marroquíes. «Sí, están ahí al lado y vienen», se decía la gente. Pero esto era nuevo y nuevas preguntas se agolpaban en las mentes de los vecinos de las islas: ¿De dónde vienen? ¿Qué caminos han recorrido para llegar a El Aaiún? ¿Cuánto tardan? En los primeros años, los que llegaban eran más que nada nigerianos y malienses. Los periodistas empezaron a ir a África. La visión de la población cambió, porque los marroquíes eran expulsables, pero los subsaharianos, ¿adónde se expulsan? No había acuerdos de repatriación. «Al mes de llegar la primera patera con negros a Fuerteventura, las autoridades se plantearon trasladarlos a Gran Canaria y que una vez allí se buscaran la vida.» Se empezaron a reunir todos en el parque de Santa Catalina, en la ciudad de Las Palmas. Llegaron a juntarse 300 personas para dormir a la intemperie. Corría el año 2000 y no se había hecho nada para darle respuesta al fenómeno. En mayo de ese año se abrió el primer centro de acogida de carácter provisional en una nave industrial. Hoy día sigue funcionando.

—En noviembre de 2000 se convocó la primera manifestación de carácter racista de la historia canaria bajo el lema: «No a la inmigración descontrolada, a la delincuencia organizada y a las enfermedades infecciosas» —dice Naranjo.

—Todas las sociedades viven estos conflictos.

—Sí, pero a esta manifestación fueron mil personas. Me parece un episodio vergonzoso. Lo más triste es que no aprendimos la lección: en Tenerife, en 2006, hubo una manifestación similar.

Entre 2000 y 2004 fueron llegando más pateras. Casi todos eran subsaharianos, y las principales islas de llegada eran Fuerteventura y Lanzarote. José define esta época como «los años oscuros». Y realmente lo fueron, porque hubo indiferencia mediática tanto en el ámbito nacional como en el internacional. Los periodistas en Canarias transmitían una situación que les parecía dramática, pero nadie se hizo eco, fueron ignorados. «Estaban muriendo como perros en la costa de Fuerteventura. Había algunas notas, pero, sinceramente, esto me produce vergüenza como periodista. Estaba sucediendo en territorio nacional pero parecía que era en la China.» La administración tampoco se preocupó por los inmigrantes. Como anécdota, Naranjo recuerda que eran las mujeres de los guardias civiles las que llevaban bocadillos a la playa porque nadie se molestó en montar un dispositivo de llegada. El dispositivo a pie de playa de la Cruz Roja se montó en el año 2004, diez años después de la llegada de la primera patera. «En mi opinión, la administración se resistió a implicarse porque Canarias es la ultraperiferia y no hay un impacto mediático. Si las pateras hubieran llegado a Barcelona, otro gallo habría cantado», señala Naranjo.

En 2005 se dio el cuarto punto de inflexión de esta historia: la irrupción de los cayucos. Para José hay una explicación clara al respecto: José María Aznar tenía muy malas relaciones con Marruecos. Todos recordamos los incidentes del islote de Perejil, que avivaron la posibilidad de un enfrentamiento armado entre ambos países. Cuando Zapatero gana las elecciones en 2004 se da un cambio en esta relación bilateral. Zapatero recupera la vieja tradición de que el primer viaje oficial sea a Marruecos. «Una de las primeras cosas que Zapatero pactó con Mohamed VI en materia de seguridad fue que éste enviara soldados a El Aaiún. Inmediatamente después, envían diez mil soldados al sur de Marruecos y a la zona del Sahara, seguramente con la intención de proceder a una nueva militarización y también, de paso, a controlar las fronteras.» La migración se había convertido en una potente arma diplomática para Marruecos a la hora de negociar. Estos acuerdos llevados a cabo entre Marruecos y España lograron que descendiese el flujo de salida de pateras.

Entre 2000 y 2004 llegaron cada año aproximadamente diez mil personas a Canarias. En 2005 el flujo bajó a cinco mil. Con la llegada de los militares, Marruecos montó puestos en la playa cada 200 o 300 metros, con patrullas de Land Cruisers. Pero los subsaharianos seguían subiendo, y esto provocó la crisis de las vallas en 2005 en Ceuta y Melilla. Al cerrar Marruecos la puerta por Canarias, la vía de escape que quedaba eran los dos enclaves españoles. En plena crisis de las vallas, el ministro Moratinos va a Marruecos y felicita a las autoridades marroquíes, les dice que están haciendo lo correcto. «Al parecer la Guardia Civil había disparado desde el lado español, y Marruecos desde el lado marroquí.» Además, Marruecos se dedicó a hacer redadas por Rabat y demás ciudades, metió a los inmigrantes en unos autobuses y los mandó al desierto. «Fui a Argelia y me los encontré cruzando el desierto. Iban con una botella de agua y un pan, por territorio minado», recuerda Naranjo.

En el mismo año de las vallas empezaron a llegar los cayucos a Canarias, porque mientras que unos decidieron tratar de pasar por la valla, otros fueron más hacia el sur. «Si desde El Aaiún podemos partir, por qué no desde más al sur.» Una pequeña embarcación de seis metros de eslora no era suficiente. La patera no servía, no estamos hablando de 100 kilómetros, sino de 400. Aquellos que querían emigrar recurrieron a lo que tenían a mano: las embarcaciones de pesca mauritanas y senegalesas, que son los cayucos. Los primeros salieron de Dahla, la antigua Villa Cisneros, y de Nuadibú, en Mauritania. Como todo en este fenómeno, al principio pasó inadvertido. El gobierno español pensó que tapando Marruecos se solucionaba el problema, pero lejos de eso, se agravó. Esta nueva ruta planteó ventajas para los inmigrantes en la medida en que ya no tenían que hacer la penosa travesía por el desierto. «Ahora desde Nuadibú, Nuakchott, Saint-Louis o Dakar pueden salir directamente.» En 2004 Naranjo estuvo en Gao, una localidad en el este de Mali, en el desierto, que en el pasado funcionó como un importante paso de caravanas. Se encontró con inmigrantes que llevaban meses allí varados, porque los tuaregs los tenían engañados. Nigerianas que ejercían la prostitución para financiarse el viaje se habían quedado estancadas en aquel lugar.

Los cambios de ruta han provocado que el perfil del inmigrante cambie: si antes eran malienses, nigerianos, ghaneses o sierraleoneses, ahora son senegaleses. Esto se debe a que los cayucos están saliendo de la puerta de sus casas. Si en el año 2005 llegaron 5.000 personas a Canarias, en el 2006 llegaron 32.000, pero fundamentalmente en cayuco. Siguen llegando pateras, pero menos. En septiembre de 2006 llegaron 8.000 personas a Canarias en un solo mes. Hubo días en Puerto de los Cristianos en que había cayucos haciendo cola para ser atendidos. Ante este caudal de recién llegados, todas las posibilidades de los centros de internamiento se desbordaron y hubo que habilitar campamentos militares. Las expulsiones no funcionaban y España desplegó su poder diplomático para ir a firmar las expulsiones a Senegal a cambio de dinero. En marzo de 2006, los secretarios de Estado de Seguridad y Exteriores Antonio Camacho y Bernardino León fueron a Mauritania, y lo primero que prometieron, antes que nada, fueron cuatro patrulleras. «La única respuesta que ha sabido dar España ha sido la policial. Lo otro ha venido después, porque también tiene que haber una limpieza de rostro, apoyar proyectos de solidaridad», dice Naranjo. Éste es el camino que lleva Europa, fijémonos en Italia. Las controvertidas políticas contra la inmigración irregular que ha llevado a cabo el gobierno de Berlusconi no se tratan de algo aislado. Es la misma línea de trabajo que se lleva en todos los países de la Unión Europea y que enfrenta la inmigración desde la óptica de la seguridad, es decir, criminalizándola. La diferencia con España es que el gobierno italiano lo dice y lo hace de manera muy evidente.

«He estado en la frontera entre Senegal y Mauritania y he hablado con un inmigrante discapacitado que había sido expulsado por España en un avión, esposado y engañado, porque no le dijeron que iba a ser expulsado. Llegó a Nuadibú, viajó en un camión de transporte de ganado durante 800 o 1.000 kilómetros hacia el sur del país y luego lo botaron en la frontera de Senegal. Todo con la financiación y el visto bueno de España. Esto ocurre en África, lejos de nuestra vista. ¿Cómo es posible el caso del *Marine I*?», cuenta Naranjo. El 2 de febrero de 2007, el remolcador español *Luz del Mar* conectó en aguas internacionales con el

Marine I, un barco con 372 inmigrantes a bordo que, debido a una avería, había quedado a la deriva cuando se dirigía rumbo a Canarias. El remolcador arrastró la nave hasta el puerto más cercano, el mauritano de Nuadibú, pero los mauritanos le negaron el permiso para atracar bajo el argumento de que España debía hacerse cargo de los pasajeros, ya que los había encontrado. Tuvieron que pasar diez días para que los pasajeros —en su mayoría de Bangladesh— fueran desembarcados en el puerto de Nuadibú. España gestionó con Mauritania el desembarco de estas personas y su retención en un hangar, en muy malas condiciones de vida y sin aplicar en absoluto la legislación española, a pesar de que estas personas estaban bajo el control efectivo de las fuerzas de seguridad españolas. Todo parece indicar que el gobierno español vulneró la legalidad y los derechos humanos al violar el Convenio Internacional sobre Búsqueda y Salvamento Marítimos de 1979. Éste establece que «sean cuales fueren la nacionalidad o la condición jurídica de las personas o las circunstancias en las que éstas se encuentren» habrá que «prestar los primeros auxilios médicos o de otro tipo y trasladarlas a un lugar seguro».

Los inmigrantes permanecieron en una antigua fábrica de pescado sin poder salir a la calle, sin asistencia letrada, sin que nadie los pudiera asesorar sobre su derecho de asilo. «Podríamos considerarlo como un trato cruel, inhumano y degradante, completamente prohibido por la convención contra la tortura. Es el primer ejemplo, bastante preocupante, de la externalización del control de fronteras», dice Virginia Álvarez, de Amnistía Internacional.

Es entre marzo y mayo de 2006 cuando empieza la gran crisis de los cayucos. Pero en ese momento había dos hechos mucho más mediáticos en España: la tregua de ETA y el Estatut de Cataluña. No fue hasta el verano, cuando decayó la información política, cuando los cayucos adquirieron relevancia. Se calcula que han muerto siete mil personas, sólo en los cayucos. Constatadas con los cuerpos, hay dos mil y pico. Pero nunca se sabrá cuántos han muerto. «Hay un dato claro: son negros y anónimos», recalca Naranjo.

Hay una tendencia por parte de los medios y de los propios políticos a convertir al inmigrante en el culpable de todos los males. Es un recurso muy fácil. Recuerda Naranjo que hubo una vez un empresario canario, Bolaños, al que le entraron tres encapuchados en su casa para conseguir el número de la caja fuerte y robarle. Le dieron una paliza. Según las declaraciones de su esposa, los asaltantes tenían acento marroquí. Esto provocó portadas en los periódicos durante varios días y la convocatoria de una manifestación, que fue aprovechada por Democracia Nacional. El mismo día que le pasó esto a Bolaños, tres conejeros —habitantes de la isla de Lanzarote— hicieron exactamente lo mismo con un matrimonio uruguayo que vivía en la isla: entraron, los amarraron y les robaron. Fue una noticia breve en la página de sucesos. Es claro aquí el peligro de que el periodismo reproduzca y amplifique los peores prejuicios sociales, con el agravante de la responsabilidad que le infiere la profesión.

Como dice uno de los títulos de las obras del gran periodista desaparecido polaco Ryszard Kapuczinsky, «los cínicos no sirven para este oficio». En este sentido, José Naranjo se ha comprometido en su labor diaria de periodista. Su ser se ve impregnado por algo tan contundente como tener contacto directo con una realidad que no nos puede ser ajena. Una actitud crítica se ha desarrollado en él y se ha enraizado en su ser cotidiano. Naranjo pone como ejemplo el caso de una compañera que fue a cubrir la noticia de un juicio contra un presunto violador de origen magrebí. Tituló: «El violador que llegó en patera.» «Fui a la mesa y le dije: "Tía, ¿y si llegó en avión? Estás criminalizando el hecho de venir en patera."» Se generó un debate en el periódico que a Naranjo le pareció muy positivo. Se abusa de expresiones como avalancha e invasión. «He leído en mi periódico "Sigue la invasión" un día que llegaron tres o cuatro pateras. Esto lo vivo mal, jodido con mi empresa y conmigo mismo. En este momento no estoy en ningún periódico.» Como decía Jacques Lacan, el lenguaje estructura el pensamiento y las emociones, así que este tratamiento supone hacerle un flaco favor a la realidad. «¿Qué invasión? En un territorio al que llegan doce millones de turistas al año. ¿Treinta mil africanos es una invasión? Y la gente dirá, "pero los turistas no se quieren quedar", pues los africanos tampoco. Unos son ricos y otros son pobres. Unos son blan-

cos y los otros negros. El componente racial me parece fundamental. A los negros les tenemos miedo.» El prejuicio racista,
fuertemente arraigado en lo peor de nuestra condición, es el que
reduce al otro por su diferencia a la condición-estatus de no semejante con la carga que tiene sobre sus derechos.

2

Los motivos

Feliz el que consulta oráculos más altos
que su duelo.

Rafael Pombo

El 7 de septiembre de 2006 llegaban 46 personas a bordo de
un cayuco a Tenerife. Fue en el muelle de Los Abrigos, en Gra-
nadilla de Abona. No estaban gravemente heridos. Simplemente
llegaban con las secuelas propias de una travesía que parecía haber sido más o menos afortunada. Arribaron custodiados por la
Guardia Civil, demacrados y con una expresión difícil de describir. Su mirada estaba vacía y el agotamiento había hecho mella en
ellos. Apenas podían caminar. Cuántas veces los hemos visto,
ayudados por voluntarios de la Cruz Roja, guarecidos por una
carpa que se levanta para la ocasión. Mientras la Cruz Roja reparte mantas y chocolate caliente, se les ve indefensos, demasiado agotados para saborear su momento de gloria. Son auténticos
héroes. Burlan la muerte, y consiguen sobrevivir al océano. Al
ver esta escena uno no puede dejar de preguntarse qué podero-
sa fuerza los llevaba a embarcarse en semejante aventura. Falta
una pieza —o varias— del rompecabezas. Hay que ir a la raíz, al
origen, y explorar sus motivaciones. Viajar al lugar donde han
nacido y conocer su realidad: sus casas, sus padres, amigos.

Meses después, aterrizamos en Dakar. Llegar por primera vez a una ciudad de noche alimenta el misterio, la inquietud ante lo desconocido, es como deambular por un sueño. Sobre todo cuando las calles son lúgubres, apenas iluminadas por algunos faroles que esconden las formas de los edificios. La ciudad se vuelve un enigma que hay que descifrar a través de los sentidos. Dakar suena y huele. De noche, en la oscuridad que rodea el aeropuerto internacional Léopold Senghor, cientos de personas se agolpan gritando en la salida. Esperan al *toubab*, al blanco recién llegado que, ingenuo, pueda soltar algunos francos de más. Los maltrechos vehículos están aparcados en una explanada frente a la terminal. Maltratados por el calor, por las malas carreteras y las precarias reparaciones. El olor es característico. Europa no huele a nada. Nos hemos acostumbrado a la asepsia de las ciudades que se lavan con agua y jabón a diario. Pero en Dakar un mar de olores se arremolina en la inexperta nariz del recién llegado. Huele a arena mezclada con aguas sucias, a mar, a la sustancia metálica de la polución que dejan los automóviles, a té verde escanciado, a menta fresca, a resinas perfumadas y a inciensos que se queman en carbón. Aquí, en un taxi, circulando por calles oscuras, empieza nuestro contacto con África y con la realidad de los inmigrantes.

La hipótesis más extendida sitúa en África el origen de la humanidad. Incluso un reciente estudio realizado por la Universidad de Cambridge confirma esta hipótesis como única. Esta investigación contiene un estudio comparativo sobre más de seis mil cráneos de poblaciones indígenas recopilados en lugares tan distantes como Alaska, América del Sur, África, China y Australia. Las variaciones genéticas y las variables físicas de dicho estudio apuntan a un único origen de la humanidad en alguna parte del África subsahariana. Según el doctor Andrea Manica, director del estudio, partimos de un grupo ancestral que vivió en ese continente como una especie independiente durante más o menos 150.000 años, antes de que algunos individuos comenzaran a colonizar el planeta.

Más allá de que el continente africano sea la cuna de la humanidad, el África negra se caracteriza por importantes movimientos migratorios. Desde tiempos remotos hasta la actualidad, la propia cultura ha sido propensa al nomadismo. En la lejana región de los evok, en Camerún, esta cultura explica su origen a través de un mito migratorio. También está el caso de agricultores y ganaderos que se mueven en busca de tierras fértiles y agua para el ganado. Los fenómenos considerados como maldiciones también han favorecido el desplazamiento de la población, que abandona las aldeas para huir de las malas cosechas recurrentes, las epidemias o muertes inexplicables. En este sentido el profesor y miembro del Instituto Internacional de Derechos Humanos de Estrasburgo Mbuyi Kabunda indicó que los pueblos bantúes, de los que él forma parte, huyeron de la desertificación del Sahara y se desplazaron hacia el sur, y así consiguieron colonizar el África central y el África austral. Lo mismo hicieron los etíopes y los pueblos nubios, hacia los siglos XV y XVI.

A partir del siglo XIX las potencias europeas también favorecieron estos movimientos. El capitalismo y la revolución industrial implementaron el colonialismo como doctrina de desarrollo. Buscaron materias primas y un mercado en el continente africano. Llevaron una política de agrupación en aldeas para la administración colonial y para el reclutamiento de la mano de obra, principalmente, para minas y plantaciones. «La escasa población de amplios territorios de las sabanas, el carácter rudimentario de las técnicas agrícolas y las duras condiciones climáticas favorecieron la movilidad de los pueblos hasta la época contemporánea», apunta Kabunda.

Pero el colonialismo no sólo fue una doctrina económica y militar sino cultural. Durante esta época se propugnó la idea de que los pobladores aborígenes debían ser asimilados en la cultura de las potencias colonizadoras. Como sostiene Edward W. Said en su obra *Cultura e imperialismo*, «todo lo que tiene que ver con la historia humana está enraizado en la tierra... Hay pueblos que pretenden poseer más territorio y por lo tanto deben hacer algo con los residentes indígenas». En este sentido, la cultura, en el imperialismo del siglo XIX, fue una gran arma de dominación cuyas consecuencias se pueden sentir hoy día en lo que conocemos como globalización. El término «tercer mundo» vela la idea etnocentrista de que existe un territorio por civilizar.

En lo que se refiere a las migraciones actuales, cabe destacar que los flujos migratorios dentro del propio continente son hoy muy considerables. A pesar de lo que se suele creer, África, en su conjunto, conoce más el fenómeno de las migraciones internas que el de las migraciones hacia otros continentes. Según el profesor Kabunda, el 70 % de los emigrantes, desplazados y refugiados del planeta se encuentran en el continente africano. «Cada día, centenares de miles de africanos cruzan las fronteras como nómadas, emigrantes temporales, laborales y refugiados.»

De este modo un gran número de analistas hablan de la «necesidad perentoria» de los africanos por dejar el continente. Y definen a África como una «olla a presión». Pero ¿qué significa esto, cuál es la medida de esa necesidad? Los principales motivos serían los conflictos y persecuciones que producen los movimientos de refugiados y el éxodo rural y urbano, que se resume en «huir de la miseria». Pero ¿qué tipo de miseria? En África hay muchos tipos de pobreza. Más allá de los marcadores sociales que miden la pobreza según el PIB de un país, la mortalidad infantil o la muerte de la madre y el niño en el parto, nos parece oportuno ahondar también en el concepto de pobreza. Según una visión económica y antropológica, ésta se mediría en la incapacidad que posee una sociedad de suplir sus necesidades. Por ello nos parece fundamental observar los aspectos culturales y sociales específicos que determinan la necesidad de la sociedad migrante. Sólo así podremos obtener una visión caleidoscópica de este fenómeno. Para entender este proceso hay que situar los flujos migratorios en su contexto histórico y cultural. Sin olvidarnos de resaltar que, finalmente, hay tantas motivaciones como personas emigran, y que pueden ser tan diversas que es difícil hacer una clasificación sin simplificar, sin arrebatar las sutilezas que hacen únicas las realidades de cada individuo.

Los 14 kilómetros que separan a Europa de África en el estrecho de Gibraltar suponen uno de los mayores abismos socioeconómicos del mundo. Pero aún es mayor la hendidura que se abre entre el África subsahariana y Europa. Estamos hablando de un punto de fractura físico de dos mundos. Según el Programa de Desarrollo de Naciones Unidas (PNUD), Níger es el país más pobre del mundo. Ocupa el puesto 175, mientras que España se sitúa en la 13.ª posición. Así la irrupción del cayuco supone el frágil puente de acceso al continente europeo y una alternativa al cruento desierto y a la dificultad de supervivencia en los países del norte de África. Personas que se sienten excluidas de los beneficios económicos de la globalización vieron y ven una última posibilidad en el cayuco. Además, no hay que olvidar que la migración de la zona del África occidental hacia Europa tiene una tradición muy anterior a 2006.

EL CASO SENEGALÉS

En el campus de la universidad pública Cheikh Anta Diop de Dakar nos encontramos con el profesor e investigador Papa Demba Fall para analizar el origen y la evolución de las migraciones en la región. Este senegalés cursó sus estudios universitarios de Geografía en la universidad francesa de París X Nanterre. Desde hace más de diez años investiga los movimientos migratorios en el IFAN (Instituto Fundamental del África Negra). Decidió especializarse en la migración en la década de 1990, porque la aproximación que se había hecho hasta el momento le parecía muy simplista, mientras que en Europa se estaba llegando a una fórmula de proteccionismo reforzado.

La tradición migratoria senegalesa comenzó mucho antes de la incursión del profesor Fall en la materia en 1990. Su origen se concentra en el valle del río Senegal, en lo que se conoce como los países soninké y haar poulaar, así como en el sur, en la Casamance, con los manjaks. Desde estas comunidades se dieron las primeras oleadas migratorias. Se trataba de migración de trabajo, hacia Francia en particular. El objetivo de esta migración fue ayudar en la reconstrucción de Europa tras la Segunda Guerra Mundial. Se trataba de una migración deseada, por lo que la contratación resultó muy fácil. El sector en el que trabajaban era el del automóvil y las grandes marcas como Peugeot o Citroën abrieron sus oficinas de reclutamiento en Senegal. Los empleos eran mecánicos y no requerían de gran capacitación.

En 1970 comenzó a complicarse la situación. Hasta ese momento los emigrados trabajaban por temporadas y después volvían a Senegal. Nunca se quedaban, y esta manera de emigrar —cuando la gente se desplazaba de una región a otra periódicamente— es la que está en el recuerdo de la migración interna en Senegal. A esta forma de trasladarse el profesor Fall se refiere como «la noria»: marchar para ganar dinero y luego volver al lugar de origen. Así eran los movimientos internos en África. Los voltaicos y los guineanos iban a Senegal a trabajar en el anacardo. Como ya hemos mencionado, estos desplazamientos formaban parte de las economías coloniales. Al mismo tiempo, los senegaleses iban a trabajar a Guinea o a Burkina, siempre en el espacio francófono. Una de las características de la vieja migración es que estaba orientada hacia el espacio colonial. Hoy en día, esto ha cambiado cuando un senegalés emigra a Italia, España, Estados Unidos o, más recientemente, a Argentina.

Hasta los años 1970 la migración era de hombres solos, sin sus mujeres ni familiares. Iban y volvían en esta «noria». Pero cuando Francia y Alemania comenzaron a endurecer las condiciones de entrada y de estancia en el país, los emigrantes dejaron de volver a sus hogares y prefirieron instalarse de manera definitiva. Arrastraban a sus familias, y el modelo de migración cambió por completo. Se pasa de una emigración de una sola persona a una migración familiar, lo que genera nuevas problemáticas en torno a los guetos que se crean y a las segundas generaciones.

En la década de 1970 se abre un proceso del refuerzo del proteccionismo, tanto en Europa como en África. Las dificultades de los países que reciben migración —como Costa de Marfil o Camerún— son tales que muchas personas no saben qué hacer. Comienza una circulación constante de un país a otro que contribuye a aumentar la migración hacia Europa. Sin embargo, Papa Demba Fall recuerda que el 80 % de la migración africana se sigue dando dentro del propio continente. Como señalaba el profesor Kabunda, la migración hacia otros continentes es algo minoritario. Aunque haya una gran mediatización, no tiene nada que ver, en términos de volumen, con la migración que se da dentro de África.

Según el profesor Fall, justamente, el gran problema es que en África también existe este proteccionismo con los flujos migratorios, en el que además de la tipología de emigrante antes mencionada, chocan los flujos migratorios ancestrales de carácter nómada con las fronteras marcadas tras la independencia. Es paradigmático el caso de Costa de Marfil con el fenómeno nacionalista conocido como *marfilidad*, o el caso de los ataques xenófobos a los mozambiqueños en Sudáfrica en 2008.

Entre las décadas de 1970 y 1990 no sólo cayeron las economías locales africanas en decrepitud, sino que se instaló una crisis económica que abarcó todo el continente. En 1973 el petróleo multiplicó su valor por tres y los países pobres se endeudaron a una tasa de interés muy baja. En los siguientes años varios factores harían que la deuda se multiplicara —la subida de intereses y la fuerte apreciación del dólar—, abocando a los países empobrecidos al subdesarrollo. A partir de 1993 el anacardo en Senegal dejó de ser negocio. Esta crisis no favoreció la migración en el continente, por lo que las personas se empezaron a sentir cada vez más tentadas a la emigración intercontinental. «Pasamos del valle del río Senegal al centro del país. Los grupos étnicos que no emigraban, como los wolof, comenzaron a hacerlo, y Francia deja de ser el único destino. Europa del sur y Estados Unidos se convierten en los nuevos objetivos», dice Fall.

En Europa la crisis económica estuvo ligada al petróleo, donde las economías se ralentizaron. Pero en África también estuvo unida a cuestiones medioambientales: la sequía hizo que las regiones se empobrecieran. Las cosechas disminuyeron. Los precios mundiales del cacahuete y el café también se precipitaron. Es el caso de Costa de Marfil, que entró en una crisis imposible. También tenemos el caso de Nigeria, que con el *boom* del petróleo atrajo a muchas personas, pero que después sufrió una crisis más fuerte. «En el África occidental hubo un marasmo. La gente comenzó a preguntarse adónde podía ir, y empezó a abrir rutas que progresivamente les habían sido cerradas», señala Fall. Hoy por hoy la dificultad para obtener un visado es muy grande.

Existe todo un comercio, un tráfico de visados en la región. El precio para obtenerlos es muy alto, hay que pagar a muchos intermediarios y esto favorece la apertura de rutas «clandestinas», alternativas a las normales. Muchos comenzaron a buscar a través del desierto. Algo que, por otro lado, ya existía: se podía ir de Senegal a Gabón a pie, atravesando los caminos que van a Bamako desde la antigüedad.

Así, el emigrante comenzó a atravesar los estados. La gran dificultad era el desierto, fundamentalmente, para llegar a Marruecos. Pero Europa ha ido firmando acuerdos con Marruecos y con los países del norte de África en el marco de lo que se denomina «política de externalización de fronteras europeas». A medida que se cierran las rutas por Marruecos, nuevas rutas van surgiendo. Como dice Rosa Montero, «seguirán viniendo y seguirán muriendo, porque la historia ha demostrado que no hay muro capaz de contener los sueños». Es por esto que llegamos a la explosión del fenómeno conocido mediáticamente como «la crisis de los cayucos» en 2006.

Aunque la llegada de treinta mil personas en cayuco a las islas Canarias es reciente, si la comparamos con la pequeña isla italiana de Lampedusa. Hace mucho tiempo que los habitantes del África occidental entran a Europa por el sur de Italia. Según se han ido cerrando las puertas, se han buscado otras vías. Ésta es la constante. Continuaron por el estrecho de Gibraltar y finalmente por las islas Canarias. Cada vez que se refuerza un dispositivo de control europeo, como Frontex, las personas interesadas en emigrar descienden más al sur y encuentran nuevas alternativas. La presión es enorme, y la cuerda se rompe por la parte más fina.

Hasta hace poco las personas emigraban en avión. Hasta una fecha muy reciente, no hacía falta un visado para entrar en Francia, Italia o España. Muchos iban y venían. La tesis que defiende el profesor Papa Demba Fall apunta a que, en la medida que las personas sean libres para circular, menos tentadas estarán en instalarse. «Hay una necesidad de movilidad. Lo que no entiendo como investigador es que se pueda hablar de la liberalización de los capitales y de las mercancías pero que los seres humanos no sean tomados en consideración en lo que se conoce como la globalización. No puedo entender que la migración sea la pariente pobre de la mundialización.» La economía global que tiene por bandera la liberalización financiera, la apertura comercial y la libertad de mercado no protege los derechos de los trabajadores, que se ven obligados a adaptarse a estas realidades.

Caminando por las calles de las diferentes poblaciones de Senegal, uno percibe cómo todos comprenden por qué se da una movilización de las familias en torno a la cuestión migratoria. «Hay un proceso, hay que ir a la *futa* —el extranjero—. Hemos llevado a cabo una investigación para conocer en qué medida el emigrante contribuye al desarrollo local, en qué medida transforma el paisaje local y mejora la calidad de vida del poblado. La migración es la respuesta que la gente ha encontrado a la crisis.» Según el profesor Demba Fall siempre se tratará de buscar una solución por todos los medios. Algunos envían a sus hijos a una escuela de fútbol, porque puede ser una vía para salir de la crisis. A otro hijo se le mandará en la patera y a otro se le dirá que estudie. De este modo la migración se sitúa entre las principales estrategias para salir de la crisis.

«La migración es una solución posible. Observamos que las familias que tienen a un miembro emigrado viven mejor que las que no lo tienen. Es una constatación absoluta.» No es demasiado difícil darse cuenta: si echamos un vistazo en cualquier barrio de Dakar observaremos que las casas más bellas pertenecen a los emigrantes. «Es sintomático, cuando uno vea un vehículo o una casa sabrá que hay un emigrante. Los emigrantes han contribuido a la mejora de la calidad de vida en sus regiones. Cuando los demás ven esto se dicen: "y por qué no yo".»

MUERTE SOCIAL

Los jóvenes dicen que en Senegal no hay nada más que muerte. De ahí la frase «Barça o Barzakh», que quiere decir «Barcelona o la muerte». Esos jóvenes se despiertan en sus barrios cada mañana sin ninguna actividad y sin ninguna perspectiva de futuro. Están muertos en vida, porque socialmente no existen. Para ellos la emigración es una respuesta a esta pobreza, es una solución, una alternativa. Para ellos partir a probar su suerte supone rechazar la muerte social. Los jóvenes quieren trabajo, y de la manera en que funcionan la economía y el sistema no lo consiguen. Hay diversos grupos entre los jóvenes que quieren emigrar en cayuco.

La mayoría son urbanos y poseen un cierto contacto con occidente, al menos, más que aquellos que pertenecen al medio rural. Se puede decir que se sienten atraídos por la manera de consumir y por las perspectivas de trabajo que hay en Europa. En Senegal, como en muchos países africanos, la inmensa mayoría de la gente es joven. Como mínimo un 60 % de la población no llega a los 25 años. El sistema crea expectativas de consumo que de modo alguno pueden ser satisfechas.

En el año 2000 hubo en Senegal elecciones presidenciales en las que los jóvenes se movilizaron de una manera muy activa para que se eligiera al presidente, Abdulaye Wade. Ganó y pensaron que iban a conseguir trabajo. Pero con el paso de los años sobrevino el desencanto. Ahora la esperanza está en que quizá montándose en un cayuco se pueda llegar a Europa y conseguir un trabajo. La idea que ronda es que no hay nada más que hacer en África, que no hay esperanza política ni perspectivas laborales. Se emigra con la idea de volver. Es decir, no se emigra para irse del país para siempre. «Primero hay que sustentar a la familia, enviar dinero. Constatamos que, entre los que consiguen trabajo, un 50 % de lo que ganan va a la familia», nos dice Christian Coulon, un politólogo y antropólogo francés especializado en la juventud senegalesa. Además de esto, todos los emigrantes que consiguen llegar a Europa tienen el proyecto de construirse una casa en Senegal. Un hogar para la familia, para la madre y el padre, y poder así ocuparse bien de sus familias.

Coulon también apunta que existe una especie de sueño, como existió el «sueño americano». Se trata del «sueño occidental». Los jóvenes dicen: «Somos mucho más libres en relación con nuestras tradiciones y jerarquías, somos más libres en Europa de lo que podemos serlo en nuestra casa.» Es decir, a través de la migración hay un deseo o un proyecto de individualización. Los jóvenes son los que sienten más el peso de las tradiciones y de la gerontocracia, y así ellos toman la iniciativa como individuos. «Existe una especie de deseo de autonomía personal que los empuja a salir, creo que ésa es la motivación principal. Es un hecho complejo donde se conjugan varios factores: hay una necesidad de dinero, una fascinación por Occidente y un deseo de mayor libertad. Dejan la familia aunque se sigan manteniendo los lazos», dice Coulon.

Otro elemento importante ligado a la promoción social es que muchos de estos jóvenes piensan que hay que ir a España, Francia o Italia para poder casarse. Hace falta tener suficiente dinero para contraer matrimonio. Las motivaciones son muy variadas. Resumiendo, lo esencial es que se da una idea general de que no se puede hacer nada más en el país. Sea cierto o falso, esto es lo que piensan. A menudo no son conscientes de las dificultades que pueden encontrar en la sociedad de acogida. Cuando vuelven a sus casas, bien porque no les ha salido bien o porque la policía los ha detenido, comienzan a tener lo que ellos denominan como *la honte* —la vergüenza—. Tienen vergüenza porque no han sido capaces de cumplir ese objetivo que es tan importante para ellos.

LAS CREENCIAS

En muchas culturas africanas si uno no es emigrante no tiene estatus, no está valorado socialmente. Para ser un hombre, hay que emigrar. En algunas sociedades, como en la de los solinkés, funciona así. Los hombres que nunca parten no son considerados como tales. Es un rito de pasaje. Existen sociedades en las que la migración —como el matrimonio, la circuncisión o el bautizo— forma parte de la vida del individuo.

Algunos prefieren morir físicamente a morir socialmente. Muchos jóvenes afirman que morir en alta mar o quedarse es parecido, porque ya se consideran muertos. Este alto riesgo que corren es algo conocido. Son conscientes del peligro del viaje:

«Conocemos bien los peligros que hay en el mar, podemos morir, pero preferimos probar nuestra suerte.» La evidencia de que son conscientes del peligro es que —según nos cuenta Papa Demba Fall— un 80 % visitaron a un marabú —líder espiritual— antes de partir. Les hacen una especie de preparación mística. Para un africano es importante tomar un mínimo de precauciones. Es como los europeos que se vacunan antes de visitar África. El hecho de que alguien se vacune no evitará su muerte; ir al marabú tampoco. No hay que confundirse, existen diferentes tipos de marabúes en Senegal. El marabú puede ayudar a cumplir los proyectos que uno tenga con amuletos, *grigris* —talismanes—, brebajes y fragmentos del Corán. Necesitan protección religiosa para emprender el viaje a Canarias. Los senegaleses dicen que para confiarse en un gran viaje como éste hace falta la *Baraka*, es decir, la gracia de Dios. Por eso hacen sacrificios y oraciones en los que se entrelaza el animismo con el islam. «A los marabúes hay quien los llama charlatanes, ésta es una palabra despectiva que ignora, al fin y al cabo, que estas personas dominan el Corán y poseen una cierta sabiduría y poderes», asegura Fall. Tienen una especie de ciencia, hacen sus investigaciones. Hoy día encontramos marabúes por todas partes, se han urbanizado. Están donde son requeridos, se mueven con la migración. Se pueden encontrar marabúes en España y en Portugal. Hay una región de Senegal donde están los que mejor reputación tienen. Por ejemplo, la Casamance es la tierra del animismo y del sincretismo, la mezcla de religiones, musulmana, cristiana y africana. Se trata del mundo misterioso africano. En la Petite Côte encontramos al pueblo serer, que posee los grandes conocimientos de la naturaleza. Es la base del animismo, porque las creencias en África son una mezcla de las creencias de base con las religiones reveladas. En este continente no se pierden las creencias del pasado: se sincretizan.

COMERCIO: MODELO DE ÉXITO

«Durante los primeros años que pasé en Senegal, el modelo a seguir que la gente tenía en la cabeza, el modelo de referencia, era el de los funcionarios, los intelectuales, los profesores y el ámbito de la administración», recuerda Christian Coulon. «Los que tenían estudios aspiraban a esos puestos, pero ahora es completamente diferente. Ven que los que van a la escuela y se convierten en funcionarios están mal pagados y los profesores de universidad no ganan prácticamente nada y están obligados a tener otros trabajos para poder mantener a sus familias.»

Ahora son los comerciantes los que ganan buen dinero. El comercio es un modelo de éxito. «Creo que es verdad. Ciertamente los comerciantes tienen mucho más dinero y pueden tener más relaciones sociales», razona Coulon. Al haber una promoción social a través de los negocios, existe una especie de legitimación. Vemos cómo los pequeños vendedores senegaleses, principalmente los wolof, comercian en la calle. Poco a poco van creando redes comerciales. Empiezan por un comercio callejero y van aumentando la escala. El comercio informal está muy organizado. Aunque hagan operaciones comerciales de cierta envergadura, dentro de su estrategia tienden a vivir de manera bastante modesta. De hecho, en Europa llevan una vida de extrema austeridad.

MIGRACIÓN COMO YIHAD

Christian Coulon destaca que todos estos jóvenes son musulmanes creyentes y que esta fe los ayuda en la emigración, porque consideran que la difícil experiencia del viaje y el contacto con la sociedad de acogida forman parte de su educación como hombres. Es una parte integrante del islam. Es un hecho que se debe recordar, como cuando Mahoma se fue de La Meca para ir a Medina: los notables de La Meca estaban en su contra. Tuvo problemas y tuvo que marcharse. «Los jóvenes hacen lo mismo —dice Coulon—, siempre me dicen la misma cosa: "Nosotros hacemos lo mismo que hizo el Profeta, no podemos vivir aquí, en Saint-Louis o en Dakar, hay demasiados obstáculos. Así que nos marchamos y volveremos como el Profeta. Así como él volvió victorioso a La Meca algunos años después, nosotros también volveremos a Senegal".» Siempre existe la idea de que se volverá. Siempre se tratará de mantener contacto con el país de origen y se tratará de vivir con normalidad. Pero es cierto que están animados por su fe. Muchos de estos jóvenes pertenecen a la hermandad *mouride*, una hermandad sufí muy activa y dinámica en el país. Y estas redes religiosas les ayudan. Es decir, si los jóvenes van a Madrid, a Las Palmas o a Marsella, enseguida serán acogidos, no sólo por la comunidad senegalesa en general, sino también por la red religiosa, ya que es característico de la moral de estas hermandades sufíes. «Hay un aspecto religioso; para ellos el viaje, la migración, es una especie de Yihad. Es una epopeya, con mucha dificultad, así que —como en todas las epopeyas— hay que estar protegido. Una vez que lo consiguen, son un ejemplo de promoción social. Uno se convierte en alguien que puede mantener a su familia. Creo que éste es el elemento más importante», dice Coulon.

LOS PESCADORES

Los primeros que partieron en 2006 fueron los pescadores. Una de las localidades implicadas fue la de Thiaroye-sur-Mer. Este pueblo pesquero situado en los suburbios del gran Dakar es un importante punto de partida. Durante la tradicional fiesta musulmana de la Tabaski —durante diciembre— en 2006, antes de que el fenómeno se mediatizara en Senegal, ya había embarcaciones que salían. En las primeras travesías hubo pocos problemas, dado que las barcas iban comandadas por capitanes que poseían experiencia en alta mar. De hecho, muchos de los pasadores suelen ser antiguos pescadores. Este proceso está unido a la crisis que atraviesa la pesca tradicional. Los acuerdos alcanzados con la Unión Europea y otros países permiten faenar a grandes barcos extranjeros en los caladeros africanos, con su consecuente esquilma. Como dice el especialista senegalés Papa Gora N'Diaye, «los intercambios mundiales de los productos pesqueros están caracterizados por un crecimiento global de la demanda y un estrechamiento de la oferta debido esencialmente a una reducción de las existencias pesqueras». De esta manera, los acuerdos pesqueros multilaterales de África occidental con Europa y Asia tienen consecuencias devastadoras sobre los medios de sustento locales. Los pescadores locales ya no pueden vivir del mar.

Los pescadores tradicionales comenzaron a salir a faenar cada vez más lejos, hasta que, de manera natural, encontraron el camino a Canarias.

Además de los pescadores, fueron llegando a Canarias lo que Papa Demba Fall denomina «los cabos sueltos» de Ceuta, a partir de que se les cerrara la posibilidad de atravesar la valla. En la capital marroquí hubo una reunión —la Conferencia de Rabat— entre la Unión Europea y algunos países africanos. Entre otros asuntos, se trató la seguridad de las fronteras. «Y los emigrantes —que están al día con lo que ocurre en el ámbito de la política mundial— se dijeron: "¡Ahora es el momento!" En 2006 partieron de manera masiva hacia las islas Canarias. Ahora, con el dispositivo Frontex y los propios efectos de la crisis internacional, el flujo ha disminuido a la mitad», asegura Fall.

VÍCTIMAS Y SUBDESARROLLO

«Nunca se cuenta el número de muertos», dice Papa Demba Fall, quien investigó en un pueblo de pescadores y comprobó que el número de personas desaparecidas era enorme. En un principio, las familias se niegan a admitir que están muertos. Pero después de tres o cuatro años sin saber nada de ellos, se les da por muertos. Muchas familias son azotadas por esta desgracia, pero la actitud general es la de una lotería: están los que ganan y los que pierden. Saben que pueden morir, pero sus expectativas hacen que se monten en un cayuco. El joven que tiene 23, 24, 25 años debe ayudar a la familia. Hay grandes familias que viven de un solo salario. Es al joven a quien le toca encargarse de muchas otras personas.

«África tiene un siglo de retraso», se queja Fall, mientras conversamos en su despacho de la universidad. A cada rato el ordenador y el ventilador se apagan por los incesantes cortes de luz.

El profesor dice no entender cómo se puede desarrollar un país cuando hay cortes de electricidad a diario. «Las autoridades políticas hacen grandes promesas por estos jóvenes que están en edad de trabajar. Pero cuando uno no es capaz de producir electricidad, ¿cómo va a proporcionar trabajo a los jóvenes? ¿Cómo van a producir las empresas con cuatro horas de electricidad diarias?» Para el investigador del IFAN la responsabilidad fundamental es de los gobiernos africanos, que tienen la soberanía para gestionar la migración.

REMESAS Y DESARROLLO

El profesor Fall trabaja junto con su colega Fatou Sarr midiendo los efectos del dinero de la emigración: las remesas. El estudio lo realizan en las primeras comunidades que emigraron, como es el caso del valle del río Senegal. La señora Sarr asegura que, con una gran diferencia, las remesas de dinero que aportan los emigrantes son más elevadas que las partidas de dinero en concepto de ayuda de cooperación al desarrollo. «Lo que los emigrantes hacen en sus lugares de origen no tiene nada que ver con lo que otros países puedan hacer», dice Fall.

Fatou Sarr asegura: «En el valle del río Senegal son ellos quienes hacen todo. No se trata sólo de alimentar a sus familias: hay una parte importante que va a parar a la comunidad. Las escuelas, las redes de saneamiento, todo está hecho con remesas. En lugar del Estado, es el emigrante quien asume esa tarea.»

Los emigrantes están organizados en asociaciones que están ligadas a sus localidades de origen. Parten por sus familias, pero también por sus pueblos, por sus promesas, están comprometidos con la región. Están organizados y tienen representantes en los poblados. «Siempre han estado muy bien comunicados.» Antes hacían circular casetes por sus comunidades. Los pobladores exponían sus necesidades y comentarios en estos casetes y luego se los enviaban a los emigrados en Europa. Hoy en día el medio son el teléfono móvil e internet: el mundo de las comunicaciones ha cambiado. Christian Coulon resalta este aspecto como fundamental dentro del fenómeno migratorio, pues ahora se pueden mantener relaciones en la distancia con mucha mayor facilidad. Hablar por teléfono no es excesivamente caro, y «aunque no escriban bien, siempre pueden comunicarse a través de internet. De este modo, el emigrado nunca se separa completamente de la familia». Se da una especie de comunidad virtual de la emigración.

En la conciencia de muchos emigrantes están los que quedan atrás: las mujeres, los niños y los mayores. «El emigrante está muy unido a sus orígenes y la mejor prueba es que cuando muere siempre quiere que lo entierren donde nació», asegura Fall. En el valle del río Senegal se refieren a los inmigrantes en su lengua local como *ñanti futa*: las personas que embellecen el país.

Pero encontramos opiniones divergentes, como la de la antropóloga sueca Eva Evers Rosender —especializada en el colectivo de mujeres senegalesas residentes en España y profesora en la universidad sueca de Uppsala—, quien cree que las remesas no siempre están ligadas al desarrollo. De hecho, califica este binomio como un cliché: «En nuestro mundo occidental, tanto en Estados Unidos como en Europa hay una histeria por comprar: el consumismo. Esta actitud se transfiere a ellos también, claro, a su escala de valores. Por eso los inmigrantes compran productos que veo poco necesarios, creo que son víctimas de un estilo de consumismo fatal. Ésta es mi visión moralista, pero creo que está lejos del desarrollo. Gastan su dinero en absurdos.»

Gran parte de las remesas se emplean en ceremonias familiares: en los bautizos, funerales y bodas, así como en la construcción de mezquitas. Quien ha presenciado una celebración tradicional en Senegal es consciente de la magnitud e importancia social de estos gastos.

Eva trae a colación un caso que conoce bien, el de una senegalesa que vive con su marido en un cuarto en Lavapiés. Paga 300 euros al mes por la habitación y tiene a sus hijos en Dakar. Cada céntimo que gana lo manda a sus hijos. Si pudiera volvería a Senegal, pero está llena de deudas, pues cuando nació su nieto se vio obligada a cubrir los enormes gastos del bautizo. «No tenía el dinero, pero tenía que pagar el festejo, porque todo el mundo creía que en España ganaba mucho y de lo contrario pensarían que era una avara.»

Iñigo Moré —analista de mercados e investigador— es muy pesimista en cuanto a los beneficios que deja la migración clandestina por mar en el territorio de origen. A las remesas hay que restarles el gasto del viaje y, sobre todo, la pérdida de vidas «en la frontera más desigual y más letal del mundo». Define esta migración como extremamente cruel, cercana a la huida desesperada.

En medio de este marasmo, rescata las remesas como un aspecto que puede ser positivo para el desarrollo del territorio. «A pesar de que el volumen es muy escaso, porque se nutre de prácticas económicas muy precarias y marginales», la repercusión de 90 euros en Burundi puede ser muy considerable. Pero una serie de limitaciones merman su impacto. «Primero es muy caro enviar dinero a África. Mientras que a Ecuador cuesta un 5 %, enviarlo a Marruecos cuesta el 7,5 u 8 % y de ahí para arriba.» El encarecimiento de este servicio está unido a la falta de infraestructuras que sufre el continente y favorece situaciones de monopolio. Otra de las limitaciones a las que tiene que hacer frente es lo que en inglés se define como *capital rich poverty*, riqueza de capital en la pobreza. «Hay gente que tiene noventa euros en el bolsillo, pero no tiene en qué gastárselo, seguramente esto se deba a que sea el único que tiene dinero.» Moré asegura que para favorecer el desarrollo es necesario buscar mecanismos que posibiliten encauzar ese capital a través de la creación de mercados ligados a la producción.

SUPRESIÓN DE FRONTERAS

Papa Demba Fall es partidario de la supresión de fronteras. Está convencido de que si la gente tuviera la libertad de circular no estaría tentada a instalarse en el país de destino. «Lo que se conoce como la migración clandestina o de riesgo es una respuesta a las políticas proteccionistas de las fronteras. A la gente no le gusta que le prohíban las cosas. Recuerdo que cuando era estudiante no hacía falta visado para ir a Francia. Con un billete de ida y vuelta era suficiente. Pero no por ello se fueron todos los senegaleses. Fue a partir de las restricciones a través de los visados. Recuerdo que nos impusieron una visa de retorno. En 1983 empezaron a complicar la circulación y la gente comenzó a quedarse en Francia. Ése fue el primer paso hacia los problemas de las segundas generaciones.»

CONFLICTOS Y PERSECUCIONES

Cabe recordar que a lo largo de la historia todos los territorios del mundo han sufrido conflictos que han obligado a la población civil a dejar sus casas. En este sentido, a partir de la Gran Guerra, con la Sociedad de Naciones, y muy en especial tras la Segunda Guerra Mundial, se empezó a reconocer y definir en el derecho internacional el estatus de los refugiados. La Convención de Ginebra de 1949 normalizó dentro del derecho internacional la protección a las víctimas de guerra.

Desde 1970, según la ONU, se han librado más de treinta guerras en el continente africano. La violencia y la inseguridad han desplazado a miles de personas. Muertes, violaciones y separaciones forzosas han sumido a muchos países en la desesperación que mueve al éxodo. Historias de sufrimiento y coraje que muestran la capacidad de supervivencia del ser humano. La Comisión Mundial de las Migraciones Internacionales asegura que 200 millones de personas viven fuera del país de origen, es decir un 3,3 % de la población mundial. Dentro de esta cifra ACNUR contabiliza 9,9 millones de refugiados, cuya mayoría se encuentra en África y Asia.

La postura de Amnistía Internacional respecto a los temas de inmigración y de asilo es que, reconociendo que los estados tienen derecho a controlar sus fronteras y la inmigración, nunca pueden hacerlo a costa de violar los derechos humanos. Con estas medidas de control migratorio se impide que personas que huyen de violaciones a los derechos humanos puedan acceder a protección internacional. No olvidemos que tanto España como el resto de los países europeos han firmado acuerdos internacionales que les obligan a dar protección a las personas que la necesiten. Se implementan medidas de control, pero no se está habilitando ningún mecanismo para que las personas que vengan a pedir protección de manera legal lo puedan hacer. El discurso que se mantiene es que hay que luchar contra la inmigración ilegal, contra las redes. «Estamos de acuerdo, pero cuando se lucha contra las redes de tráfico de seres humanos se abandona a las víctimas. No se está haciendo nada por ellas, no se les está dando protección, y tampoco se les están proporcionando vías legales para acceder a esa protección», dice la portavoz de Amnistía Internacional Virginia Álvarez. Cuando una persona es víctima de una red, al ser expulsada inmediatamente sin conocer su situación, sin saber cuál ha sido el proceso que ha sufrido, la estamos devolviendo a una situación donde puede ser nuevamente victimizada. España no ha adoptado ninguna medida para contemplar este fenómeno.

En España no se dan las garantías para que las personas que estén necesitadas de protección internacional puedan acceder a ella. El caso de Canarias es un ejemplo claro, en cuanto a la deficiente asistencia letrada y de intérprete y la escasa información que se les proporciona a estas personas. También se da una deficiente identificación que ocasiona que haya personas que sean expulsadas a países donde pueden recibir malos tratos. A pesar de que ha descendido el número de personas que llegan a España, no ha mejorado la calidad de la asistencia.

LAS MADRES CORAJE

«Nosotras, las mujeres, somos quienes hemos enviado a nuestros hijos a esta aventura asesina», lamenta Yayi Bayam Diouf —también conocida como Madame Yayi—, de 48 años, presidenta de un colectivo de mujeres que lucha contra la inmigración clandestina en Thiaroye-sur-Mer, una localidad de pescadores del área metropolitana de Dakar.

La mayor parte de la población está sin asfaltar. Las piernas se hacen pesadas al caminar por la arena, y el gentío bulle por sus calles angostas. Los niños corren por todas partes y las cabras se concentran en pequeños solares que sirven a la vez de vertederos. El ganado vacuno se abre paso entre el tráfico. Construcciones humildes brotan de manera desordenada; de cuando en cuando, se ven algunas construcciones robustas. En las calles principales hay chamizos que albergan los negocios: pequeñas carpinterías, quincallerías, peluquerías y carnicerías. De algunas de ellas emana el sonido de la radio, son cantos religiosos musulmanes que se mezclan con los ruidos de la ciudad.

Nos metemos por una antigua vía férrea en desuso. Desde la ventana del vehículo se divisa una fosa de agua estancada. Flotan en ella plásticos y basura. Al final de la calle se erige entre las chabolas una pequeña mezquita de cúpulas verdes. Delante, dos cabinas telefónicas. Seguimos las indicaciones. La estrecha calle se amplía formando una especie de plazoleta. En una pared encalada surge un umbral que va a dar a un patio. Está lleno de mujeres. Es la casa de Madame Yayi y sede de la asociación.

«En el mes de marzo de 2006, 81 pescadores partieron en cayuco rumbo a las islas Canarias con la intención de encontrar trabajo.» Todos ellos murieron en el intento, incluido «mi propio hijo, mi único hijo», cuenta Yayi mientras una expresión de dolor le desfigura el rostro momentáneamente. La asociación está compuesta por más de 350 mujeres que han perdido como mínimo a un hijo. «Es muy doloroso, muy duro.» Madame Yayi asegura que han llorado mucho, pero que un día se dijeron: «Tenemos que dejar de llorar y trabajar el doble, por nuestros hijos muertos y por nosotras, las mujeres.» La culpabilidad pesa en sus palabras, las mujeres financiaron los viajes de sus hijos, o por lo menos los veían con buenos ojos. Con su desaparición no sólo perdieron a un ser querido, sino también a un elemento fundamental de la economía familiar de subsistencia. Las mujeres han tenido que buscar «una salida, para ellas y para sus nietos, niños huérfanos».

«La familia en Senegal es polígama», explica al analizar las razones que motivan a los jóvenes a partir. «El marido tiene cuatro mujeres. Cada una de ellas llega a tener hasta nueve hijos en la misma casa. Así es como surgen las rivalidades en el seno del hogar. «Si tu hijo va a Europa es un triunfo para la familia, y la madre es glorificada.» En Thiaroye-sur-Mer la tasa de desempleo es superior al 50 %. Madame Yayi se lamenta de la crisis económica que están viviendo, «los pescadores salen a diario y apenas traen nada, no hay peces». Se queja de la falta de recursos, «los botes de pesca son viejos, los motores fueraborda defectuosos», los lugareños «no pueden competir» con los grandes barcos «coreanos, franceses y españoles», que pescan en los caladeros senegaleses. «Los jóvenes no tienen trabajo, no tienen nada. Emigran hacia las Canarias para llegar a Europa y trabajar.»

Cuando comenzó el fenómeno de la migración en Senegal no existía el peligro de hoy en día, asegura Madame Yayi. «La gente iba al puerto de Dakar.» Trabajaban en los barcos de pesca. Cuando los barcos volvían a Europa, «la gente se escondía en las bodegas» y se quedaba «un tiempo trabajando por allí». «Con dos años de trabajo en Europa, volvían a Senegal, compraban una casa y se casaban bien.» Madame Yayi cuenta que ellas, como «mujeres y madres», prefieren dar a sus hijas en matrimonio a los emigrados, ya que son símbolo de «riqueza y prosperidad». Según Madame Yayi, «la gente busca una solución a sus problemas en el exterior». Escapan de su realidad y perpetúan los problemas de pobreza que padecen. La asociación «trabaja sensibilizando a los jóvenes para que no partan». Tarea especialmente difícil en Thiaroye, donde a los lugareños se les ofrece el viaje gratis para que piloten los cayucos hasta las Canarias.

«Habría que desarrollar recursos en materia de pesca para que la gente se quedara aquí trabajando y así recuperáramos la dignidad perdida», asegura vehementemente Madame Yayi, para acabar con la pobreza estructural del país «trabajando y siendo competitivos». Para ello «las mujeres, como estructura organizada», siguen unos estatutos contra la emigración clandestina: «Toda mujer miembro de la asociación no debe financiar más el viaje de su hijo, so pena de expulsión.» Si el hijo de una tiene su propio dinero para el viaje, la asociación se acerca a él y se encarga de sensibilizarlo para que no se vaya. Para ello, asegura Yayi, las mujeres cuentan con el respeto y el amor de sus hijos. «Nos escuchan porque nuestros hijos están muy cerca de nosotras, sus mamás.»

«Aquí prácticamente somos de la familia», asegura Yayi refiriéndose a la asociación. «Existe calor familiar y solidaridad, ésta es nuestra ventaja. Nuestra fuerza radica en la vida en comunidad.» Así es el Colectivo de Mujeres para el Desarrollo Integrado en Thiaroye-sur-mer. Una asociación que «nació mucho antes de que comenzara la migración». Antes de la crisis las mujeres eran transformadoras del pescado, lo vendían y se encargaban del hogar. También organizaban las fiestas locales y familiares, como los bautizos, las bodas y los entierros, tan importantes en Senegal. Con la crisis, las mujeres comenzaron a movilizarse para «hacer algo y ganar dinero». Tenían que dar de comer a sus familias. Comenzaron por los barrios, buscaron microcréditos para mejorar el material de pesca existente, trabajaron colectivamente e hicieron frente a la crisis económica en comunidad.

Ante la actual crisis humana y económica trabajan igual. El objetivo principal del colectivo es acabar con la migración clandestina. «Nuestros hijos no deben seguir muriendo en esta travesía inhumana.» Para ello realizan un trabajo de concienciación y sensibilización. Van a la costa y hablan con los pescadores y los jóvenes para que se queden. Para ello cuentan con la ayuda de un líder religioso muy respetado. Pero sobre todo cuentan con la ayuda de Baye Mandiane Fall, un joven de 28 años, campeón de lucha senegalesa, deporte parecido a la lucha canaria. «Los jóvenes lo adoran», dice Madame Yayi. «Muchos de los amigos que entrenaban conmigo han muerto en el mar», cuenta el fornido campeón de Thiaroye. Dice que a partir del programa de lucha que él dirige reparte medicamentos y alimentos. «La gran labor de Baye Fall es la de aconsejar a los jóvenes que se queden», dice Madame Yayi.

Una de las funciones fundamentales de la asociación es proporcionar a las mujeres ingresos a partir de un trabajo. Hay muchas mujeres que ya no quieren trabajar cerca del mar. «Cuando están en la costa escuchan las voces de sus hijos diciéndoles: "¡Mamá, ven a ayudarme!"», asegura Yayi. Así es como la asociación las ha convertido en transformadoras de cereal local. «El trabajo del cuscús es difícil —dice Madame Yayi—, pero nos permite estar juntas y hablar. A veces de la migración, otras simplemente para no estar solas y no pensar demasiado en el sufrimiento.»

Pero la asociación es mucho más, es el lugar de encuentro y de apoyo de estas mujeres curtidas por el salitre de un mar que les ha dado y quitado vida. Mujeres esculpidas en la necesidad y el sufrimiento, en el espíritu de servir a sus familias y a la comunidad. Son ejemplo de solidaridad, «ayudan a otras mamás a que no pasen por el mismo sufrimiento», como dijo la candidata socialista a la presidencia de Francia, Segolène Royal, en una visita que hizo a las madres.

Cuando le preguntamos a Madame Yayi por el futuro, sonríe y dice: «Yo soy musulmana, no sé qué pasará mañana. Pero esperamos conseguir los medios para generar empleo aquí y acabar con la emigración clandestina.»

Voces ahogadas

«Mis cuatro hijos salieron al mar en el mes de marzo y nunca más he sabido de ellos», cuenta Abi, una mujer alta, fina y elegante. Tiene los ojos profundos, la sonrisa amplia y se muestra cercana y cariñosa. Habla de la pobreza, de las mujeres y del trabajo, pero cuando hay que hablar de sus hijos la voz se le ahoga. Se refiere a ellos como si no hubieran muerto, como si estuvieran en algún lugar del océano Atlántico, esperando a ser rescatados, todavía vivos.

«Para costear el viaje, ellos tenían recursos, también vendimos todas las joyas.» Abi cuenta que les dio su bendición. Un martes por la mañana salieron de Thiaroye. Fue como una gran fiesta. «Eran más de ochenta los que iban en la embarcación, la gente se agolpaba para despedirlos. Dejaron a sus familias, padres, mujeres, hijos y hermanos.» Cuenta que el momento de la despedida fue feliz, lleno de esperanza e ilusión.

«Se fueron para tener algo de que vivir», dice Abi despechada, como si intentara justificar su partida. Si aquí hubiera trabajo, los jóvenes no partirían. El valor de la familia es muy importante en Senegal. Aúna los núcleos afectivos con la estrategia de subsistencia. «Es muy duro ir a otro país solo. Estar con tu familia es siempre mejor. Si te pones enfermo, ¿quién te va a cuidar?», dice Abi, mientras prepara jugo en un mortero gigante.

En este pueblo de pescadores, donde las mujeres cosen las redes o ahúman el pescado mientras los hombres recogen el material o arreglan el cayuco varado en la costa, todos conocen el mar y sus múltiples caras. «Nosotras —explica Abi— conocemos el mar y los peligros que entraña. Y nuestros hijos no temen ni han temido al mar, al igual que nuestros padres tampoco lo temieron.» La muerte está siempre en el mar. Ha sido una constante asumida por los lugareños. «Pero lo de ahora es diferente. Se está convirtiendo en un suicidio.»

Abi recoge el mortero, vierte el jugo en un balde y llena unas botellas. Las coloca cuidadosamente en un cubo, atraviesa el patio. El habitual bullicio ha cesado, unas cuantas mujeres rezan sobre una alfombra de fieltro. Sale a la calle. Junto a la puerta hay un puestecillo. Su compañera, Aisha, está vendiendo los productos que han preparado. Le da las botellas. Levanta la mirada, sonríe y nos bendice.

Nos alejamos con el agridulce sentimiento de haber conocido el estado ambivalente del dolor y la esperanza, el de las madres coraje de Thiaroye-sur-Mer.

LA ESPERANZA DE LOS JÓVENES

Conocemos a Abdoulaye Dia por Lis, una vieja conocida belga que vive en Senegal desde hace doce años. Nos encontramos en Yoff, en el hostal que Lis regenta. Abdoulaye es delgado y sonriente. Se sienta y habla en un francés claro pero con la voz muy baja, como si no quisiera que nadie lo escuchara. De cuando en cuando suspira, deja un pequeño silencio, dice que todo es muy triste y se sonríe.

Con estudios y sin trabajo, su historia es la de miles de jóvenes senegaleses. Vive en Dakar. Cuando puede, vende gafas de sol o ropa por la calle, lo que aquí se conoce como el pequeño comercio. Proviene de una recóndita isla ubicada en la desembocadura de los ríos Sine y Saloum, en la región de Fatick, justo al norte de Gambia. Las principales actividades de Niodior, su isla, son la pesca y la agricultura. Pero asegura que no se puede vivir de la pesca tradicional y que eso ha empujado a los jóvenes de su población a emigrar. Primero a Dakar y después a Europa: «Estamos acostumbrados al mar, no nos da miedo.» Muchos de sus amigos y compañeros de la escuela se han marchado a España «en masa». Un buen día, cansado de luchar en Senegal, Abdoulaye se dijo: «Si en Europa hay trabajo y aquí no, por qué no pruebo yo también.»

Partió un día de octubre de 2007. El cayuco era muy grande. Entre todos los que iban en su interior sumaban más de cien personas. Estaba sobrecargado, tendría capacidad para transportar a sesenta o setenta personas. Además cargaban la gasolina, el agua y la comida. Fueron a la playa hacia las tres de la mañana. Se sentaron en la arena. Se respiraba un silencio triste y denso. Abdoulaye tenía un nudo en la garganta y, mentalmente, no paraba de repetir un rezo. En la oscuridad se observaron los unos a los otros. Abdoulaye sentía un peso que le impedía moverse. Al rato llegó el capitán con una lista y se rompió el silencio. Comenzó a llamarlos uno a uno. Todos subieron al cayuco.

De Niodior a Dakar prácticamente no tuvieron problemas. Sólo aquellos que no estaban acostumbrados y no conocían el mar vomitaban y estaban un poco asustados. Entre los pasajeros también había un niño de diez años. Desde que habían salido, no paraba de decir que quería volver a la isla. Se llamaba Amadou. Era el mayor de los hermanos, el sostén de la familia. Lloraba porque sentía el peligro, pero era demasiado tarde. Las olas eran grandes, aunque no eran nada si lo comparamos con lo que después vendría. De Dakar a Mauritania el mar se puso bravo de verdad. El viento soplaba con mucha fuerza. Amadou no paraba de llorar. Abdoulaye había llevado unos caramelos y se los daba. No se podía cocinar porque el cayuco se movía muchísimo, subía y bajaba por unas olas que parecían montañas. Bebían agua y comían galletas. Amadou no paraba de vomitar y gritar. La situación era muy dura, desesperante. No se veía nada, ni barcos, ni otros cayucos, ni nadie que los pudiera socorrer. Sólo estaban ellos, acompañados por el viento. Navegaban dos millas mar adentro, evitaban el cabotaje. Trataban de alejarse lo máximo posible para que los guardacostas no los atraparan. Avanzaron durante días. «Fui yo quien lo eligió, asumo la responsabilidad. Porque fui yo quien decidió partir. Si morimos en el trayecto, que así sea. Ponemos nuestra vida en riesgo.»

Pasaron los días y Amadou murió deshidratado. «Tiramos su cuerpo al mar. Fue realmente triste.»

Cuando entraron en aguas de Marruecos el mar se puso terrible. Las olas eran gigantes. Cada vez que Abdoulaye veía venir una ola se decía, «de acuerdo, éste es el fin». Con la ola el cayuco se hundía, pero «Dios es grande y nos salvó. Allá, sólo Dios te puede salvar, aparte de Él no hay nadie más».

En un momento dado el hombre que llevaba el GPS habló con el capitán y dijeron:

—Hemos perdido el GPS, no podemos seguir avanzando, estamos perdidos y debemos volver.

—¡No, hemos llegado hasta Marruecos, no podemos volver a Senegal! —empezó a decir la gente.

—El mar está muy agitado y el barco se va a hundir.

Los pasajeros del cayuco se enfrentaron, se querían pelear. Empezaron a insultarse los unos a los otros. La frustración era enorme, todo el esfuerzo que habían hecho, todo el dinero perdido. Al final, se llegó a un acuerdo. Volvían a Senegal a condición de intentarlo en el futuro.

El regreso duró varios días. Todos estaban agotados. Había personas que vomitaban todo el tiempo. Uno de los que se había montado en Dakar comenzó a gritar: «¿Es que el dinero vale todo esto? ¿Toda esta pena y sufrimiento?» Comenzó a llorar. Los demás lloraban también. «Yo no, simplemente me sentía desolado. Iba con otros dos amigos más y uno de ellos estaba agotadísimo. Me daba miedo que se muriera en la travesía.»

Cuando llegaron a Kayar, cerca de Dakar, el cayuco se llenó de agua y se hundió. Todos cayeron al agua. Estaban cansadísimos, por la travesía y porque habían comido muy poco. Cuando el barco se hundió, dos personas que no sabían nadar se engancharon a Abdoulaye. «Me empecé a ahogar yo también, no podía respirar.» Primero, se quitó la camisa, y después, el pantalón, y desaparecieron en la profundidad. Sus amigos estaban fuera, en la playa, y les oía gritar: «¡Abdoulaye, Abdoulaye! Estamos jodidos, Abdoulaye ha muerto.» Los compañeros empezaron a llorar y a lamentarse. Pero Abdoulaye estaba demasiado cansado para pedir auxilio.

«Con la ayuda de Dios, pude salir. Estaba tan cansado que no podía ni hablar.» Abdoulaye se quedó tirado en la arena, desnudo y sin poder moverse. «Fue una experiencia muy triste, horrible, realmente fue infernal.»

—¿Cómo se puede arriesgar así la propia vida?

—No se trata sólo de arriesgar nuestras vidas, es mucho peor. El mar es terrible y lo pasamos sólo para tener un trabajo. Pienso en mis padres, que me han ayudado desde que nací. Desde que volví, no he parado de buscar trabajo y no encuentro nada, me cuesta mucho ayudarlos. Para mí es muy duro no poder colaborar. Estudiar no me ha servido de nada. Por eso arriesgamos nuestras vidas y todo lo que tenemos. He intentado todo. Estoy como vendedor ambulante, pero me hace falta dinero, no es nada fácil.

A pesar del peligro cientos de personas salen y seguirán saliendo. «Mis amigos se han ido a Mauritania, saldrán en un mes, y en mi pueblo están construyendo dos cayucos.» La máxima es que aunque haya desgracias muchos llegan. Los que se marchan no dicen que en Europa la vida es dura. Lo que Abdoulaye constata es que una vez que llegan a España o a Italia empiezan a enviar dinero para ayudar a la familia. Poco a poco, empiezan a construirse casas bonitas, mientras que antes de salir de Senegal no tenían nada. Los que se quedan y ven esto se dicen «por qué no hacemos lo mismo». Si después de intentarlo todo en Senegal no se consigue nada, uno prefiere jugarse la vida las veces que sean necesarias. «Si fuera a Europa sería para volver el día que tuviera medios económicos. Me construiría una bonita casa y me casaría con Aisha, mi novia. No me puedo quedar de brazos cruzados, mirando cómo pasa la vida ante mí. Hay que intentarlo todo.» Abdoulaye no sabe qué hará con su futuro. Por ahora, prefiere quedarse en Dakar y pensar. Su pueblo es un punto de partida y, si fuera, vería cómo sale todo el mundo. El mes de agosto es mes de partida.

—¿Qué harías si llegaras a España?

—Me imagino que si llegara a España, como hay muchas plantaciones, como bananos, trabajaría allí hasta que mejorara mi español. Empezaría poco a poco en la vida. Después, buscaría algún buen trabajo, ¡tengo mi diploma! Tengo amigos que han ido a Europa en cayuco. Me dicen que sin papeles cuesta un poco salir adelante, pero siempre será mejor que aquí.

Abdoulaye no se plantea la vía legal, porque es casi imposible. El visado es muy difícil de conseguir, hace falta un contrato de trabajo. Para los extranjeros europeos es fácil venir a Senegal. Pero para muchos africanos, sólo conseguir el pasaporte es un problema. «Todo el mundo debería poder viajar para trabajar, el mundo es una aldea planetaria. Sólo las mentes racistas están en contra de la libre circulación de personas. Estamos en la era de la globalización... Pero esto no son más que palabras que se las lleva el viento. No conseguir trabajo, la desesperación y la muerte es la realidad.»

Dice que debo conocer Niodior, su pueblo, y ver lo que allí está sucediendo. Me asegura que cuando lo vea lo entenderé «todo». Quedamos en encontrarnos en la *gare routière*, la estación, dos días más tarde.

EL PARAÍSO DEL QUE LOS JÓVENES QUIEREN HUIR

> La intensificación de las relaciones sociales a nivel global, que une lugares apartados de un modo tal que los sucesos locales se ven afectados por otros que ocurren a muchos kilómetros y viceversa.
>
> ANTHONY GIDDENS

Salir de Dakar es una locura. Las carreteras, a medio construir, son un hervidero de automóviles que circulan en zigzag.

Los vehículos se agolpan creando caravanas que duran horas y en un intento imposible por adelantar tocan el claxon, pitan hasta la saciedad creando un estruendo ensordecedor mientras los autobuses rugen y largan bocanadas de humo negro. El sol desde temprano es tórrido, y el aire, pegajoso, irrespirable. La boca a uno le sabe a metal. Si se saca la cabeza por la ventanilla en busca de oxígeno, se verá pasear a decenas de vendedores ambulantes con la mercancía en la cabeza. Tienen de todo, desde cacahuetes y saquitos con zumo helado para calmar la sed a gafas de sol, llaveros y demás baratijas. Las horas pasan y apenas avanzamos. El Sine Saloum parece muy lejano.

Abdoulaye espera tranquilo y sonriente en la *gare routière* de Fass Mbao. Lleva una visera de Senegal, una camisa blanca y su inseparable rosario, un collar hecho con unas gruesas cuentas de madera. Según pasa un autobús, nos montamos de un salto y vamos camino a Mbour. Pasamos por el populoso suburbio portuario de Rufisque y, a metros de la carretera, vemos cómo las mujeres ahúman el pescado. Detrás, en el horizonte, se ven playas de arena blanca y el mar teñido de añil. El autobús va hasta la bandera. Una señora lleva un cubo con menta fresca que contrarresta el aliento fétido del señor que está a mi lado, apenas a unos centímetros. En la cabina del conductor hay cientos de recortes, son las imágenes de los grandes marabúes de Touba. Abdoulaye me enseña su móvil. Lleva la foto de su novia, Aisha. «Es muy guapa y estamos muy enamorados. Si me fuera a España, sacaría dinero para la boda.»

Me acomodo como puedo y miro por la ventana. Durante el camino la vegetación va aumentando paulatinamente. Vamos dejando atrás la sabana para adentrarnos en el trópico. Los baobabs se multiplican. Es el árbol sagrado. Los troncos son gordos y las ramas retorcidas. En las copas explotan, desordenadas, unas pocas hojas verdes. Es una imagen lisérgica, como extraída de *Alicia en el país de las maravillas*. Se trata del «árbol que Dios plantó al revés, con las raíces hacia al cielo». Vamos parando según les conviene a los pasajeros subir o bajar. En la parte trasera hay un joven que va colgado de la puerta: es quien cobra y ayuda a subir las mercancías al techo del vehículo. En la parte frontal del autobús se lee «Alhamdoulillah», «gracias a Dios» en árabe.

Llegamos a la abigarrada estación de Mbour en menos de dos horas. Hay que esperar a que el *sept-place* que nos ha de llevar a Djifer se llene. No existen los horarios. Hay que armarse de paciencia. Los *sept-place* son Peugeot 504 familiares en los que puede viajar un número indeterminado de personas. He llegado a ver doce. Mientras esperamos, Abdoulaye reza sus oraciones a la sombra de una tejavana. Me alejo. El baño está cruzando la estación. El trasiego es increíble, y por cada coche que hay que llenar hay unas cuatro personas que gritan el destino para captar viajeros. Hay cientos de *talibés* mendigando. Son niños cuyas familias confían al líder espiritual su formación religiosa y éste los hace mendigar para su manutención. En una mano llevan un cubo con pan mojado y, en la otra, monedas que agitan mientras recitan un lamento. Los vendedores ambulantes se agolpan en las ventanillas de los autobuses que llegan para vender sus mercancías. En el baño no hay agua corriente ni luz. Una señora riega, literalmente, los baños con un cubo metálico lleno de óxido. El olor es penetrante. El suelo está encharcado, una mala experiencia si uno lleva calzado abierto.

Para llegar a Djifer hay que ir por una pista de ripio. Un camino pedregoso por el que vamos dejando una nube de polvo a nuestro paso. Ubicados en la parte trasera del vehículo, apelotonados en unos asientos artesanales. Paramos en una gasolinera y cargamos el depósito con el motor en marcha, algo habitual en Senegal. Justo delante tengo a una señora que lleva una especie de turbante de tela colorido que ocupa toda mi visión. Hay dos opciones: mirar por la ventanilla o la cabeza de la señora. Me fijo en la tela, tiene euros estampados. Por la ventanilla se ven algunos hoteles, la zona tiene gran atractivo natural y algunos turistas la vienen a visitar. Se desplazan en unos vehículos especiales, de grandes ruedas, altísimos. Están tan elevados del suelo que uno se pregunta si no lo estarán de la realidad. Iria Tizón, una politóloga gallega que trabaja en la zona en un proyecto de ecoturismo, comenta que el encuentro con los turistas resulta agresivo para algunos lugareños. «Van con sus cámaras a ver cómo trabajan las mujeres en las salinas. Las fotografían y se van. Las mujeres se sienten violentadas, como bichos de feria.» De repente el coche derrapa, se oye un grito, parece que vamos a volcar. No es nada. Un tipo que está delante espeta, «*This is Africa, my friend*», y se ríe a carcajadas.

Djifer se encuentra en la extremidad de una estrecha lengua de tierra conocida como la punta de Sangomar. Hasta hace unos años estaba unida a la isla que lleva este mismo nombre, pero un temporal en febrero de 1987 las separó para siempre. Desde entonces, el abismo que se abre entre ambas no ha parado de crecer. Nació una isla y Djifer se convirtió en la última población de esta península, que de un lado tiene el océano Atlántico y del otro el río Saloum. Huele a mar, a pescado fresco y a madera proveniente de la playa donde están varados los cayucos que calafatean los vecinos. Abdoulaye señala una playa límpida, abierta al océano: «De aquí salió mi cayuco.»

Parte de la familia de Abdoulaye nos ha ido a buscar. «Éste es Amadou, mi *petit-frère*, éste es Mohamed, el hermano de mi madre, mismo padre-misma madre, éste es el hijo del hermano de mi madre...» Entre los incesantes y efusivos apretones de manos de familiares, amigos, conocidos y curiosos, es difícil saber quién es quién. La familia africana es extensa y flexible, las relaciones se conciben de manera diferente a las que tenemos en Europa.

Nos montamos en el cayuco del tío de Abdoulaye, Mohamed. Es el único miembro de la familia que trabaja regularmente, pesca y pasea a los turistas. El resto de los varones de la familia han emigrado a Gambia o a Guinea, de donde mandan algo de dinero «cuando pueden». Con nosotros viajan algunos parroquianos que llevan diversas mercancías. Un hombre vestido con un pijama hecho con una colorida tela africana, un pañuelo palestino, un gorro de lana y unas gafas Ray-Ban pasa junto a mí mientras se dirige a la proa de la embarcación. Me mira por encima de la montura de las gafas y dice en tono cómplice: «Bienvenido a Niodior, el paraíso del que todos los jóvenes se quieren ir.»

Niodior es uno de esos lugares que uno cree que no existen. La isla está ubicada en la desembocadura de los ríos Sine y Saloum. Está rodeada de un laberinto de manglares de aguas cristalinas y ciénagas. Entre cocoteros, este remoto pueblo forma parte de otro tiempo, una Arcadia senegalesa, un auténtico paraíso. Las calles son de caracolas marinas, cientos de caracolas nacaradas sobre la arena blanca. El único vestigio de modernidad que se observa a simple vista es la electrificación que ilumina inútilmente durante el día, dejando el pueblo en la más absoluta oscuridad cuando cae la tarde.

Se ven muchas casas en construcción y otras recientemente terminadas. «Son de los españoles, o de los italianos», dice Abdoulaye refiriéndose a los que han emigrado a estos países y van enviando dinero para construir casas nuevas para sus familias. «Ésa la está construyendo un amigo que fue a España hace dos años. Se llama Bamba y no es más inteligente que yo. Antes de ir no tenía nada, y ahora poco a poco va construyendo su casa.» Enseguida conozco a Lassana, un hombre de treinta y pocos años que ha intentado llegar a España en varias ocasiones. Es alto, delgado y tiene una mirada extraña. «Lo voy a conseguir, eso es lo único seguro.» Me cita al anochecer en su casa, al parecer tiene mucho que contar. «Más allá de las palmeras, hay una puerta verde, al lado de la mezquita.»

La familia Dia vive en una casa compuesta por dos construcciones que dan sobre un patio de arena. Las mujeres se pasan el día picando cebolla, limpiando pescado y cocinando, lavando la ropa y barriendo con unos rústicos escobones. Se suelen sentar sobre unas grandes esteras en el suelo y ahí van preparando todo pausadamente. Los hombres —básicamente el tío, el padre de Abdoulaye, y Amadou— se levantan muy temprano y van a pescar. En un par de horas, Mohamed y Amadou pescan lo suficiente como para que la familia coma durante todo el día, y si pescan alguna pieza preciada, como es la barracuda, la venden y así pagan el «cada vez más caro carburante». El resto del día los hombres se tumban a la sombra de un gran árbol que da ricos mangos, en el centro del patio. Hay niños de todas las edades. Los más pequeños juegan y ríen. Amadou ya tiene once años y trabaja pescando, es fuerte y se le da bien la lucha senegalesa. «Me gustaría convertirme en un gran luchador como Mohamed Ndao.» Las niñas de la misma edad también trabajan en la casa, lavando ropa, platos y ayudando en todo lo que les digan sus mayores. Todos van a la escuela.

Siempre comen lo mismo, arroz con pescado. A la hora de comer hacemos grupos. Las mujeres y los niños por un lado, una tía entrada en kilos lo hace sola. «Es porque está gorda y ocupa demasiado», dice Abdoulaye. Los hombres comen por otro lado, y Abdoulaye, Raki —su hermana— y yo por otro. Todos comemos del mismo plato, Raki nos separa los mejores trozos del pescado con la mano y nos los va lanzando. Las sobras que van cayendo al suelo se las comen las gallinas o las ovejas. Es la hora de la siesta. La vida parece muy apacible.

El padre de Abdoulaye va vestido de un blanco impoluto, con una túnica, unos pantalones y un gorrito a juego. Al caer la noche se mete entre unos matorrales y empieza a tirar de un motor que parece asmático. Tira una vez, dos, tres, a la cuarta arranca un generador que funciona con gasolina. Encienden una luz fluorescente y sacan un televisor que va sobre una mesita. Lo ponen en mitad del patio. Se genera una gran expectación, los niños se sientan en un banco de madera estrecho, los hombres en sillas de plástico y las mujeres se quedan en las esteras donde hacen sus vidas: comen, peinan a sus hijas, cocinan y rezan. Encienden la televisión y el alboroto de los chicos se ahoga en un silencio, las mujeres se quedan con la boca abierta, la telenovela va a empezar. En la oscuridad de la aldea, el ensordecedor ruido de los grillos se ve eclipsado por la música que da comienzo a la telenovela brasileña de moda. Los niños conocen la canción en portugués de memoria y la cantan al unísono, sin saber lo que están diciendo. Luego la publicidad: «¡Hágase millonario, juegue a la lotería!»

Sin que nadie se dé cuenta me escabullo y voy en busca de Lassana. La oscuridad apenas me deja adivinar cómo son las calles. A medida que me voy alejando de la casa de Abdoulaye los grillos van copando el sonido del ambiente. Escucho algún que otro «¡*Toubab, Toubab!*» que me gritan los chicos, no entiendo cómo me pueden ver. Mi torpeza contrasta con la agilidad con la que se mueven en la oscuridad los expertos vecinos. Llego al pozo, en la esquina está el colmado de Salim, el llano se ve iluminado por la luz de la luna. Más allá se intuyen los minaretes de la mezquita y uno se imagina dónde puede estar la casa de Lassana. Llego, y su familia me agasaja con un té verde.

Al rato llega Lassana. Nos sentamos en una esquina y empieza a contar sobre sus intentos de partida. «Dos veces he llegado hasta Marruecos, por tierra.» No le importa que lo echen o que le pongan cientos de barreras, parece una obsesión, pero su destino es llegar a España o la muerte.

—Pero... ¿por qué? Éste es un lugar privilegiado para vivir —le digo.

—Aquí es como si estuviera muerto, soy el mayor de la familia y no tengo nada. Cuando hablo nadie me escucha, no soy nadie.

Después de esta frase contundente, Lassana se sume en un silencio irreductible, como si algo en la motivación de nuestro encuentro se hubiese roto. Insisto, pero ya nada será posible esta noche. Habrá que esperar, nuestra percepción de temporalidad difiere. En este lugar del mundo el concepto occidental de perder el tiempo no es válido. Más tarde, de vuelta en la casa, Abdoulaye habla de la importancia de tener algo para ser considerado dentro de la sociedad serer, la etnia mayoritaria de la región.

Entrevistar a los muertos es imposible. Los muertos no pueden dejar testimonio de su propia muerte. Cuando uno muere quien más lo puede llorar es su propia madre, así fue en Thiaroye y así suele ser siempre. En Niodior, Abdoulaye me lleva a casa de Sotif Sarr, un muchacho que salió con él en el cayuco rumbo a Canarias, pero que después de que el barco se hundiera desapareció para siempre. Cuando Abdoulaye volvió a Niodior la madre de Sotif, Fatou, fue a verlo para preguntarle por su hijo. «Nunca más lo volví a ver», le dijo Abdoulaye a Fatou una tarde bochornosa de agosto. Desde entonces Fatou e Idrissa, el padre, han visitado a varios marabúes, y todos les han dicho que aún vive. «A veces los marabúes no quieren hacerte sufrir, pero ellos lo ven todo», dice Abdoulaye.

Abrimos la verja y levantamos el pie para pasar el umbral de la casa del padre de Idrissa, el marido de Fatou. Viven aquí con sus nueve hijos. «Desde que se fue Sotif son ocho.» Fatou está pelando patatas rodeada de niños en el patio. Abdoulaye dice que será triste. «Recordará cosas que le harán llorar», intenta prevenirme.

—*Salam aleikum!*

—*Aleikum salam!*

Y todo el consiguiente saludo en lengua serer en el que se pregunta por la familia, la salud de los suyos y la de sus animales. Estamos dentro. Abdoulaye le dice que hemos venido a preguntarle por Sotif. Se levanta sin mediar palabra y atraviesa el patio central de arena. Nosotros vamos detrás. Entramos en la casa, pasamos a un gran recibidor donde hay colgados un póster de Bob Marley y un cuadro del presidente Wade. Hay varias puertitas sin marco, hechas de chapa y pintadas de azul. Abre una de las puertitas y entramos en su dormitorio. Nos hace sentar en su cama y ella se sienta en el suelo sobre una moqueta gris. En los lugares cerrados hace especialmente calor.

Fatou habla de su hijo Sotif como si estuviera vivo, «tiene veintidós años, se marchó para poder ayudarnos. Le di mi bendición para que fuera». Salió una madrugada y no volvió más. Fatou tiene la mirada perdida y habla dejando grandes silencios. «El destino lo ha querido así.» No puede hablar más, unos grandes lagrimones le caen por las mejillas. Idrissa, padre de Sotif, entra en la habitación. Es un hombre menudo y una expresión de desgracia pesa sobre él. Se sienta junto a su mujer y toma la palabra. «Era un chico serio, no era malo con nosotros y decidió marchar a España para cambiar la situación de pobreza en la que vivimos. Ha desaparecido, es el destino. No lo hemos vuelto a ver, no escuchamos su voz. No tenemos noticias de él.» Asegura que no sabía que fuera a morir, de haberlo sabido no le habría apoyado. «Había estudiado en Gambia y trabajaba como pescador. Cada vez que pienso en mi hijo no puedo definir su carácter, pero en cualquier caso era un chico muy bueno. Es muy difícil vivir sin pensar en él, no tengo el espíritu tranquilo. Hemos perdido a un hijo y somos pobres, necesitamos un brazo que nos ayude a vivir.» Idrissa revuelve en una maleta gastada y saca el documento de identidad de su hijo desaparecido. «Esto es lo único que nos queda de él.»

El marabú es un personaje fundamental en esta cultura. Se trata de un líder espiritual que posee la facultad de interceder entre Dios y el común de las personas. Se le considera un hombre sabio, que posee poderes especiales y puede proferir todo tipo de protecciones. De este modo, en Senegal todo el mundo acude al marabú como en Europa acudimos al médico de cabecera. Ésta es una de las peculiaridades del islam en Senegal. Abdoulaye me habla sobre Dios. «Sólo hay un Dios. Es omnipresente y omnipotente», aunque al mismo tiempo asegura que «también existen semidivinidades. Hay gente que cree en el sol o en el mar, rezan y les hacen ofrendas».

Las fronteras entre lo visible y lo invisible son muy finas en esta parte del planeta, donde el pensamiento mágico forma parte de la realidad cotidiana, como la convivencia del politeísmo con la religión monoteísta. Como le escuché decir a Mbuyi Kabunda en una ocasión, «en el África negra hay cristianos animistas, musulmanes animistas, marxistas animistas y animistas animistas». Es práctica habitual que los chicos antes de salir en cayuco rumbo a Europa acudan al marabú. «Viene gente de todo Senegal a la región de Fatick para conseguir la bendición de los marabúes. Iremos a visitar a Cheikh, uno de los mejores.»

Abdoulaye me avisa de que un amigo suyo, Bara, ha venido de Dakar. Van a matar un cordero según el rito musulmán y quiere que lo presencie. Hace mucho calor y me quedo a la sombra del mango con sus hermanos. Raki, su hermana mayor, me enseña las fotos de su boda. Tiene varios álbumes. En las fotos aparece vestida con suntuosas telas de raso, pedrería y bordados. Lleva muchos collares, pendientes y diferentes turbantes. Tiene la cara completamente maquillada con purpurina, reflejos dorados y los labios de carmín. «Las ceremonias familiares son muy importantes. Ahora mi marido está en Guinea trabajando, vendrá para el Ramadán.»

Cerca de la casa de los Dia, junto a los manglares, hay un gran baobab. Es un lugar ideal para refrescarse. A la sombra de los cocoteros los atardeceres son un espectáculo. De pronto, llegan unos muchachos de unos once años con una palangana. Meten los pies en el río y sacan vísceras del recipiente. Se las reparten cuidadosamente entre ellos, casi sin hablar. Comienzan a limpiarlas una por una. De pronto, un niño que lleva unos pantalones rosas y una camiseta gris agarra un intestino y lo estruja sacando los restos que hay en el interior.

—¡Mierda! Mira, es mierda.

—¿Esto se come? —dice otro chico, mientras agarra un trozo de intestino.

Al rato llega Amadou, el *petit-frère* de Abdoulaye, con otra jofaina. Están limpiando el cordero que ha degollado Abdoulaye. Da la sensación de que aquí los niños pasan de la infancia a la madurez en un solo paso, sin lugar para la adolescencia. Cada miembro de la familia cumple un rol útil y adolecer no es un estado aceptable. Aunque juegan y se ríen. Amadou me cuenta que hace un año murió su hermanito pequeño. «Se puso enfermo y no se curaba, cuando lo llevaron al doctor fue para enterrarlo.» El paraíso puede tornarse en infierno en un segundo.

Abdoulaye está contento por cómo ha degollado al cordero. Es la primera vez que lo hace y no le ha temblado el pulso. Su hermana nos prepara un sabroso guiso a base de patatas, verduras y el cordero mientras vamos a conocer al marabú. Cheikh Talibouya Diamé vive en el barrio de Damal de Niodior, la zona antigua del municipio. Es gordito y sonriente. Va vestido con un *boubou* azul y lleva un gorro de encaje. Nos hace esperar unos minutos en una sala lúgubre y pasamos a su dormitorio, que es también su consultorio. Nos sentamos en la cama, él se sienta en el suelo en un pequeño colchón forrado con una tela que hace juego con la cortina. El motivo es una imagen de Alf —el extraterrestre de la serie norteamericana— lavándose los dientes. Escucha con atención todo lo que decimos mientras hace un ruidito con el paladar. En la pared tiene varias fotos y un diploma. Abdoulaye asegura que es un hombre sabio y señala una pila de legajos polvorientos y unos cuantos libros antiguos, «ha estudiado todo eso».

Le preguntamos por los *aventuriers,* como son conocidos aquí los jóvenes que se embarcan en los cayucos con el fin de llegar a Europa. Levanta con cuidado la estera sobre la que está sentado y descubre cientos de papelitos blancos plegados en los que se pueden leer algunas inscripciones en árabe. «Son todos los jóvenes que han confiado en mi protección para hacer el viaje. Todos han llegado», asegura Cheikh. «Puedo hacer *grigrís* para no tener problemas en los aeropuertos, para no ser visto por la policía y para superar todos los riesgos de la vida.»

Hace un calor bochornoso y al marabú Cheikh le cae el sudor en gotas por las sienes mientras se abanica con un soplillo y explica que puede ver el futuro. Agarra una palangana llena de agua y sumerge unas piedras negras. Se acerca y observa si salen burbujas: éstas le darán la medida de los peligros e infortunios que tendrán que enfrentar los jóvenes que le piden protección. Vuelve a hacer ese sonido gutural con el paladar y dice qué ofrendas hay que hacer: «azúcar y limones».

Todo esto, que nos puede parecer tan lejano, forma parte de nuestra cambiante sociedad. No caigamos en la soberbia racionalista, estamos mucho más cerca del pensamiento mágico de lo que creemos. Además, con la migración no sólo llegan los brazos que trabajan en el campo o que venden mercancía por la calle: también llega un universo de creencias nuevo y, si estamos un poco atentos a los ruidos que se van produciendo en las ciudades, sin mayor esfuerzo daremos con los vestigios de estas nuevas realidades. No hay más que salir de la estación de autobuses de plaza Castilla, del metro de Lavapiés de Madrid o en el Raval de Barcelona, entre el gentío, nos encontramos con un señor vestido con una túnica africana que reparte el siguiente volante:

PROFESOR CASAMA
Gran ilustre vidente africano con rapidez, eficacia y garantía
NO HAY PROBLEMA SIN SOLUCIÓN
¡AYUDA A RESOLVER DIVERSOS PROBLEMAS
CON RAPIDEZ Y GARANTÍA!

El maestro chamán africano, Gran Medium Espiritual Mágico, poderes naturales, 22 años de experiencia en todos los campos de Alta Magia Africana, ayuda a resolver todo tipo de problemas y dificultades por difíciles que sean. Enfermedades crónicas de droga y tabaco, cualquier problema matrimonial, recuperar la pareja y atraer personas queridas, impotencia sexual, amor, negocios, judiciales, suerte, quitar hechizos, depresión y protecciones vida familiares, mantener puesto de trabajo, atraer clientes... Cualquier otro problema que tenga en el amor lo soluciona inmediatamente con resultados positivos y garantizados al 100 %, de 3 a 7 días como máximo. Todos los días, de 8 a 22.

Podemos acercarnos a estos hechos desde el paradigma de la modernidad cientificista y materialista o tratar de liberarnos de esos prejuicios y abrirnos a una experiencia que no por extraña a nuestra cosmovisión es menos real.

Tras comer el sabroso guiso que Raki nos ha preparado, las muchachas de la familia comienzan a bailar una danza sufí. Se trata de una música arrítmica, sobresaltada, que jamás había escuchado. Algunas ataviadas con sus pañuelos, otras en minifalda, bailan sin cesar. De pronto una cae al suelo y, como si le hubiera dado un ataque epiléptico, comienza a moverse espasmódicamente. Entre risas la madre de Abdoulaye me advierte de que no es nada malo: «Es algo habitual, ha entrado en un estado de trance.» Mientras tanto sigue la algarabía entre risas, palmas y saltos. Todos participan de esta improvisada fiesta.

Por la mañana temprano, Abdoulaye dice que cuando los dos cayucos que se están construyendo estén terminados partirán rumbo a España, «el pueblo se quedará sin jóvenes. Ve a hablar con Lassana, él sabe de esto». Lassana está desayunando pan francés y chocolate en el patio y me invita a hacer lo propio. Caminamos por las callejuelas y llegamos al puerto. Me va a enseñar lo que se trae entre manos. Según nos vamos acercando se ve, imponente, una barcaza de madera en construcción. Es un cayuco.

Madera rojiza, virutas, brazos musculosos, manos agrietadas, un martillo que golpea implacable el cincel, risa a carcajadas y vuelta a empezar. Es difícil saber cuánta gente está construyendo la embarcación. «Aquí trabajamos en familia, si alguien tiene que hacer algo siempre cuenta con el apoyo de todos», dice Lassana. Los más fuertes trabajan duro en la construcción, mientras los niños echan una mano en lo que les dicen; los mayores, vestidos con suntuosos *boubous* bordados, toman té verde y dan consejo —entre ellos está el marabú Cheikh—, y las mujeres traen la comida.

En total, la construcción de la embarcación cuesta entre cuatro o cinco millones de francos CFA (unos 7.000 euros) y la capacidad es para un máximo de cien personas. «Él es mi primo, el *yaraf.*» Se trata del jefe, un hombre robusto y sonriente. Es el encargado de dar las órdenes y de guardar el material. El cayuco tiene 22 metros de eslora por 2,5 de altura, una auténtica arca. La construcción se hace sin plano. «Cogemos la madera y ella nos va indicando cómo debemos seguir.» Se quejan, dicen que no tienen los medios técnicos para trabajar más rápido. «Con un taladro, haríamos mucho mejor todo», dice el *yaraf*. Las planchas las traen en cayuco de Gambia, aunque «también se pueden comprar en la Casamance». La estructura se hace con troncos y una vez terminado se pinta con diferentes colores. «Él es el pintor», dice Lassana mientras señala a un hombre menudo y con barba.

—¿Eres un artista? —le pregunto.

—No, no. Hago unas líneas oblicuas, otras rectas, y el resultado son banderas. No es un trabajo de artista.

Lassana se cuelga de la proa, mira orgulloso y sonríe.

—Estará terminado en menos de dos semanas, le pondremos un motor de cuarenta caballos y estará listo para navegar.

—¿Cómo lo metéis en el agua?

—Es sencillo: lo rodeamos con un par de cuerdas, colocamos unos troncos para que ruede y tiramos.

—Y... ¿Cuándo tenéis pensado salir hacia España?

—No, no. Este barco es para comerciar con sal.

—Pero me habían dicho que...

—¡No! Es para comerciar con sal.

—Entonces, ¿cómo quieres ir a España?

—No lo sé, quizá por Mauritania. Todavía no lo sé.

—Bueno, cuando llegues a España me gustaría que me llamaras.

—Sí, seguro.

Nos despedimos y me voy contrariado. Llego a casa de los Dia. Al rato llegan Abdoulaye y Amadou. Vienen de pescar y me enseñan lo que han sacado en la mañana. «¡Ha salido bueno hoy!», dice Amadou.

—¡Ey, Abdoulaye! Lassana ha dicho que el cayuco es para comerciar con sal.

—No le creas, todos sabemos que es para ir a España. Esta noche iremos a visitar al padre de mi amigo Bouba, vive aquí enfrente.

Al anochecer vamos a casa del padre de Bouba. Todo está muy oscuro. Entramos sigilosamente y pasamos por delante de una gran casa que está en construcción. Justo detrás hay otra más antigua en forma de ele. En una esquina del patio está Bedará Diamé, el padre de Bouba. Fuma un cigarrillo y prepara té sobre una pequeña bombona de camping gas. Nos sentamos junto a él. Prepara la infusión con esmero mientras nos habla de su hijo: «Estudiaba en el pueblo, pero hace dos años lo dejó y se fue a Mauritania a trabajar como pescador. De allí tomó un cayuco y fue a España.» Mete un enorme terrón de azúcar en la tetera y sigue hablando. «Sé que pasó cuarenta días en el campo de refugiados y que luego fue al interior del país.» Comienza a escanciar el té, para mezclar bien el azúcar. «Llama para preguntar por la familia, se las apaña para trabajar, pero no tiene papeles.» Sirve el concentrado té en unos pequeños vasos y nos los ofrece. «La situación laboral siempre ha sido difícil aquí y la migración es algo antiguo. Yo mismo fui a España en 1982. Fui en barco. La ruta era por Rabat y Burdeos. Quería ir a Francia o a Canadá, pero me retuvieron en la frontera. Estuve viviendo una temporada en España. Conocí Valencia, Córdoba, Cádiz y Canarias.» Trabajó como cocinero en Las Palmas, descargando en el puerto de Valencia y guarda un «buen recuerdo de los españoles».

Llega otro hijo de Bedará. Se sienta y espera a que termine su padre. «Yo también conozco Canarias», dice el hijo en perfecto español.

—Estuve en el Salto del Negro.

—¿En la cárcel?

—Sí, fui a España desde Mauritania. Cuando llegué, los tíos

con los que viajaba dijeron que yo era el patrón del barco. Eran de Mali. Yo manejé el barco porque sé navegar.

—¿Cuánto tiempo estuviste?

—Ocho meses, hasta que me mandaron de vuelta. Ahora quiero volver.

Cenamos con la familia y Abdoulaye sugiere que nos acostemos temprano pues mañana marcharemos con las primeras luces. Dejamos Niodior antes de que amanezca. Atravesamos el pueblo y nos montamos en un cayuco colectivo que nos llevará de vuelta a Djifer. Vamos subiendo uno a uno. Medio dormidos nos acomodamos en la proa, mientras un par de muchachos colocan diversas mercancías y ayudan a las señoras. No puedo evitar pensar en todos los que se juegan la vida para ir a España. Las olas arrecian y la embarcación parece una hoja seca. Abdoulaye está callado, pensativo, quizá preguntándose adónde lo llevará su destino.

ESCAPAR DEL HORROR

En un barrio periférico de Rabat, donde los carros son tirados por caballos y las calles no están totalmente asfaltadas, Astrid Mukendy espera junto a una mezquita. Alta y de porte señorial, camina con un dejo vacilante que la hace oscilar de manera tan distinguida que no parecería una cojera si no fuera por el dolor, que la obliga a detenerse para recobrar fuerzas. Ahora todos los zapatos la lastiman, «un recordatorio de lo que aprieta la vida». Las manchas oscuras de su rostro delatan su paso por el desierto. Hace ocho años que la vida de esta mujer se ve surcada por un camino que todavía no ha terminado.

Astrid es una refugiada congoleña que atravesó el continente africano hasta llegar a Marruecos en 2005. Su estatus está reconocido por el ACNUR —el Alto Comisionado de las Naciones Unidas para los Refugiados—, pero vive con el temor constante de que las autoridades marroquíes la expulsen a la frontera con Argelia. «Te dejan allí y luego preguntan», dice resignada. Vive en una oscura habitación que alquila por ochenta euros al mes.

Según entramos en la casa por un estrecho pasillo, una señora de ojos hundidos y cara angulosa comienza a gritar en *dariya*, el dialecto árabe marroquí. «Es la casera, me pide más dinero. Se aprovecha de la situación.» Además de Astrid, en la casa viven otros subsaharianos.

La República Democrática del Congo es uno de los países que más refugiados ha generado, y no es casual, pues su historia está ligada a la guerra y al genocidio. Desde que en 1492 el portugués Diogo Cão descubriera para Occidente la desembocadura del río Congo, esta región se convirtió en uno de los centros mundiales del comercio de esclavos. La colonización vino de la mano de los belgas en el siglo XIX, más bien de su rey, Leopoldo II, quien arguyendo la necesidad de «civilizar» la zona impuso un dominio brutal sobre un territorio 38 veces mayor que Bélgica. El falso «rey filántropo» fue respaldado por las potencias europeas en la Conferencia de Berlín en 1885. Gobernó con mano de hierro un país que consideraba su propiedad, los habitantes sus esclavos y al que, paradójicamente, llamó Estado Libre del Congo. Extrajo una enorme cantidad de recursos naturales, principalmente, marfil y caucho. Se considera que durante su dominio fueron aniquiladas entre cinco y diez millones de personas.

En 1908 Leopoldo se vio obligado a ceder la administración colonial a las instituciones de gobierno belgas. Así es como nació el Congo Belga, y aunque la situación de los habitantes mejoró sustancialmente —construcción de escuelas, hospitales y desarrollo de infraestructuras— el poder colonial se caracterizó por ser autoritario, de tipo paternalista. Evidencia de ello es el cómic del belga Hergé, *Tintín en el Congo* publicado en los años treinta, donde se muestra a los nativos como seres indolentes e inferiores. En la década de 1950 todavía había trabajos forzados y la esperanza de vida no superaba los cuarenta años.

La anhelada independencia no trajo paz a la zona, sino que desató una crisis que se prolongaría hasta la toma de poder de Mobutu. Durante esta crisis, los conflictos entre etnias se reavivaron y algunas provincias iniciaron un movimiento secesionista apoyado por Bélgica, que mantenía importantes intereses económicos en la antigua colonia. El contexto de la Guerra Fría también influyó decisivamente en el devenir del país del que se extrajo el uranio para la bomba que Estados Unidos lanzó sobre Hiroshima en 1945. Patrice Lumumba, el primer mandatario en ganar unas elecciones libres en el Congo, fue asesinado en enero de 1961. Según Michael Noll —director del documental *The assassination of Patrice Lumumba*—, la CIA y agentes del gobierno belga intervinieron en el magnicidio.

Tras cinco años de inestabilidad en los que se sucedieron diferentes gobiernos de facto, Mobutu Sese Seko llegó al poder en 1965 después de perpetrar un golpe de Estado apoyado por la CIA. Fiel aliado de Estados Unidos durante la Guerra Fría, impuso un partido único, se erigió como presidente e instauró un régimen autoritario, cruento y corrupto. En un intento por avivar el sentimiento africanista, rebautizó al país con el nombre de Zaire. Pero el colapso de la Unión Soviética planteó un nuevo orden en el que Mobutu dejó de ser necesario para Estados Unidos. La década de los noventa estuvo marcada por el genocidio ruandés y la absoluta inestabilidad en la región. Mobutu cesó los contratos de explotación minera con Estados Unidos y en 1997 fue derrocado por Laurent-Désiré Kabila. En 1998 comenzó lo que se conoció como la Guerra Mundial Africana o Guerra del Coltán, que provocó la muerte de casi cuatro millones de personas en la región.

En la época de Mobutu, Astrid era la esposa de un oficial militar que dirigía toda la logística del Congo. Pero cuando Kabila tomó el poder pasó de los lujos más suntuosos al horror de los perdedores. Como refugiada tuvo que escapar de país en país, sin la protección necesaria, como es el caso de tantos otros miles de africanos que huyen por motivos políticos. La portavoz de Amnistía Internacional, Virginia Álvarez, denuncia: «Se está dando una mayor identificación de la inmigración con la delincuencia y con el terrorismo. Lo cierto es que los refugiados están desapareciendo del discurso de los políticos. Sólo se habla de inmigración ilegal y no se habla de las causas por las que tienen que salir estas personas de sus países de origen.»

El enfoque de España y de los demás países europeos es de

detener la inmigración, a pesar de que haya personas que dejan sus países porque están sufriendo persecución, como es el caso de Astrid. «No hay solidaridad internacional. España no trae a aquellas personas reconocidas como refugiadas por el ACNUR.» Amnistía recuerda que se están olvidando nuestras obligaciones en derechos humanos. Ejemplo claro es la directiva de retorno, y es preocupante que España la apoye con el fin de endurecer su legislación.

Astrid abre el pequeño candado de la roída puerta de su dormitorio. En el interior, tiene todo milimétricamente ordenado: la ropa guardada en fundas y colgada en un perchero metálico, la cama prolijamente hecha y unas sillas en torno a una mesa diáfana y cubierta por un hule. Nos sentamos y comienza a relatar su historia. Cuando la guerra comenzó y Kabila tomó el poder, Astrid y su familia no huyeron. En el año 2000 detuvieron a su marido y lo llevaron a un recinto, a trescientos kilómetros de la ciudad de Kinshasa. Allí metieron a todos los oficiales que habían estado con Mobutu. Fueron ridiculizados y maltratados. Pero Astrid no supo nada de su marido hasta que un buen día pudo hablar con él. Corría el mes de agosto cuando la llamó desde el norte del país, se había escapado: «Nunca más regresaré. No quiero trabajar con el nuevo gobierno por la manera en la que nos han degradado.» Astrid se lleva las manos al corazón y dice que nunca más volvió a verlo.

Cuando desapareció, las nuevas autoridades del país comenzaron a buscarlo. «Era una persona muy valiosa. Se había graduado en Boston con honores», asegura Astrid. La policía, enseguida, fue a detenerla. La interrogaron durante seis meses, querían saber dónde se escondía su marido, pero ella les decía una y otra vez que nada sabía del militar y que la última vez que lo había visto había sido el día en que lo detuvieron.

Durante seis meses tuvo que ir a declarar a la Haute Sécurité, el cuartel general en Kinshasa. Cada mañana se presentaba y daba fe de que seguía allí. En el año 2000 muchos de los ruandeses refugiados en la región del Kivu, en el noroeste del Congo, fueron rechazados por Kabila. Así que las élites marcharon a Camerún a la espera de un visado colectivo que les permitiera refugiarse en Estados Unidos. Las mujeres de los antiguos oficiales congoleños comenzaron a escaparse, haciéndose pasar por ruandesas. Astrid hablaba suajili y vio la posibilidad de huir: «Mentimos para escapar. Mientras tanto, los interrogatorios continuaban cada mañana.»

Un día que Astrid estaba con sus hijos, un militar infiltrado fue a avisarla, tenían que salir de inmediato. «Fuimos al aeropuerto y el avión estaba allí. Se trataba de un avión fletado por Estados Unidos.» Debía despegar a las once, pero se retrasó. «Éramos muchas las mujeres de oficiales congoleños que viajábamos en aquel avión.» Demasiadas como para no levantar sospechas. Las hélices comenzaron a moverse. Iban a salir pero de pronto cientos de militares inundaron la pista. Estaban armados hasta los dientes. El avión no despegó. Querían hacer desembarcar a todos los pasajeros y se enzarzaron en una discusión que duró una hora. Astrid abrazaba a sus hijos. Los militares congoleños amenazaban con abrir fuego si osaban despegar. Les hicieron bajar y las reconocieron una por una. «Había un hombre, jamás olvidaré sus ojos. Me miró fijamente y dijo: "Hemos venido por ti. Dejad que los niños se vayan, retened sólo a la mujer."»

El avión se fue y las mujeres se quedaron. Fue la última vez que Astrid vio a sus hijos. «Nos llevaron a la Haute Sécurité. La tortura comenzaba.» Cada mañana le hacían sentarse con los pies en alto. Comenzaban a pegarle en los talones con una barra de hierro mientras le preguntaban:

—¿Dónde está tu marido?

—No lo sé, no lo sé... No me casé con el militar sino con el hombre. No conozco su trabajo. Él es mi marido, el padre de mis hijos, eso es todo.

Así pasó nueve meses de sufrimiento. Sus hijos habían marchado a Camerún y nada sabía de ellos. Durante el cautiverio se aferraba a la esperanza de que algún día la liberarían, pero a veces la sola idea resultaba prácticamente imposible. Las violaciones se sistematizaron. Se calcula que más de veinte mil mujeres fueron violadas durante el conflicto. Astrid escuchaba los gritos de sus compañeras. «Tuve la suerte de que me custodiaran dos niños.» Eran dos niños soldados, uno tenía once años y el otro quince. El de once era muy niño, jugaba con el arma y cantaba. A veces empezaba a llorar desconsoladamente. Astrid no pudo evitar preguntarle:

—¿Por qué lloras de esa manera?

—Porque te pareces a mi mamá.

Los miró y les preguntó cómo habían llegado hasta ahí. Kabila llegó al poder sin un ejército propio. Contó con alianzas de Ruanda, Uganda y un ejército compuesto por niños. Mataron al padre del mayor de los niños y a él lo secuestraron, pero el pequeño era el que peor estaba. De pronto, el mayor dijo:

—Disparó a su hermano, por eso está así.

—¿Por qué disparaste a tu hermano?

—Había mucha sangre y sufría...

Durante la guerra, en un enfrentamiento, había sido herido y en lugar de dejarlo moribundo lo había rematado. El pequeño lloraba y Astrid trataba de consolarlo. Él la protegió para que nadie la violara.

Cada mañana Astrid veía cómo cada vez había menos gente en el patio. Algunos habían muerto y otros, los que tenían dinero, escapaban a la vecina Brazzaville. Necesitaba dinero para huir de aquel infierno. Pero no tenía nada. Con la llegada de Kabila, perdió todo. Los militares fueron a su casa y la desvalijaron, arrancaron hasta los marcos de las puertas. «No podías decir nada. Podían violar a tus hijos y a tu madre.»

Un amigo abogado la ayudó con seiscientos dólares. El niño que la custodiaba avisó al comandante, un tal Filo. «Es un tipo bueno, te escuchará.» Astrid tuvo un encuentro tenso con el comandante en el que, por supuesto, su libertad se trató con dinero.

Lo que separaba a Astrid de Brazzaville era el agua: tenía que atravesar el río Congo para escapar. Tuvo que esperar al día siguiente. Salieron con la excusa de que estaba enferma. «Diremos que te llevamos al hospital y te liberaremos.» Pero según llegaban a Beach, donde tomaría el barco para escapar, alguien la reconoció. Todo el mundo empezó a mirar y, para no levantar sospechas, volvieron al cuartel general. «Me llevaron de vuelta a la prisión, con la promesa de que el viernes siguiente me liberarían.»

El día que Astrid dejó su país llovía muchísimo. Llegaron al río y subió a un barco. Tuvo que viajar en la cubierta, porque no pagó el billete. La lluvia era tan densa como un manto e impedía la visión. Cuando llegó a Brazzaville... «¡Cómo explicarlo! Antes, había sido la mujer de un oficial, estaba acostumbrada a caminar sobre alfombras rojas, pero en ese momento estaba sola, empapada y sin saber adónde iba.»

Lo único que pudo cargar consigo fueron sus fotos. Su hermana se las había dado durante el cautiverio. «Cuando pienso en mi familia se me cae el alma a los pies. Todo fue por mi marido y por mí. Mataron a mi cuñado y a mi hermano pequeño, y a mi padre lo relegaron a la nada.»

En Brazzaville Astrid no quería que la vieran por la calle. Debía buscar a antiguos militares congoleños de Mobutu para ponerse en contacto con el ACNUR. Tenía que hacerlo a escondidas, porque también había militares de Kabila y podía ser muy peligroso. Nada más llegar perdió el poco dinero que llevaba porque en el barco le robaron el bolso. Eran las seis de la tarde y no sabía qué hacer. Pero había un niño, un pequeño vagabundo que se acercó a ella, sabía quién le había robado pero ya era demasiado tarde.

Aquella noche Astrid durmió en la calle, pero por la mañana tenía que buscar algo. Pensó en una amistad, un diputado que solía ir a su casa, pero no recordaba su apellido. Vagó por las calles hasta que dio con una casa. Llamó a la puerta y salió una mujer:

—Eres mujer como yo, por favor, ¡quiero lavarme!

—Pasa.

Astrid se metió en la ducha y el nudo que tenía en la garganta desde que todo comenzó, por fin, se soltó. Lloró muchísimo, no podía parar. Cuando salió del baño, el marido de la señora había llegado y, sorprendido, preguntó qué hacía allí. Astrid inclinó la cabeza y la señora dijo en voz baja: «Sólo se está lavando.» Les dio las gracias y se fue. No tenía adónde ir, pero una señora trató de ayudarla:

—¿De qué región eres?

—De Kasai. —Se trata de la región que se opuso a la reforma agraria que llevó a cabo Mobutu cuando llegó al poder.

—Está bien, te voy a presentar a tus hermanas.

Después de lo que vivió aquel día, Astrid no quiere saber nada más de la gente de su región. No la ayudaron. La indiferencia también puede ser un arma mortal, sobre todo en situaciones límite.

En Brazzaville conoció a Yasser, «un judío que era el jefe de protección del organismo». La citó un jueves por la tarde, le dio sesenta dólares y le dijo: «Busca un barco o lo que sea y te marchas a Camerún. Aquí corres peligro.» Partió con otros once refugiados. «El viaje duró 21 días y fue durísimo.» Atravesaron la selva ecuatorial en un estrecho cayuco. El sol era tórrido, el sudor pegajoso y los mosquitos arrasaban cada centímetro de piel que estuviera expuesto. Los días pasaban lentos y por las noches los sonidos de la selva aterraban a Astrid. Prácticamente no durmió, sino que entró en un estado de letargo, una ensoñación en la que no estaba ni dormida ni despierta. No estaba acostumbrada a la selva y, además, no se podía mover porque le tenía pánico al agua.

Después de varios días se toparon con unos militares armados, que los pararon apuntándolos con metralletas. Entre los refugiados cundió el pánico, uno perdió el control, «¡vamos a morir!». Astrid tomó la palabra y pidió a su compañero que se calmara, «dejadme a mí». Se acercó y exigió hablar con un mando. Los militares pidieron cinco euros a cambio de una entrevista con el prefecto. Astrid pagó y reclamó verlo de inmediato. Bajó sola del cayuco, con la cabeza bien alta, y los militares le mostraron el sendero por donde tenía que ir. Caminó unos metros, hasta que vio una casa construida sobre un palafito, una choza junto al río. Subió por la escalera desvencijada. En la parte superior, un umbral sin puerta mostraba el interior descarnado de un pequeño habitáculo. En la pieza hacía un calor soporífero, apenas aliviado por un viejo ventilador. En el centro de la habitación un señor uniformado, recostado sobre una silla y con las piernas extendidas sobre la mesa. A cada paso de Astrid el suelo crujía como si se fuera a romper.

—¿Qué quieres?

—Necesito llegar a Camerún —le dijo al prefecto.

—¿Cuántos sois?

—Hay tres militares, suboficiales...

—¿Cuánto han pagado? —le preguntó el prefecto a su subordinado.

—Hemos hecho una colecta...

—Tienen dinero para seis.

—Sólo podéis pasar seis, entonces.

Cinco quedaban excluidos.

Astrid, firme, sentenció:

—¡Si hasta aquí hemos llegado todos, así seguiremos, señor prefecto!

El prefecto quedó enmudecido con su determinación y por unos segundos el sonido del viejo ventilador se impuso en la habitación. Astrid sentía un sudor frío en la espalda. Se escuchó una risotada y el prefecto dijo: «Seguro, podéis seguir.»

Después de dos mil kilómetros de selva ecuatorial, Astrid pensaba que Camerún estaba cerca, pero todavía faltaba. Cuando salieron del cayuco, no podían dar ni un paso. Pasaron tres días en el remolque de un camión, fueron por caminos llenos de baches y socavones enormes. Después, tomaron un autobús y pasaron veintisiete cordones policiales con papeles falsos. En cada barrera hubo que dar dinero. Hasta que por fin llegaron a la frontera de Camerún, era una locura. Los militares les impedían el paso, pero Astrid pidió ver al jefe y, una vez más, logró que los dejaran pasar.

Viajaron hasta Yaundé, la capital de Camerún. Astrid le pidió al conductor que la llevara a la oficina del ACNUR. Estaba cerrada, en el interior había alguien que apenas abrió unos centímetros la puerta para decirle que volviera al día siguiente. Pero Astrid no pudo más y perdió los nervios. Agarró una piedra, rompió los cristales y entró. Una vez dentro, se subió a una mesa y pidió hablar con el delegado. «¡Soy refugiada!»

Gracias a su protesta, les dieron un lugar para dormir y les hicieron los papeles aquel mismo día. Después, Astrid fue a buscar a un delegado nacional de seguridad de Camerún. Pagó al guardia y consiguió su número de teléfono. La llamó y éste aceptó que se vieran. Le explicó que era una refugiada congoleña y cómo había llegado hasta allí. «Se pueden quedar, pero en diciembre se van del territorio.»

Le quedaba algo importante que hacer. Fue al Ministerio de Asuntos Exteriores, pues quería ver la ficha de los niños que habían partido, quería saber dónde estaban sus hijos. Les había cambiado el nombre para que fueran como ruandeses. Los habían mandado a Nueva York, y de allí a Canadá.

En Camerún Astrid conoció a una persona muy especial: Stani. Era un hombre con gran determinación, de voz profunda. «Un hombre de mucha fuerza.» Desde que conoció a Astrid propuso ayudarla para que pudiera ir a Francia y se reuniera con sus hijos. Stani formaba parte del grupo que iba a derrocar al presidente Patassé. Iba a ir a Chad con la intención de tomar el poder de Centroáfrica el primero de enero. Él se enamoró de ella, y Astrid sintió que el corazón le volvía a palpitar en aquel desierto afectivo. Astrid esperaba sus papeles para poder salir de Camerún. En ese momento, el presidente Kabila estaba en la morgue. El 16 de enero de 2001 Joseph-Désiré Kabila fue asesinado a balazos en el palacio presidencial de Kinshasa por su propia guardia personal. El comandante Maidikela, que estaba en Camerún, fue detenido y el gobierno camerunés mandó que todos los militares abandonaran el país. «Nosotros nos quedamos. En un momento dado, explotó Centroáfrica.» Fue en 2003, cuando el presidente Patassé sufrió un golpe de Estado, los militares lo tenían retenido. Astrid estuvo vigilada por la policía.

Fue a la frontera chadiana, Stani la esperaba el día 11 pero llegó el 17 y ya se había marchado. Pasó seis meses en este país, pero nunca supo nada más de él. No se quería quedar en Chad, así que fue a la embajada libia, donde podía estar protegida como refugiada. Gracias a una red de ayuda, pudo contactar con una tal Mónica del ACNUR, quien pudo localizar a sus hijos. «Hablé con el mayor. Ahora habla en inglés, por eso estoy estudiando esta lengua», dice Astrid mientras muestra unos libros de ejercicios. En aquel momento le desaconsejaron que tratara de reunirse con ellos.

Astrid fue a Libia con unos cameruneses. «El desierto entre Chad y Libia es el peor del mundo. Nos perdimos mil veces. En el camino nos quitaron toda el agua que teníamos. No podías decir nada, nos pidieron hasta la ropa.» El séptimo día el jeep se averió y la gente comenzó a morir. La temperatura era de sesenta grados, «uno no se puede imaginar cómo pica la piel. Las manchas que tengo en la cara son de entonces».

Estuvo en Argel y en Orán. «En una ocasión la policía me abandonó en el desierto de Mali.» En Orán estaba bien cuidada, porque dijo que era la mujer de un militar, aunque su objetivo era partir de allí. Tenía un papel que decía «disposición de la 5.ª brigada». En una ocasión salió sin el documento. La policía la detuvo y la llevaron a la comisaría, donde pasó tres días. Después la llevaron a otra ciudad dos días más y de allí a Tamanrasset. «Me metieron en un camión con doscientas personas y nos abandonaron en el desierto de Mali. No había ley. Llegué con mi ropa, vestida de domingo, y me la quitaron: "Tú, ya has llevado esa ropa suficiente tiempo en Argelia, ¡dánosla!"» En el desierto había muchos congoleños, senegaleses y también malienses. Se encontró personas que habían sido abandonadas por las autoridades en cinco, hasta en veinte ocasiones. Había agujeros, piedras, pequeñas cuevas donde se guarecían. El día era bochornoso, y la noche, helada.

Pudo escapar porque les dio dinero y su móvil a las organizaciones que controlaban el paso. Llegó a una población. «Dios mío, ¡qué calor! Se sitúa entre Mauritania y Argelia. Se dice que es la región donde hace más calor del mundo. Te quemas como un trozo de carne sobre una brasa.» Regresó a Tamanrasset, donde la volvieron a detener, pero Astrid fue astuta y le dijo al comisario que tenía oro. Una gran cantidad que había traído del Congo. «Me creyó, fue muy naif de su parte.» Llamó a uno de los cameruneses con los que había hecho el viaje para que la ayudara y dijera que él también tenía oro. El comisario llamó a un subordinado para que fuera a buscarlo. Fueron a Orán, donde Astrid tenía su habitación, se metió en la pieza y comenzó a gritar, dijo que le habían robado y se hizo con el documento de la quinta brigada. El comisario tuvo que dejarla libre.

«Corría el riesgo de morir, así que me fui a Marruecos.» Fue por el norte. En enero de 2005 entró en Marruecos por Uxda. Fue directamente a Rabat. Tenía algo de dinero y alquiló una habitación. Encontró pequeños trabajos para pagar el alquiler. «Ahora trabajo con una camerunesa. Es médico y su marido es secretario general de la sede de la Unión Africana en Marruecos. Tienen una casa grande y yo me encargo de la limpieza.»

Astrid tiene 54 años, es enfermera y le gustaría encontrar un trabajo y un lugar donde establecerse con sus hijos. No habla con ellos desde 2003. Su hija tiene ahora 17 años, el chico tiene 15 y los pequeños tienen 8 y 9. «En el desierto perdí todos los contactos necesarios para hacerlo.»

Cuando llegó a Camerún se quebró, se volvió agresiva. Ahora ha aprendido a calmarse y va a un psicólogo. No quería ver a ningún hombre. «Nadie me podía devolver a mis niños. Hace cinco años que mi cuerpo no conoce un hombre. Ejecutaron a mi marido con otros 108 oficiales. Estaba yendo a la iglesia cuando me dieron la noticia.»

Astrid se podía encerrar en sí misma durante un mes sin hablar con nadie. Ahora trata de salir, de ir a reuniones. Habla con el pastor de su iglesia y mantiene la esperanza. Recuerda cuando liberaron a Ingrid Betancourt, se puso tan contenta que no podía parar de llorar, quizá sin saberlo lo estuviera haciendo por sí misma. La presencia de otros niños la pone bien. A veces, va a Tánger a ver a una amiga. Lee la Biblia, le pide a Dios poder ver a sus hijos aunque sea una vez antes de morir. Sigue esperando.

3

La valla de Ceuta: se cierra una puerta, se abre una ventana

El 29 de septiembre de 2005 marcó un hito en la inmigración irregular. Al menos cinco inmigrantes subsaharianos murieron aquella noche cuando las fuerzas de seguridad de España y Marruecos trataban de impedir que seiscientas personas cruzaran la valla. Ambos gobiernos, que por entonces celebraban una cumbre al más alto nivel en Sevilla, abrieron una investigación conjunta para arrojar luz sobre lo sucedido. Hubo acusaciones recíprocas entre la Guardia Civil y la policía marroquí de haber disparado.

Ceuta se sitúa al norte de Marruecos, frente al estrecho de Gibraltar. Enclave estratégico y militar, esta ciudad se extiende a lo largo de una bahía bañada por el Mediterráneo. Desde la antigüedad fue un lugar mítico. Para Homero, aquí estaba una de las columnas de Hércules, el límite del mundo conocido. Hoy, para muchos africanos, también se ha convertido en un límite imposible de atravesar. Desde que los fenicios la ocuparan en el siglo VII a.C., Ceuta ha sido muchas veces sitiada. En los últimos mil años ha estado bajo el control efectivo de diferentes reinos ibéricos y magrebíes. El 7 de agosto de 1704 la ciudad sufrió uno de los peores asedios de su historia. Mientras la armada angloholandesa la bombardeaba desde el mar, las tropas del sultán Mulay Ismail la sitiaban por tierra. Los tercios de Ceuta aguantaron el embate y la ciudad continuó española. Prueba de este pasado belicoso son las formidables murallas reales y el foso de San Felipe.

Hoy, a metros de las históricas murallas, nos encontramos con la versión moderna de los robustos muros de piedra que en su día protegieron la ciudad. Pero hoy no es la armada británica la que acecha a Ceuta, sino un ejército de hambrientos que, en lugar de arietes, portan débiles escaleras artesanales y, en lugar de armaduras, llevan la piel curtida de los perdedores del planeta. Tampoco se trata de una guerra. O quizá sí, más que nunca, ésta sea la auténtica lucha por los beneficios del capital de la que hablaba Karl Marx.

La valla se levantó durante la década de 1990 con el objetivo de disuadir a quienes quisieran pasar de manera irregular al país. Desde entonces se ha ido reforzando constantemente para conseguir una impermeabilización absoluta del perímetro. Hoy día quien quiera cruzar se encontrará con una pared construida en plano inclinado, con su parte superior rebatible. Del otro lado, hay alambrada de espino sostenida por postes de hierro. Quien caiga sobre el poste o sobre el alambre tiene muchas posibilidades de perder la vida. Después vienen una segunda valla, gas mostaza y luces cegadoras. «Ni Estados Unidos hubiera soñado con una valla así para su frontera con México», dice Virginia Álvarez, de Amnistía Internacional, quien ha podido visitar el perímetro ceutí. También explica que en la parte marroquí cada cinco metros hay un *bejani*, policía de ese país. «Llevan armas de fuego y viven ahí en condiciones deplorables.»

Hasta la noche del 29 de septiembre había dos campamentos gigantescos de subsaharianos en Marruecos. Uno en el monte Gurugú, frente a la valla de Melilla, y otro, el más grande que haya habido nunca, en Bellones, frente a Ceuta. El alto índice de población transformó estos campamentos en verdaderas infraciudades con calles, pequeños colmados, una organización que vigilaba el campamento durante las noches y parlamentos en los que los representantes de las distintas nacionalidades tomaban sus decisiones. Esta estructura tenía que hacer frente a la extrema precariedad en la que vivían sus habitantes.

Las buenas relaciones entre España y Marruecos daban sus

frutos y las puertas de Ceuta y Melilla se podían cerrar para la inmigración africana desde fuera. El proceso conocido como externalización de fronteras estaba en marcha y los campamentos fueron desmantelados bruscamente. Ante esta virulencia los subsaharianos que vivían en ellos decidieron pasar todos a la vez. «La represión cada día era más dura», dice Bamba, uno de los que consiguió pasar a Ceuta. La noche fue trágica, una catástrofe. Así lo recuerda Víctor Ríos del Yerro, el enfermero que atendió a los heridos en el perímetro: «Llegué a casa después de 35 horas de trabajo intenso, y aunque estaba cansado no podía dormir.» Asegura que siguió las noticias y se quedó sorprendido. «Recuerdo que hablé con mi hermano, que vive en Madrid, y su percepción de lo que había sucedido era totalmente diferente a la realidad. Decían que no había sido algo catastrófico.»

Ni España ni Marruecos fueron sancionados. A fin de año una comisión de eurodiputados paseó por el perímetro. La solución pasó por impermeabilizar más la valla. La vicepresidenta española, María Teresa Fernández de la Vega, viajó a Ceuta y Melilla y presentó el proyecto de la sirga tridimensional, un entramado de cables y de barrotes en el pasillo que hay entre las dos vallas. Durante unos meses el gobierno español envió al ejército a ambos perímetros, algo que nunca antes había sucedido. En el lado marroquí se construyó un foso. También se levantaron cuarteles frente a las vallas, que impiden que vuelvan a existir campamentos como los de Bellones y Gurugú. Las autoridades marroquíes recibieron coches todoterreno y motos para combatir la inmigración. Nunca se juzgó a los asesinos de esos inmigrantes.

Una de las consecuencias de este episodio supuso una cierta toma de conciencia por parte de los gobiernos europeos hacia una política común del control migratorio con los vecinos del Magreb. Control migratorio, desarrollo social y económico: en esto se tradujo, con algunas críticas, la primera conferencia euroafricana que tuvo lugar en Rabat en julio de 2006.

«Nos preocupa mucho que tanto España como los demás países europeos estén obligando a terceros países a controlar las fronteras a cambio de ayuda, de cooperación y sin tipo de salvaguarda en derechos humanos», dice Virginia Álvarez. Las personas que no consiguieron pasar a España aquella noche fueron detenidas en masa por las autoridades marroquíes y, junto con otros subsaharianos que habían sido capturados a lo largo del país magrebí, fueron abandonadas en el desierto. Algunos medios y agentes sociales dieron la voz de alerta y lo sucedido llegó a sensibilizar a la opinión pública internacional. Mientras las puertas de Europa se cerraban por Marruecos, la presión migratoria hizo que nuevas rutas se fueran abriendo y Canarias se convertía en el máximo trampolín para llegar a Europa. En este capítulo trataremos de reconstruir lo sucedido aquella noche y en los días posteriores a través de los testimonios de sus protagonistas.

LA VALLA DE LA VERGÜENZA

Esa noche de septiembre Amadou Watara espera agazapado en el bosque de Bellones con Musa Doumbia, quien ha sido como un hermano desde que sus destinos se encontraron. Son las once y media y tienen poco tiempo: ésta puede ser la última oportunidad para pasar a Ceuta, tanto para ellos como para los otros refugiados del campamento. Como viene sucediendo en los últimos días, en pocas horas los *bejanis* marroquíes vendrán armados con palos y quemarán todas sus pertenencias: las precarias tiendas de campaña y la poca comida que consiguen mendigando. Amadou no puede dejar de pensar en la posibilidad de que lo agarren, como hicieron meses atrás. Le quitarán todo lo que tiene, le darán una paliza y lo dejarán en la frontera con Argelia. O algo peor, pues las autoridades marroquíes han resuelto terminar con el campamento sea como fuere y los refugiados lo saben.

El hostigamiento ha ido aumentando hasta hacerse insoportable. Las temibles fuerzas marroquíes irrumpen en mitad de la noche. Lo único que Amadou y el resto de los refugiados pueden hacer es aguantar. Se han estado escondiendo en las montañas, mientras algún compañero se queda por el bosque para dar la voz de aviso cuando los policías se marchan. Pero ha llovido durante días y los uniformados se desplazan ágiles con sus botas mientras que Amadou y muchos de sus compañeros no tienen más que dos botellas de plástico sostenidas por una cuerda como único calzado. «Estábamos revolucionados porque sabíamos que podía ser el fin», recordará dos años después en una plazoleta madrileña.

Desde que llegó a Bellones, hace un año, ha aprendido a sobrevivir en condiciones extremas. En el campamento hay hombres y mujeres, algunas de ellas embarazadas. Viven en unos cobertizos construidos con plásticos y comen lo que encuentran: patas de pollo, incluso ratas. Viven de la mendicidad absoluta. Cuando el hambre aprieta Amadou baja a la carretera a pedir dinero a los automovilistas que pasan. Los domingos suelen ir a los barrios cercanos para que los vecinos les den algo de pan. «Que seamos negros no quiere decir que fuéramos animales. Sabíamos que lo que hacían con nosotros iba contra los derechos humanos. Algunos de los que estaban en el campamento habían sido policías en sus países, o habían trabajado en el gobierno. No podíamos aguantar más y decidimos saltar la valla.» Desde que en 2004 tuvo que dejar su país, Guinea-Conakry, nada ha sido fácil para este africano de 19 años.

El viento del estrecho enfría la noche y Amadou y sus compañeros revisan las rústicas escaleras con las que saltarán. El joven guineano siente un peso en la nuca, el mismo que cuando se enteró de que habían matado a su hermano en su pueblo natal. Este peso le avisa de que la muerte acecha. Por eso dejó a su familia y comenzó esta «aventura» hacia Europa. En Guinea-Conakry, como en tantos países africanos, desde que se logró la independencia, los conflictos interétnicos han cubierto de sangre la vida cotidiana de los habitantes. «Había matanzas a diario. Un día mataban a veinte personas, otro a cinco.» Vivía en Nzérékoré, un pueblo fronterizo en el límite con Liberia y Costa de Marfil. El gobierno guineano fomentó el racismo y la violencia y propició que estallara un enfrentamiento entre su etnia, los peuls, y los guerzé. Mataron a su hermano y Amadou decidió marcharse sin decírselo a nadie. Sólo les avisaría cuando llegara a España. Si todo sale bien, en las próximas horas podrá escuchar la voz de su madre.

Del otro lado de la valla, Manuela Gómez se dirige al Centro Coordinador del 061. Es el servicio que tramita todas las urgencias en la ciudad. Esta médica melillense es alta, morena y de pelo largo. Su padre era militar, y seguramente de él heredó las dotes de estratega, propias de la casta. También trabajó en urgencias del hospital civil y del militar. Conoce los recursos de la ciudad y esto la ayudará a superar esta catástrofe que intuye pero que ninguna autoridad ha querido prever. «No disponíamos de más medios, a pesar de que hacía meses teníamos la constancia de que había más de mil personas detrás de la frontera esperando pasar.» Manuela se lo venía notificando a sus superiores. Incluso les había propuesto diseñar un plan operativo en la ciudad para contar de manera eficiente con los recursos de la Cruz Roja y del Ejército. «Lo rechazaron, no se imaginaban que fuera a haber un asalto masivo. Ni la propia Guardia Civil, que tenía un trato cordial y diario con los *bejanis*, se lo esperaba.»

Para Amadou, lejos quedan los miles de kilómetros que lo llevaron a atravesar Mali y Argelia. Cruzó el desierto en un Land Cruiser con otras 35 personas. «Entramos en el coche como ganado.» Aunque se jacta de la suerte que siempre lo acompañó: en su viaje no se perdieron, y nadie murió. Pero cuando los *bejanis* lo apresaron, pensó que había perdido esa buena estrella que le había permitido burlar la muerte en tantas ocasiones. Lo dejaron maltrecho en la frontera, sin teléfono ni dinero. No podía viajar en autobús, pero caminó más de mil kilómetros para volver a Bellones. Sin comida ni agua, entraba en los pueblos al anochecer y mendigaba. No hablaba árabe, pero se hacía entender. «Las autoridades marroquíes nos tratan muy mal, pero la población es otra cosa, sobre todo si eres musulmán.»

A las 3.35 de la madrugada Manuela se sobresalta con una llamada. Es un policía nacional, le informa de que hay un asalto de unos 500 o 600 subsaharianos a la valla. No confirman ningún herido, simplemente avisan para que Manuela mande algo al lugar. El agente también le informa de que, simultáneamente, están saltando por la valla de Melilla y que están preparando brigadas antidisturbios para repeler la entrada. Hoy, tres años después, Manuela sospecha que todo empezó antes de las 3.35. «No nos avisaron. Estuvieron confiados y se les fue de las manos.» Manuela analiza la situación y la percibe como una catástrofe, aunque los heridos sean sólo veinte, y leves. Se están tirando de una altura de seis metros y con las concertinas —las cuchillas que están en lo alto de la alambrada— tienen todas las posibilidades de herirse. Manuela llama a su compañero y agradece a Dios al comprobar que la única ambulancia disponible está libre.

Víctor Ríos forma parte del equipo de urgencias del 061, es el enfermero de emergencias. Descansa con sus compañeros cuando, de pronto, reciben el aviso de Manuela. No se trata de una llamada alarmante porque los asaltos se dan con frecuencia, pero a los dos minutos vuelve a sonar el teléfono. Parece ser algo grave. Como no hay ningún kit de catástrofes, Víctor baja corriendo al almacén y llena una caja con materiales de primeros auxilios. No puede dejar de pensar en que sólo hay una ambulancia medicalizada. Si hay otra urgencia vital, la ciudad se quedará desabastecida. Manuela envía las dos unidades a la valla y le pide a uno de los conductores —jefe de ambulancias— que active más unidades. Este señor tiene que llamar a Jerez para hablar con sus superiores.

Para cuando entra la segunda llamada del puesto de la Guardia Civil, a las 3.38, Manuela lo ve claro: se trata de una catástrofe mayúscula. No hay medios para evacuar a los heridos, ni para atenderlos con una sola ambulancia y un pequeño hospital saturado. Hay que actuar. Manuela empieza a despertar a los conductores de ambulancias, y avisa al médico de urgencias para que se vaya preparando. Hay que acudir al lugar a hacer una tría adecuada y evitar una evacuación indiscriminada. La empresa de ambulancias y el personal sanitario responden. Un médico va a reforzar la atención en la valla mientras otro va a urgencias de atención primaria. En el hospital militar el técnico de laboratorio y el de rayos se levantan de la cama. Confirman un traumatólogo pero no hay anestesista. Desde que ha recibido la primera llamada, Manuela no para de llamar a Delegación de Gobierno y Cruz Roja. No recibe respuesta.

Amadou Watara y sus compañeros apoyan una empalizada de escaleras sobre el alambrado. Son endebles, construidas con ramas secas, cuerdas y retazos de tela. Dibujan curvas imposibles que prometen quebrarse en cualquier momento. Amadou trepa rápido sin pensarlo, se encomienda a Alá y a esa suerte que hasta el momento le ha dado más vidas que a un gato. Las ramas crujen y los refugiados se deslizan por las concertinas. Los sensores alertan a la Guardia Civil. Se encienden los focos cegadores. Es el caos. Cientos de inmigrantes tratan de penetrar en la fortaleza europea. Los gritos de los primeros heridos y la confusión lo invaden todo. De la parte marroquí se escuchan ladridos, los *bejanis* han llegado. Están armados y van con perros. Detonan varios disparos, Amadou lo recordará con pesar y resignación: «No nos podían matar. No estábamos atacando a nadie. Vi cómo la Guardia Civil pegaba y disparaba a la gente. Vi cómo mataron a la primera persona, le conocía del bosque. También había una chica con un bebé a la espalda que cayó de la escalera.»

Saltan por una franja de cincuenta metros, divididos en tres puntos diferentes. Desde la ITV (Inspección Técnica de Vehículos), por la frontera del Tarajal, hasta la finca del Berrocal. Por un lado saltan doscientos, por otro cincuenta. Hay muchos matorrales y aprovechan la noche y la niebla para no ser interceptados. La mayoría salta por la zona donde se encuentra la ITV, que tiene una altura de tres metros y medio. Amadou no se ha herido. Para la segunda valla no tiene guantes, pero apenas se hace un rasguño. La suerte de Amadou. Hay mucha gente herida a su alrededor. Corre con Musa para no ser interceptado por la Guardia Civil.

Las ambulancias llegan al perímetro. Manuela todavía se lamenta al recordar que nunca antes habían tenido acceso al lugar: «Nos pudieron felicitar porque lo hicimos bien, pero no conocíamos el medio y mi equipo tuvo que entrar entre valla y valla, en zonas donde no se puede circular. La dificultad fue doble por el desconocimiento.»

Víctor Ríos, el enfermero de emergencias, llega con las ambulancias. La Guardia Civil les muestra los puntos calientes y todavía no parecen ser conscientes de la magnitud. En un primer momento, el médico no transmite la dimensión de la gravedad de los hechos. El personal médico, hasta las dos horas, atiende heridos que presentan lesiones en pies y manos. Son guiados a una zona donde hay muchos inmigrantes con heridas muy aparatosas pero sin importancia. Pasan a la zona marroquí a atender más heridos, corren zona por zona, hasta que deciden no romper el equipo y levantar un puesto médico de avanzada donde llevarlos para hacer una tría adecuada antes de la evacuación.

Tienen muy malas comunicaciones, no hay repetidores y hablan por el teléfono móvil. De repente se dan cuenta de que hay gente grave. Presentan heridas de quirófano, traumatológicas, fracturas, desgarros y, por supuesto, hay muertos. «Tuvimos dos víctimas. Uno estaba colgado de la valla y el otro abajo con heridas de bala, aparte de heridas que podían ser mortales porque se quedaron enganchados en las concertinas. Creo que sus compañeros los usaron para seguir pasando», recuerda Manuela. Del lado de Marruecos hay otros tres muertos, en total cinco víctimas. Víctor nunca lo olvidará cuando vio el cuerpo del refugiado enganchado en las concertinas. «Cortamos los alambres para bajarlo. Subimos el médico y yo para certificar la muerte. Desgraciadamente, no pudimos hacer nada, sólo pudimos luchar por los que estaban vivos.»

Se entregan sin descanso, pero los medios son escasos, el transporte tarda hora y media. Mientras tanto hacen curas y evalúan a los heridos. Están machacados, las heridas arteriales sangran a chorros y van empeorando: heridas incisocontusas en miembros superiores, traumatismos craneoencefálicos, traumatismos abdominales y de columna, contusiones y fracturas en miembros inferiores, como fractura del calcáneo, tibia y peroné. También de muñecas, al poner las manos en la caída. Debido a las concertinas hay lesiones arteriales y de tendones. Los heridos que se evacuan al servicio normal de urgencias para que les cosan las heridas están tirados en la calle. Han perdido sangre y no hay mantas, ni un vaso de leche. Muchos de los heridos están entre la valla y el muro, en la zona de la ITV. Hay muchas luces sobre el perímetro y se ve bien. Tratan a todos los inmigrantes que pueden en suelo español, luego la policía les abre la valla y pasan a

Marruecos, donde hay cinco inmigrantes tirados en el suelo. Los tratan y los dejan allí. Víctor siente muchísima impotencia porque los *bejanis* los golpean con palos. Manuela se indigna al recordar que algunos de sus superiores dieron a entender que metieron a inmigrantes en la ciudad: «Aunque le pese a mucha gente, no entendemos de fronteras y nuestro deber es atender a cualquiera que esté herido. Estas críticas llegaron tiempo después, porque si lo hubieran dicho en los días inmediatamente posteriores, cuando la ministra nos felicita y nos otorga una medalla, mis respuestas a la prensa habrían sido más duras.» Aquella noche Manuela lloraba de impotencia. Asegura que su gente estuvo trabajando sin cesar, sin ni siquiera recibir un vaso de agua. Los cuatro miembros del servicio de emergencias estarán corriendo hasta las siete y media de la mañana.

Manuela localiza a los voluntarios de Cruz Roja y se pasa toda la noche llamando al encargado. Cuando por fin habla con él, éste le dice que es muy tarde y que no puede salir. A las seis de la mañana envían una ambulancia de la Cruz Roja, «pero llevábamos desde las 3.35». La primera ambulancia del ejército llega a las siete de la mañana, «cuando ya está todo el pescado repartido». Cargan a 15 o 16 heridos, pero no vuelve más porque se avería.

A las cuatro de la madrugada Carmen Echarri, directora del diario *El Faro de Ceuta*, recibe la llamada de un informante: «Oye, está pasando una movida muy gorda en la frontera, vente para aquí.» Carmen avisa al fotógrafo y van. La ciudad es un caos. Nunca se había vivido en Ceuta algo así. En opinión de Carmen Echarri hubo una dejación clarísima de las autoridades, la ciudad se llegó a «desestabilizar», pero la población en general y los profesionales se implicaron para salvar la situación. Para Manuela hubo coordinación y todo el mundo se implicó, pero la lectura negativa es que, a pesar de las víctimas y de la respuesta de los profesionales, no se han tomado medidas para que la falta de ayuda no se repita. «Debemos estar preparados para posibles catástrofes porque Ceuta es una zona de riesgo.»

El CETI es un centro de estancia temporaria abierto, donde los inmigrantes entran y salen. Esta modalidad sólo existe en Ceuta y Melilla porque cuentan con la frontera natural del estrecho. «Si estuviéramos en Algeciras el centro estaría vacío, porque lógicamente ellos quieren seguir su camino», dice Valeriano Hoyos, hoy director del CETI de Ceuta.

Esa mañana, Hoyos llega a las ocho menos cuarto al centro. Todavía es de noche. A las ocho y diez cae el primer refugiado, está herido. Así, durante la mañana llegan por su propio pie todos los que pueden. Amadou y Musa entran con una sensación de victoria que sabe a derrota. De las 198 personas, 150 presentan heridas de distinta consideración. Aparte de los fallecidos sólo hay una persona en estado de gravedad que ha perdido masa muscular. Debido a los asaltos en Melilla, Santiago Pérez —el antiguo director del centro— y Valeriano han hecho una previsión y han puesto algunas camas más.

Valeriano espera en la puerta con la silla de ruedas. Nunca olvidará ese color que resulta de la mezcla de la sangre con la tierra, ni a esas cien personas en el patio de entrada esperando a que se aplique el protocolo de ingreso. Entre el gentío, Fátima, la única mujer, comienza a gritar y a llorar. Está desesperada: su marido no ha podido pasar. La prensa rodea el perímetro para ver lo que sucede. Valeriano está muy apenado, pero asegura que «en este trabajo no podemos empatizar hasta el punto de pensar que va a haber papeles para todos. Además, en la ecuación de la inmigración hay una realidad que yo no critico, que es la mentira. Algunos mienten sobre el país de procedencia, sobre sus historias migratorias, pueden decir que han sido niños soldados, que en sus países habían sido torturados. No hay que juzgarlos, todo lo que cuenten tiene que ir en su expediente».

Para Carmen siempre habrá lo que ella define como «historias negras» en torno a este suceso, refiriéndose a esa crónica que nunca se conoce. En los días posteriores habla con una mujer que dice haber visto a una madre con un bebé, la misma que vio Amadou, pero nunca se sabrá nada de ese bebé, ni en Ceuta ni en Marruecos. Con la información que irá llegando en goteo, nunca se dará parte de un bebé vivo o muerto. Los subsaharianos que se quedan en la zona marroquí son expulsados hacia el desierto. Carmen defiende la labor de la Guardia Civil y asegura que no disparó a nadie, aunque Amadou no lo ha dudado dos veces, los vio disparar con sus propios ojos. «Recuerdo a una mujer de la Guardia Civil en la frontera, si te agarraba alguna noche intentando saltar, te humillaba. Te bajaba los pantalones y jugaba con tu polla. Muchos negros del bosque conocimos a esa mujer.» Hay una serie de historias que nunca se aclararán.

LOS PERDEDORES

Luis de Vega es el corresponsal del diario *ABC* en Marruecos desde 2002. Tiene el rostro redondo y el cabello castaño claro, cortado a cepillo. Su nariz es pequeña, como una nuez, los ojos ovalados y su sonrisa inocente. Este onubense corpulento de 37 años cubre oficialmente las noticias que se dan en la región del Magreb, pero su especialización en la inmigración lo ha llevado a superar estos confines: ha viajado por la costa atlántica africana hasta Guinea-Bissau.

Nos recibe en su casa, que también le sirve de oficina. Situada en un barrio residencial de Rabat, recuerda a un edificio racionalista francés. Los espacios son amplios, pulcramente ordenados, en las paredes hay mapas y fotos de paisajes remotos que dan cuenta de sus viajes. Nos acomodamos en un gran balcón corrido, amueblado con unas sillas de mimbre y una mesita a juego. Aquí sentados, a la fresca, sólo los cantos provenientes del alminar de alguna mezquita cercana recuerdan que estamos en Marruecos.

Luis, sin quererlo, se convirtió en uno de los héroes que dio a conocer al mundo lo que las autoridades marroquíes hacían: abandonar a cientos de subsaharianos en el desierto. Todo comenzó a finales de agosto, en verano, justo cuando decae la actividad informativa y todos se van de vacaciones.

El 31 de agosto de 2005 un joven camerunés perdió la vida en la valla de Melilla, y Luis de Vega decidió ir a ver qué sucedía. Recorrió en automóvil los casi setecientos kilómetros de carreteras tortuosas que separan la capital del Reino Alauí de la castigada región del Rif, donde se encuentra la ciudad autónoma de Melilla. Con él iban el corresponsal de Televisión Española Miguel Ángel Idígoras y su operador de cámara.

Luis había visitado el famoso asentamiento del monte Gurugú —junto a la valla de Melilla— en el verano de 2004. En aquella ocasión esperó hasta que los jefes del campamento decidieron si podía ingresar. «Sólo se opusieron los nigerianos, que suelen ser los más violentos y los más reticentes a este tipo de visitas, sobre todo porque, muchas veces, ellos controlan las mafias de movimientos de personas, salida en pateras y paso de fronteras», recuerda.

En esta ocasión, los tres periodistas se presentaron en el asentamiento del Gurugú y comprobaron que se estaba preparando «algo acojonante», en propias palabras de Luis. Fueron testigos del desmantelamiento de los campamentos y de sus trágicas consecuencias. Después del asalto, cuando nadie se lo esperaba, las autoridades de Marruecos, en su política de hostigamiento, detuvieron a todos los que no habían podido pasar la valla. Realizaron redadas masivas contra los subsaharianos que vivían en barrios de Casablanca y Rabat —independientemente de que fueran sin papeles, demandantes de asilo o refugiados— y los mandaron al desierto en unas caravanas de autobuses, las caravanas de la muerte. «Intentamos seguirlos y comprobamos que los fueron abandonando por un radio bastante amplio de kilómetros, primero por la zona de Bou Arfa —al este de Marruecos, cerca de Argelia— y luego hasta el Sahara occidental.» Los refugiados fueron abandonados más allá del muro de defensa que construyó Marruecos en los años ochenta en la guerra que todavía mantiene con el Frente Polisario.*

Durante estos días el ministro de Exteriores español, Miguel Ángel Moratinos, visitó Rabat y no criticó lo que estaba sucediendo, «un aplastamiento brutal de los derechos humanos, público y notorio», según Luis de Vega. También así lo vieron distintas ONG, medios de comunicación y otros actores de la sociedad civil. Moratinos, lejos de objetar la acción policial, incluso se congratuló por la gestión de ambos países respecto a la migración.

—Hubo una conversación telefónica entre los dos reyes,

* Movimiento político y militar saharaui que busca la independencia del Sahara occidental de Marruecos.

Juan Carlos y Mohamed VI, y España fue incapaz de denunciar la brutalidad con la que el Reino de Marruecos estaba abandonando a esta gente en el desierto —cuenta De Vega.

—¿Por qué?

—España le había visto las orejas al lobo cuando había construido las vallas en Ceuta y Melilla, y yo creo que esto fue lo que a las autoridades españolas les impidió denunciar estas actuaciones.

El gobierno de Marruecos descalificó sistemáticamente a los periodistas y a las ONG, tratándolos de mentirosos. Pero un joven estudiante de Marruecos ayudó a desenmascarar a las autoridades marroquíes. Fue Ba Mamadou Salú, un guineano alumno de la Universidad de Rabat. Había visitado el campamento de Bellones y observado la dura realidad en la que vivían sus compatriotas. Un día se cruzó en el campamento con dos refugiados que hablaban el mismo dialecto que él. Esto le hizo abrir los ojos y solidarizarse con ellos al punto de querer seguirles el rastro para vivir lo que ellos vivían. «Los mandaron a la muerte, y los seguimos hasta el mismo infierno», nos cuenta el joven frente al parlamento marroquí. Mamadou y sus compañeros Hicham Rachidi y Anne-Sophie Wanda, de la Asociación de Amigos y Familiares de Víctimas de la Inmigración Clandestina, negociaron con las autoridades marroquíes para que devolvieran a los inmigrantes a la ciudad. Consiguieron que los llevaran en autobuses militares y los recluyeran en centros, por nacionalidades. Pero al día siguiente se enteraron de que aquellas personas habían sido abandonadas nuevamente en el desierto.

Por pura casualidad, se encontraron con uno de los autobuses en una gasolinera. En el interior iban los inmigrantes maniatados. Había niños y mujeres embarazadas que llevaban varios días sin comer. «Estas personas, mis hermanos, iban a ser abandonadas en el desierto y allí iban a morir.» Mamadou fue a hablar con las autoridades: «Escuchen, tengo mi visado, pero no me importa, lo destruyo ahora mismo y me llevan con ellos.» No aceptaron, así que les increpó: «Entonces llévenlos a los centros donde estaban, porque son seres humanos, no son animales. ¡No los dejen en el desierto, porque morirán!» Las autoridades se negaron. En la desesperación, Mamadou exigió que lo metieran en el autobús y, ante la negativa de las autoridades, se tumbó en el suelo, frente al vehículo: «O me meten en el autobús o pasan por encima de mí.» Los medios de comunicación y los diplomáticos se movilizaron. La comunidad internacional tomó conciencia de lo que estaba sucediendo. Las autoridades accedieron a las peticiones y prometieron repatriar a los inmigrantes. Pero no lo hicieron, sino que cambiaron de camino y fueron hacia el sur.

Luis de Vega pasó más de un mes tras los autobuses, tratando de localizarlos y de hacer un balance del número de personas que estaban siendo expulsadas al desierto. Junto a sus compañeros llegó hasta Dakhla, con la sospecha de que iban a abandonar a los cautivos en la frontera mauritana.

A mediados de octubre de 2005 el Frente Polisario dio la alarma. Estaban localizando a grupos de subsaharianos en el desierto, en una situación terrible. Las autoridades marroquíes los habían abandonado en una zona minada en pleno Sahara, donde no hay ningún tipo de vida. Habían andado cuatro o cinco días a la deriva. Iban en grupos y contaron cómo la gente iba cayendo y moría. Lo único que las autoridades marroquíes les habían dado, relataron, era algo de agua y unas latas de atún. Siempre con la promesa de que los llevaban a Argelia, donde iban a ser acogidos. Los engañaron. Los más fuertes aguantaron hasta que la Minurso —Misión de Naciones Unidas para el Referéndum del Sahara occidental—, con coches y helicópteros, los localizó y, aunque en principio no pudieran meterse en esos asuntos, les dio una primera atención básica. Luego el Frente Polisario los acogió en sus cuarteles. El más grande era Bir Lehlu.

En menos de veinticuatro horas, con un periodista que trabajaba en *La Voz de Galicia*, Luis tomó un avión de El Aaiún a Las Palmas y otro de Las Palmas a Madrid. Allí, en la embajada argelina explicó los motivos por los que quería entrar a Argelia y rápidamente obtuvo el visado. Tomó un vuelo de Madrid a Argel, otro de Argel a Tindouf y por carretera llegó hasta Bir Lehlu. Allí, en una escuela española, encontró más de doscientos inmigrantes que contaron la expulsión. Coincidía con todos los datos que Luis y sus compañeros poseían.

Un camerunés llamado Tomás de Aquino —al que había fotografiado junto a la valla de Melilla— reconoció a Luis. Tomás estaba herido e iba con una muleta. Luis llevaba el ordenador encima, confirmó la fotografía y era él. Incluso estaba con la misma camiseta naranja de la selección holandesa con la que lo había fotografiado cuarenta días antes. Tenía la prueba gráfica de que el Reino de Marruecos había estado abandonando a su suerte a cientos de inmigrantes subsaharianos en el desierto. Luis estaba a cinco horas de la línea de internet más cercana, salvo que la Minurso le dejara enviar un correo electrónico. Preguntó, pero eran agentes neutrales y no lo permitieron. Luis les pidió que lo enviaran ellos mismos, fue imposible. «Tuvimos que hacer diez horas en todo terreno —cinco de ida y cinco de vuelta— para mandar el material que acabábamos de encontrar. Con la suerte de que al día siguiente salió en la portada del periódico, donde directamente se llamaba mentiroso al gobierno marroquí por negar que estuviera deportando gente al desierto.»

CEAR envió a Borja Santamaría, un joven abogado, a los campos de Tindouf. El objetivo era llegar a donde estaban acogidas estas personas y hacer informes rescatando sus testimonios. CEAR quería ver si entre las personas que estaban siendo expulsadas de Marruecos —además de que se estaban violando sus derechos— había refugiados o personas que tuvieran alguna protección del ACNUR o de alguna otra oficina de las Naciones Unidas en Marruecos.

El Frente Polisario era consciente de que la ocasión le servía para mostrar al mundo la ferocidad de las autoridades marroquíes. Borja pasó diez días en los campamentos. En el cuartel más cercano habría unas doscientas personas. Estaba a unas cuatro o cinco horas en automóvil por el desierto. Los entrevistó, prácticamente, uno por uno. Los refugiados se agrupaban por nacionalidades, lo que le facilitó un poco las cosas, pues le interesaba ver de qué países venían: si eran países en conflicto, se podía intentar algo.

Físicamente —cuenta Borja— los refugiados estaban destrozados. Recibían ayuda de la Media Luna Roja, y poco a poco se iban recuperando. Muchos todavía tenían heridas de las palizas que habían recibido de manos del ejército marroquí. Incluso personas que ni siquiera habían intentado cruzar la valla. A la hora de recoger sus testimonios muchos no podían hablar, y hubo que esperar dos o tres días hasta que se fueron recuperando. Borja recogía los testimonios coordinadamente con los periodistas, pero mientras que los periodistas buscaban la noticia, o testimonios para publicar, Borja iba más a los detalles.

Había personas de países muy lejanos: Sudán, Costa de Marfil. Sobre ellos puso especial atención porque eran los perfiles con los que se podía solicitar protección. La historia que más lo marcó fue la de un sudanés que venía escapando del conflicto de Darfur, en Sudán. Había hecho un recorrido por Darfur, Chad, Níger, Mali y Argelia hasta Uxda, una de las ciudades clave para pasar de Argelia a Marruecos. Se tardan años en hacer este recorrido. Hay que trabajar a lo largo del camino para poder continuar.

Este joven trabajaba en una granja. Un día fue al pueblo y cuando volvió comprobó que habían llegado los rebeldes y que habían matado a todos, incluidos a amigos suyos. Al recordarlo se ponía muy mal, pero ésta es una realidad cotidiana en Darfur. Venía de un conflicto bélico y se encontró con otro conflicto, el de Marruecos. «Se decía que en ese entonces Marruecos recibía apoyo —dinero— de la Unión Europea para hacer lo que se llama la "externalización": ayudar a los países fronterizos del Mediterráneo —Marruecos, Argelia, Libia— para que ellos mismos hagan de frontera o de tapón. Por eso es muy difícil que una persona pueda solicitar asilo internacional en la frontera.»

La mayoría de los refugiados eran nigerianos. Borja pudo rescatar unos veinte testimonios de nativos de países en conflicto que estaban en situación de solicitar la protección que les hubieran otorgado en Barajas o en otro punto de la frontera. El objetivo de CEAR era presentar demandas de asilo en la embajada española en Argelia. Borja les hizo firmar la solicitud, aunque sin crear expectativas. «Tampoco estaban en una situación de salud como para llenarles la cabeza con ese tipo de historias, pero sí explicarles brevemente la situación y advertirles de que las posibilidades eran mínimas», cuenta Borja.

Así es como Borja Santamaría se plantó en la embajada de

España en Argel y presentó las solicitudes de asilo. Llegó una mañana con los testimonios bajo el brazo. Explicó que CEAR, como organización que apoya a los refugiados, podía hacer algo, aunque tan sólo tuviera valor simbólico. Borja no quería forzar mucho las cosas, pero sí les explicó que no se iría de allí hasta que admitieran sus solicitudes en el registro o que al menos las rechazaran por escrito. «Eso da mucho miedo.» La vicecónsul habló con su jefe, éste a su vez con su jefe y remitieron a Borja a Asuntos Exteriores. El asilo diplomático sólo se puede hacer dentro del territorio nacional, porque no está regulado en la frontera. No fue nada más que una llamada de atención. Quedó estancado y Borja volvió a España.

«Luego, lo de siempre, una vez que el tema pasó de moda en los medios fue olvidado. Tampoco los saharauis —que es un pueblo bastante castigado—, una vez que pasó el boom mediático, podían seguir manteniendo a casi trescientas personas. Pero tampoco podían hacerlos marchar por ahí.» Al final, en unos camiones consiguieron bajarlos a Mauritania por una ruta que va desde Tindouf —bordeando el Sahara occidental— hasta Nuadibú.

«La sensación que me queda es que fue noticia en aquella época, pero que esas cosas deben de pasar todos los días. Es verdad que no todos los días el ejército marroquí persigue a las personas para mandarlas al desierto, pero es bien sabido que los subsaharianos en Marruecos sufren auténticas vulneraciones de sus derechos. En la ruta que utilizan los subsaharianos para subir deben pasar cantidad de estas cosas. Había testimonios de gente que había intentado cruzar tres veces. Toda esta información es confusa. La gente sigue intentando subir desde Nuadibú, que está bien lejos. Había gente que decía que en Nigeria ya había cierto movimiento por viajar en barco hasta Brasil, no sé si en cayucos, para luego poder ir a Europa. Esto habla de las dimensiones del deseo de la migración subsahariana.»

Concluye: «Una vez que pasa el temporal, la gente sigue muriendo y no es noticia. El Sahara se ha convertido en el cementerio de los migrantes que intentan cruzar.»

4

La travesía

Si la riqueza no va al hombre, entonces el
hombre irá naturalmente a la riqueza.

ALFRED SAUVY

Son muchos los elementos que marcan la diferencia entre los
llamados primer y tercer mundo. Seguramente, el transporte sea
uno de los que evidencian este contraste. Los jóvenes europeos
han nacido en un continente surcado por trenes de alta veloci-
dad, autopistas, metros, tranvías y puentes aéreos que han hecho
de los viajes algo fácil y rápido.

Pero no muy lejos de esta realidad en la que una persona
puede vivir en París y trabajar en Londres, para otros desplazar-
se es una auténtica odisea. Para millones de africanos, conseguir
agua o ir al médico es un cometido casi imposible. La misma distancia que un europeo recorre cómodamente en una hora, a un
africano puede llevarle años completarla, e incluso perder la vida
en el trayecto. Así, la migración se ha convertido en una especie
de prueba mítica. Los inmigrantes comparan su travesía con pa-
sajes religiosos. Las tres religiones de Abraham guardan en su
propio origen una estrecha relación con los éxodos: el pueblo
judío abandonó Egipto por el desierto, donde también Jesucristo
pasó cuarenta días, e incluso la Hégira —migración en árabe—

marcó el principio de una era, el calendario musulmán, cuando Mahoma regresó triunfante a Medina desde La Meca.

El desierto esconde rutas invisibles para este nuevo éxodo. Desde Nigeria, Senegal y Mali se cuentan por miles las personas que atraviesan el Sahara por estos corredores en busca del sueño europeo, bajo un sol abrasador que sólo perdona la vida a algunos afortunados. Casi todas las rutas actuales existen desde hace miles de años. Por allí pasaban las caravanas de los tuaregs —pobladores del desierto desde tiempos inmemoriales— que utilizaban estas vías para el comercio de sal o de esclavos. Ahora son ellos también los que guían a los inmigrantes en su cometido. El Sahara se está convirtiendo en una gran tumba. Según la organización Fortress Europa, entre 1988 y 2007 más de mil quinientas personas han muerto en el desierto. Sin embargo, hablar de cifras suena absurdo. ¿Cómo medirlas?

Las rutas no son rígidas. No están señalizadas ni figuran en ningún mapa. Van mutando y adaptándose a las medidas disuasorias de los diferentes gobiernos. De este modo, la implantación de radares en las costas españolas y la externalización de fronteras han ido desplazando el punto de partida cada vez más hacia el sur, obligando a los inmigrantes a abrir nuevas rutas.

Paralelamente, la externalización de fronteras ha agravado la situación de los migrantes que se encuentran atrapados en lo que se conoce como «estados tapón», que como ya hemos mencionado se trata de países embudo que hacen las veces de policía para contener el flujo que va del África subsahariana hacia Europa. Allí, estas personas quedan estancadas en un limbo, condenadas a la exclusión social en países que no pueden absorberlos. Y como dice Manu Chao, refiriéndose a los flujos migratorios, «cuando el agua se estanca, se pudre».

El caso marroquí es un claro ejemplo. Allí, según Médicos del Mundo, entre 15.000 y 30.000 migrantes, de los cuales el 60 % tienen entre 18 y 30 años y alrededor del 10 % son menores, viven en barrios de chabolas y están diariamente expuestos a violencia y discriminación. Según esta organización, «para algunos la duración del tránsito se alarga durante años. Se instalan entonces en la pobreza y la precariedad de los barrios periféricos, especialmente de Rabat, que agrupa a un 75 % de los migrantes».

En 2005 llegaban los primeros cayucos a Canarias. Buena parte de éstos desde Nuadibú, en Mauritania. Como ya hemos dicho, siguiendo el ejemplo de Marruecos, los gobiernos de los países de salida han ido alegando la imposibilidad de controlar sus costas y han incluido el control fronterizo en la agenda de intereses estratégicos a la hora de negociar. A cambio han recibido los medios económicos y técnicos para implementar los controles.

Así, con la externalización de fronteras, los puntos de salida en la costa atlántica se han ido desplazando desde Cabo Bojador, El Aaiún, Tarfaya y Dahkla —en el Sahara occidental, bajo control marroquí— a los puertos mauritanos de Nuadibú y Nuakchot. En Senegal se destacan las ciudades de Saint-Louis, Dakar, Kayar, Mbour, Joal y la zona sur de la región de la Casamance. En Gambia los puntos de partida se sitúan hoy en las poblaciones de Barra, Gunjur y Tanji. También se han detectado salidas desde países como Guinea-Conakry y Guinea-Bissau.

Las embarcaciones varían según las distancias. Así encontramos que desde la vecina Marruecos parten lanchas neumáticas rápidas —también asociadas al tráfico de hachís—, pateras de pescadores —utilizadas habitualmente por la población local— y pateras de inmigrantes, embarcaciones poco marineras que suelen ser utilizadas por los subsaharianos. Más grande y fuerte, el cayuco es la nave de los grandes viajes, fletada por aquellos que salen de las costas subsaharianas.

En el año 2006 se encontraron seiscientos cadáveres en las costas canarias. El director de la Media Luna Roja mauritana comparó la travesía al archipiélago con el juego de la ruleta rusa. Como dice el analista hindú Chakravarthi Raghavan: «En un mundo de ganadores y perdedores, los perdedores no desaparecen por arte de magia, prueban su suerte en otro lugar.» En una realidad marcada por la concentración del poder económico en el norte, los desheredados del sur todo lo intentan —muchas veces a costa de la propia vida— para cruzar esta línea. La única solución contundente que hemos sabido implementar hasta ahora, ha sido levantar muro tras muro para impedirlo.

El hermano Mikel, franciscano de Cruz Blanca, conoce los efectos más trágicos de estos muros. Nos recibe en el pequeño dispensario médico que esta orden posee en la medina de Tánger, en el Zoco Chico. Una enfermera marroquí atiende una abarrotada sala de espera. Realiza curas de abscesos, de quemaduras, heridas por arma blanca y accidentes. Situados a escasos metros del puerto, ellos son quienes dan los primeros auxilios a cientos de menores marroquíes que, al tratar de esconderse en los bajos de los camiones para cruzar el estrecho, resultan heridos. «No nos dicen que querían pasar, pero lo sabemos.» Muchos de estos menores son de Casablanca y van a Tánger a probar suerte en los camiones. Mientras tanto sobreviven rateando y aspirando pegamento.

14 KILÓMETROS

En el centro comercial de un barrio residencial de Madrid nos encontramos con Gerardo Olivares. Tiene la mente rápida y cambia de tema con facilidad. Es el director de *14 kilómetros*, la primera película de ficción que narra la historia universal del subsahariano que atraviesa el desierto. Este cordobés de 43 años es, en sí mismo, producto de las migraciones y quizá de ahí nazca su sensibilidad con este tema. Su padre nació en el norte de Marruecos y su madre, norteamericana, es hija de rusos. Su abuelo, a los siete años de edad, emigró de Rusia a Estados Unidos escondido en un barril de pepinillos. «Desde pequeñito he visto a mis padres viajar por el mundo y desde siempre he tenido claro que lo que quería hacer era viajar.» Por esto empezó a realizar documentales, luego se enamoró de África y recorrió el continente.

Ubicado dentro del propio Sahara, el Teneré es un desierto del tamaño de Alemania. «Es el desierto dentro del desierto.» Los tuaregs lo conocen como «la tierra vacía», porque es el territorio más inhóspito del mundo. Por allí pasaba Gerardo, cuando estaba haciendo un documental sobre las rutas de la sal para Televisión Española. Iba en una caravana con tuaregs cuando se cruzaron con un camión lleno de personas. «Iban unas 150 sobre la carga. Era algo bestial.» Le preguntó a uno de los tuaregs quiénes eran y adónde se dirigían. La mayoría eran subsaharianos e iban a las costas del norte de Libia para así tratar de pasar de manera clandestina a Italia.

Los tuaregs le contaron historias terribles sobre la migración. Cada año, cuando cruzan el Teneré, se encuentran cadáveres de subsaharianos, sobre todo en verano. Como los camiones viajan de noche porque el calor es abrasador, muchos de los que van sobre la carga se duermen, caen y mueren de sed. Incluso hay camiones que se pierden por tormentas de arena, y luego son encontrados junto a doscientos cadáveres. Después de aquella experiencia, Gerardo regresó a Agadés, ciudad situada en el desierto, al norte de Níger. Se trata —junto con Tamanrasset y Tombuctú— de uno de los tres grandes cruces de caminos que había en el mítico comercio de las caravanas. Descubrió que se había convertido en uno de los centros de la migración clandestina, y que allí es donde se reúnen todos los subsaharianos que vienen del sur para cruzar el desierto. A partir de ese punto las mafias empiezan a controlar el viaje. Cerca está la frontera con Argelia, que —según dicen— es la peor que hay.

Gerardo comenzó a investigar y conoció a un joven de Camerún que llevaba siete años intentando llegar a Europa pero lo habían deportado varias veces. Él lo acercó al barrio donde se juntan todos los subsaharianos. Fueron a un burdel y a Gerardo le llamó la atención la cantidad de chicas de dieciséis o diecisiete años que se prostituían para llegar a España.

Cuando volvió a España empezó a pensar, y una idea le rondaba por la cabeza: cayó en la cuenta de que a diario vemos en las noticias cómo los cayucos tratan de arribar a las costas canarias, hasta el punto de que nos hemos insensibilizado. Recordó las palabras del director de informativos Telecinco: «Cuando informan sobre el arribo de un cayuco la curva de audiencia baja.» La máxima era que a todo el mundo le preocupa el tema de la inmigración, pero a nadie le interesa. Pensó en cuánto se habla de la desinformación que los africanos tienen sobre la realidad europea, mientras que al ver los cayucos en las costas de Canarias, la mayoría cree que ése es el viaje, pero no es más que el final del viaje. «Quería hacer algo que reflejara dónde comienza el drama.» Muy lejos, en las entrañas de África, hay personas que tardan años en llegar a Europa.

Gerardo dudaba entre hacer una película de ficción o un documental. Pero en Agadés le previnieron de los peligros de aparecer con la cámara por aquellas sórdidas calles. Además, el objetivo era contar una historia que llegara a la mayor cantidad de personas posible, y la ficción parecía ser la mejor manera, «porque los documentales pasan sin pena ni gloria.» En el trabajo previo al guión recogió cientos de relatos. Todos los años de trabajo por las rutas de la inmigración le sirvieron para conocer a muchísimas personas, desde el origen hasta el final de esas rutas. Con todos esos testimonios creó una historia de ficción. Lo primordial era que la gente se emocionara. Ahora se alegra cuando recuerda las palabras del crítico de cine Rodríguez Marchante, quien dijo que el gran acierto de la película había sido que, lejos de sentir lástima por el protagonista, se identificaba con él.

Gerardo fue a Marruecos, alquiló una casa en la medina de Asilah y se dispuso a escribir el guión. Una vez concluido, recibió la aprobación del productor: «Adelante, hay un hueco por llenar.» Porque la inmigración, junto con el paro y el terrorismo, es uno de los temas que más preocupa a los españoles y todavía no se había hecho ninguna película que tratara la inmigración desde el origen.

El proceso de filmación fue difícil, porque el equipo era de sólo cinco personas. Hay que tener en cuenta que en una filmación el equipo mínimo es de veinte personas. Pero este número era impensable; es imposible atravesar el desierto más peligroso del mundo con veinte personas y crear una infraestructura para todos. De hecho la logística supuso un gran esfuerzo. Las cinco personas tenían que suplir todas las necesidades de producción y de rodaje. Además era una *road movie*, que viajaba por los países más pobres del mundo. «Por los países más corruptos, con todo el peligro que conlleva.»

En una parte importante del rodaje fueron escoltados por nueve militares por un macizo montañoso que se encuentra en la zona del norte de Níger, donde ahora mismo no se puede entrar porque hay una guerra no declarada entre los tuaregs del norte y los hausas del sur. «También pasamos por el Aid, una zona muy escarpada donde la inteligencia americana ha descubierto células de Al-Qaeda reclutando gente. La situación es tan complicada que el gobierno estadounidense está montando una base en Tombuctú para controlar los movimientos terroristas.»

Los actores de *14 kilómetros* no son profesionales y hacen prácticamente de ellos mismos. Con todo lo positivo y negativo que entraña. «De bueno tiene la frescura, que parece de verdad y te lo crees. De malo tiene que no entienden muchas cosas del rodaje. No te hacen el mismo *acting* en cada toma. Hay que intentar que en las primeras tres tomas salga la buena, porque de lo contrario se ponen nerviosos.» Todos los escenarios son reales: tanto el burdel como los camiones que son usados para atravesar el desierto. «Fue un rodaje tan complicado que cuando llegué a Madrid, del aeropuerto, fui directamente al hospital, a la unidad de medicina tropical. Venía con malaria, con una infección en la sangre por la picadura de una garrapata y con hepatitis B.»

Los tres protagonistas —los dos chicos y la chica— fueron conscientes desde el primer momento de que no sólo iban a representar un papel sino que también iban a ser los íconos de miles de jóvenes africanos que ven en Europa su única salida de futuro. «África es como decía Karen Blixen, "el diablo y yo somos la misma persona". Puedes estar en un lugar maravilloso y sin saber por qué se convierte en un infierno, y eso nos fue sucediendo a lo largo del rodaje.» Un día antes de comenzar, el actor principal le comunicó a Gerardo que por motivos religiosos no podía hacer la película, después de haber estado un mes trabajando en el guión. Su tío era el imam de la mezquita y cuando leyó el guión y vio que tenía que agarrar de la mano a la chica y darle un beso, le prohibió que hiciera el papel. Gerardo cuenta que para el chico fue muy duro renunciar a un trabajo como actor protagonista y dejar de venir a Europa para el estreno y la promoción. «Cuando me dijo que no lo hacía, no entendí nada.»

Al día siguiente Gerardo se subió a la moto, fue al mercado y encontró a Buba con las manos en los bolsillos. Le gustó su aspecto, se acercó a él y le preguntó si quería hacer una prueba. «La hizo, y fue la experiencia de su vida, por cierto, voy a llamarle esta noche por Skype, que hace un par de meses que no hablo con él.»

Para Gerardo lo fundamental ha sido mostrar la travesía. Los rostros que se ven en la pantalla de televisión, exhaustos con las mantas de la Cruz Roja, llevan años para llegar y sufren un periplo brutal. «Porque la gente no tiene ni puta idea de esta realidad. Hasta Carlos Boyero, el crítico de cine, me dijo, "macho, desde que vi tu película veo a un negro vendiendo *La Farola* en la puerta del Carrefour y se la compro".» A través de los tres personajes, sobre todo de Buba y de Mimi, Gerardo muestra dos realidades africanas: una es la de los matrimonios concertados y la otra es que desde que Eto'o ha triunfado en Europa, «hay una fiebre acojonante por el fútbol». Por otro lado, quería desmitificar las ideas que existen en España respecto a los inmigrantes. Se suele creer que los africanos que vienen se están muriendo de hambre, y ésos son los que están en el campo, que no saben ni dónde está Europa; "los que vienen son los que han estudiado, los que viven en las ciudades, los *bayaye*".

Cuando los actores vinieron a Europa para la promoción, se podían haber quedado, pero Buba le dijo una cosa que a Gerardo se le ha quedado marcada para siempre. «En Europa se vive mucho mejor que en África. No hay más que ver todas las cosas que tenéis. Pero para mí la verdadera riqueza de la vida está en lo que llevas dentro. Y para mí lo más importante es tomarme un té por las tardes con mis amigos y pasar tres horas charlando con ellos.» Gerardo sonríe y resalta el valor que ha descubierto en tantos lugares de África: «Me encanta el espíritu familiar que tienen, la vida que hay en la calle. No tienen otra cosa que la relación humana y la cuidan mucho.»

CRUZAR EL GRAN DESIERTO

El desierto avanza, desventurado el que alberga desiertos.

FRIEDRICH NIETZSCHE

No se puede disociar el viento del Sahara. En esta parte del planeta todo está arrasado por un viento constante y denso que puede enloquecer a cualquiera. Si escuchamos con atención comenzaremos a percibir una melodía única. El aire que viene del este toma la forma de un silbido agudo cuando pasa entre grandes peñas rojizas. De pronto, el fulgor del paisaje se convierte en un teatro infinito y comienza una función extraordinaria. Por un instante el desierto más inhóspito de la Tierra se convierte en un lugar acogedor, sólo por un instante.

Todavía no ha amanecido y Akawel camina a buen paso entre las pequeñas casas de adobe. Lleva un pañuelo pardo anudado a la cabeza y unos pantalones bombachos marrones. Necesita un repuesto para arreglar el vehículo todoterreno. «El motor pierde aceite, hay que cambiarle un manguito.» Se mete en una de las casuchas. El interior está en penumbras, apenas entra un poco de luz por el único ventanuco de la pieza. Ahmed, un señor de pocas palabras, saca una caja de cartón manoseada de un estante metálico, revuelve y se la pasa a Akawel. Éste se pone bajo la ventana y rebusca durante un rato. «¡Ya está!» Caminamos hasta llegar al vehículo, lo arregla y nos montamos en el todoterreno: «¡Vamos!» Tomamos la ruta por una pista pedregosa y en unos minutos llegamos a una explanada. Con las primeras luces del día se divisa un vehículo y unos cuarenta subsaharianos esperando: es un convoy de clandestinos. Estamos en Tinzawatine, en el corazón del Sahara, en la frontera entre Mali y Argelia.

Se trata de la ruta que va desde Gao, en Mali, a Tamanrasset, en Argelia. La mayoría de los inmigrantes sale directamente de Gao, una ciudad situada a orillas del río Níger y en el límite geográfico entre el Sahel y el Sahara. Es la antigua capital del imperio songhay, un paso de caravanas en el importante comercio transahariano. La suma de culturas que se ha dado en torno a este corredor comercial ha hecho que esta ciudad cuente con ricos vestigios arquitectónicos y culturales, considerados patrimonio de la humanidad por la UNESCO.

Akawel habla con uno de sus compañeros y, acto seguido, llaman por el teléfono móvil para confirmar el camino a seguir. «Está libre, podemos salir.» Cada vez abundan más los controles policiales y deben cambiar de ruta constantemente. Los *aventuriers* suben a toda prisa y se apiñan en el espacio mínimo del cajón de las pick-up. Discuten y se sientan unos sobre otros, en una arquitectura humana imposible. En el centro del cajón van de pie y en las esquinas se sujetan con unos palos entre las piernas, quedando, literalmente, colgados del todoterreno. El vehículo va a reventar.

Recorremos áridos paisajes que van variando según nos desplazamos. Los colores y las texturas mutan incesantemente y Akawel dice: «No hay un solo desierto, sino muchos.» Akawel es tuareg y nunca ha salido de los límites del Sahara. Pasamos cerca de unos picos impresionantes, afilados como agujas. A medida que el sol se eleva sobre nuestras cabezas, el calor empieza a apretar. Los vehículos cargados de personas dejan una nube de polvo gigantesca. Los *aventuriers* no pueden más. «No están acostumbrados a viajar.» Para un marfileño, originario de un clima tropical con abundantes precipitaciones, el desierto debe de ser un infierno. Lo cierto es que excepto para los tuaregs, que forman parte de este hábitat desde tiempos inmemoriales, para cualquiera es insufrible un medio tan hostil.

En Tinzawatine es sorprendente cómo sobreviven. Se trata de un auténtico purgatorio donde se mezclan los ánimos de los que tratan de llegar a Europa por primera vez con la indignación y la desesperanza de quienes han sido maltratados y expulsados de Argelia. Los inmigrantes viven sin agua ni luz. Apenas tienen comida y los servicios sanitarios simplemente no existen. La situación es límite. «No son pocos los que han perdido la cabeza», dice Ange, un camerunés que fue expulsado de Argelia y mantiene el ánimo. «He visto tanto sufrimiento que sólo me queda tirar hacia delante. La esperanza está en el futuro, pero aquí nos lo han robado.» En Tinza se quedan «aparcados» a la espera de un milagro. Los que llegan de Argelia han perdido todo después de haber pasado por las manos de la policía y los asaltantes del desierto: «Te maltratan y te roban», dice Ange indignado. La manera de salir está en el seno de sus propias comunidades, que ellos mismos llaman guetos. Los inmigrantes se agrupan por nacionalidades. «Son los nigerianos los que manejan la venta de pasaportes y el contacto con los pasadores.»

Paramos, son las diez de la mañana. Los *aventuriers* bajan de los todoterreno en estampida. Algunos se tambalean y caen al suelo, otros se apoyan en los vehículos. Akawel y sus compañeros llaman, de nuevo, por teléfono. Esperamos a que confirmen si hay que cambiar de ruta. Los tuaregs están acostumbrados a moverse en estas condiciones. Muchos son contrabandistas y, desde la independencia de los estados en los que habitan, han tenido innumerables enfrentamientos armados, como el que actualmente está teniendo lugar en Níger. Los tuaregs, en el pasado, fueron traficantes de esclavos y hoy, paradójicamente, se han convertido en los expertos pasadores de este mundo clandestino.

Después de descansar por un momento, seguimos la ruta. El calor es sofocante y todavía faltan muchos kilómetros. Un extraño silencio invade la cabina del vehículo. Se ven unas escarpadas montañas y Akawel comienza a hablar. Como si se tratara de una confesión, relata lo que ha visto: «A veces te encuentras cosas que te gustaría no ver. Una vez vi a más de veinte personas que habían muerto perdidas. Es muy fácil perderse. Ojalá no tuvieran que pasar por esto.» Seguimos el trayecto. Siempre con cuidado, pues son muchos los obstáculos que hay que sortear: los bancos de arena en los que nos podemos quedar atascados, grandes piedras y grandes baches.

Días atrás, en Gao, conocí a Amina, una mujer que sobrevivió al desierto. Ella y su marido salieron de Nigeria con otros dos compatriotas. Tenían todo organizado: los pasaportes falsos que habían comprado en Lagos, la ruta a seguir, hasta los lugares en los que iban a dormir. Se adentraron en el desierto en un camión. En un momento tuvieron que caminar y seguir las indicaciones. «Nos dijeron que fuéramos hacia el noroeste, donde encontraríamos otro camión. Llevábamos agua con limón y un pañuelo para protegernos del sol.» Se desorientaron y estuvieron vagando unos cuantos días, no recuerda cuántos. Recuerda el sol ardiente y la arena que se le colaba en los ojos. «Racionamos el agua, pero estábamos muy débiles.» Perdió la conciencia y cuando se despertó estaba en un campamento tuareg, casi a punto de perder la vida. Se salvó. Su marido y sus compañeros de viaje no tuvieron la misma suerte. Estuvo en Argelia hasta que la policía la detuvo y la mandó de vuelta a la frontera con Mali.

Ahora vive en el barrio de Sosso-Koira y su supervivencia, como la de muchas otras mujeres, está ligada a la prostitución. En un local cercano a la *gare routière* se dan cita algunas mujeres que hacen favores sexuales a cambio de dinero. El negocio lo regenta Frank, un nigeriano de madre senegalesa que vivió en Italia. Alquila las habitaciones y es el alma de las parrandas que se hacen en su local. Al caer la noche los aledaños del edificio que ocupa la casa de Frank se quedan completamente a oscuras y dentro empieza la fiesta: música y tragos. A veces Frank aporrea un teclado que le trajeron de Bamako y las mujeres ríen, todos ríen histriónicamente. «Trabajamos aquí porque Frank es amable.» En la sala se lee en una pizarra escrito con tiza los precios por horas. En el patio trasero hay unas habitaciones en forma de choza africana. Cuando Amina consigue algún cliente, atraviesan el patio decorado con luces de colores vivos que vela la penumbra y se meten en uno de los cuartos. Dobla cuidadosamente su ropa, la coloca sobre una silla y se ofrece. «Es la manera que tengo de ganarme la vida.»

En el mundo de las migraciones las mujeres que ejercen la prostitución suelen viajar con un protector; un compañero proxeneta con el que tienen un trato: «viaje pagado con beneficio». Es decir, que la deuda contraída por el viaje se paga mediante la prostitución, que van ejerciendo por los países por los que pasan.

Antes de que caiga el sol, Akawel y sus compañeros de ruta eligen un lugar para que pasemos la noche. Bajan todos los *aventuriers* de los cajones de las pick-up, más agotados todavía. Se mueven y se estiran, tienen los cuerpos entumecidos. Uno se derrumba mientras lo sujetan los compañeros. Ha sido un simple desvanecimiento, pronto vuelve en sí. La tierra fría nos obliga a sentarnos en torno a un fuego, donde preparan un té verde muy azucarado. Algunos llevan un pan seco dentro de una bolsa plástica. Se apoyan sobre otros, se envuelven en mantas grises y comienzan a hablar.

«¡Pagué para viajar desde Bamako hasta España, pero me engañaron y me dejaron en Gao!», cuenta Ibrahim, un joven de 19 años de Guinea-Conakry. Ha sido presa de una de las estafas más habituales. Pasó un año en Gao, hasta que pudo llegar a la frontera con Mali. «Ahora quiero llegar a España.»

«Llegué a Orán hace dos años. Trabajé en varios lugares. Una vez intentaron robarme en la calle y me defendí. Llegó la policía. En Argelia no nos quieren, me detuvieron y me pegaron a mí, que no había hecho nada. Viajé varios días hasta Tamanrasset y me metieron en una cárcel hasta que me dejaron en Tinza. Fue una pesadilla. Traté de llegar a Tamanrasset en otra ocasión pero me asaltaron y me quitaron lo poco que llevaba. Lo sigo intentando porque no puedo volver a mi casa», dice este carpintero marfileño de 40 años.

Éstas son historias de soledad, de violencia y muerte, pero también de entrega y superación. Los *aventuriers* están dispuestos a todo. Tienen la determinación de luchar hasta el último instante y una suerte de fe que les permite aceptar cualquier frustración con una pasmosa serenidad. Como decía Hegel, «sólo el que está dispuesto a la lucha a muerte es amo». Emigran porque confían en encontrar algo mejor en otros países. Están dispuestos a perder la vida, no una sino mil veces, todo para salir de una pobreza endémica. Una maldición planea sobre el emigrante que no consigue llegar a su destino y se queda años intentándolo antes de desistir o morir. Una mezcla de orgullo, esperanza e imposibilidad de volver con las manos vacías hace que persistan en esta lucha con una tenacidad impresionante. Pero incluso para los que lo consiguen, la migración va más allá de un simple cambio geográfico. Se trata de un cambio de paradigma, de forma de vida y valores. Supone reinventarse para matar esa pobreza.

Al alba, los *aventuriers* desaparecen detrás de la nube de polvo que levantan los vehículos. Nunca más los volveré a ver.

Akawel le pone punto final a nuestro viaje, mientras que a ellos les queda lo peor: atravesar el desierto. Por la noche, Akawel se sentará en el suelo y con un dedo comenzará a hacer unos dibujos en la tierra. Es el arte de adivinar el futuro, conocido como *Ijachen* en lengua local. «No hay por qué preocuparse, lo conseguirán.»

No sé si lo conseguirán, mientras tengan aliento seguirán luchando, sólo la muerte les arrebatará los sueños. La muerte, como relata Sherezade en *Las mil y una noches*, es «la destructora de todas las dulzuras». Añadiría que también es la destructora de todos los pesares.

CHUTES DE ESPIRITUALIDAD

Enrique Bocanegra sabe lo que es llegar a un país siendo un niño, no conocer el idioma, ni la gente, ni las costumbres, y tener que adaptarse. Cuando tenía ocho años fue a vivir con su familia a Rabat. También conoce el otro paso, que quizá sea el más duro: volver a tu país y no reconocerlo. Hay muchos libros y películas sobre la inmigración, pero hay poco sobre regresar al país de uno y ver cómo ha cambiado sin uno. «Es una experiencia traumática, porque del primero te queda nostalgia, y del otro ni siquiera eso.» Seguramente, uno deja de ser de un lugar. En cualquier caso, a Enrique le han quedado profundos vínculos con Marruecos.

En el año 2006 este periodista decidió investigar por su cuenta el tema de la inmigración, concretamente, el de los subsaharianos que estaban viviendo clandestinamente en Marruecos. Fue a Tánger. Sabía que vivían de la mendicidad, así que los buscó por la medina, donde piden dinero a los turistas. Lo primero que le llamó la atención fue que no encontraba ninguno. Habló con un amigo marroquí que le dijo que allí no los encontraría, y le recomendó que fuera a Casabarata, un mercado popular sólo para marroquíes, en las afueras de Tánger. Pronto descubrió el porqué: la policía marroquí no permite que los inmigrantes subsaharianos mendiguen en la medina, pues está reservada para los mendigos marroquíes. Los subsaharianos tienen que mendigar en los sitios donde no hay turistas. «Es dramático, porque no solamente son ciudadanos de segunda clase, sino también mendigos de segunda clase.»

Fue un día al mercado y vio a varios subsaharianos mendigando. En cuanto lo veían blanco, europeo y susceptible de tener dinero se acercaban, pero, inicialmente, Enrique no sabía cómo relacionarse con ellos. Trató de bromear con uno, pero le pidió dinero, le dio unos dirhams y se esfumó. El segundo día volvió a dar dinero a varios que se le acercaron. A una mujer con un niño con el que intentó jugar, pero enseguida se fue. Finalmente, se quedó sin suelto. Se estaba yendo cuando le abordó un chico llamado God's Power («el poder de Dios»). Le dijo que sólo le quedaban billetes, entonces le pidió que le comprase un poco de mantequilla y pan. Fueron a una tienda y ahí se produjo el momento que Enrique estaba esperando. Delante de la tienda había cola y hubo que esperar unos diez minutos. «En la espera tuvimos que hablar. Ahí se empezó a romper el hielo.»

El muchacho era de Liberia. Llevaba poco tiempo en Tánger, dos o tres meses, pero hacía ya dos años que había salido de su país. Había salido de la capital, cruzado todo el desierto en distintos convoyes hasta que llegó a Libia, a la ciudad de Bengasi. Allí estuvo un año trabajando. Era carpintero, hacía marcos de puertas y ventanas. No estaba contento. Aunque había trabajo, ganaba muy poco dinero —unos cien dólares al mes, poco más de lo que ganaba en Liberia—, y entonces decidió que había que emigrar a Europa. Salió de Libia, cruzó clandestinamente por Argelia y entró, de la misma manera, en Marruecos. Estuvo unos meses en Rabat y finalmente llegó a Tánger. Las mafias le pedían mil euros para pasarlo en patera. Mendigaba para mantenerse, ahorrar e irse. Empezó a hablar de su familia. Su padre era una especie de cura, un pastor protestante de la iglesia Pentecostal, y él era el segundo de sus cuatro hijos. Su familia era muy religiosa y él también. Compraron el pan y la mantequilla y Enrique le invitó a tomar un refresco.

Fueron a un bar y siguieron hablando. Le siguió contando de su viaje e hicieron cierta amistad. «Creo que yo le caí bien, y él me cayó bien a mí.» Hubo confianza. Quedaron el día siguiente para ir adonde vivían los inmigrantes. Esto era a las afueras, en un campo en lo alto de una montañita. Vivían en unas tiendas, a la intemperie. Para llegar tomaron el autobús número 16, que salía de Tánger e iba a un pueblecito llamado Sania. De ahí caminaron una hora campo a través, subiendo la montaña. En la ladera, Enrique vio una larga fila de tiendas. Allí vivían unas setenta personas en verano, y en invierno unas cuarenta. El motivo es que en verano se hace el viaje en las pateras, desde mayo hasta octubre. En invierno estas personas se van a alguna ciudad grande como Rabat o Casablanca, donde tienen más posibilidades de subsistir. En Tánger no hay ninguna posibilidad.

El objetivo de Enrique era escribir reportajes. Aquel día, God's Power le trató muy bien, pero hubo algunos que fueron hostiles. «No les gusta nada la publicidad, con cierta razón.» Están muy bien informados: tienen radio, se conectan a internet con regularidad, todos tienen cuenta de correo electrónico, usan Messenger. Hay un foco de información constante y tienen la certeza de que la publicidad no les ayuda. Quieren pasar lo más desapercibidos posible, porque apenas empiezan a salir en la televisión o en los periódicos, aparece el acoso policial. «De hecho, unos días antes de que yo llegase había habido una redada.»

A primera hora de la mañana habían llegado policías y habían arrestado a varios. Les habían destruido las tiendas y saqueado todo. Los demás salieron corriendo. A God's Power lo habían capturado hace un par de años. Lo metieron en una furgoneta junto con otros dos y lo llevaron a Uxda. Los dejaron en la frontera, y ellos hicieron lo que se suele hacer: andar unos kilómetros hasta que se haga de noche y luego dar media vuelta y volver. Él sigue en Tánger.

Enrique pensó que allí había una historia muy profunda. Decidió hacer un corto documental. A God's Power le pareció bien, así que, ya en España, escribió el guión y en diciembre volvió con un amigo, Arturo Solís, operador de cámara. Filmaron el cortometraje en ocho días. En un principio sólo estaban con God's Power porque el resto de la comunidad mantenía la distancia. Pero, poco a poco, fueron ganando su confianza. Cada vez que subían a la montaña, compraban veinte kilos de arroz, en dos sacos. «God's Power cargaba con uno y yo con el otro.» También llevaba harina, cepillos de dientes y aceite. Al cabo de unos días se acostumbraron a su presencia y se convirtieron en semejantes a los que estaban allí. «Pudimos empezar a sacar la cámara y filmar lo que hacían.»

El objetivo de Enrique era contar sus vidas. «Tienen una vida muy dura, muý triste. He estado en varios sitios —campo de saharauis en el sur de Argelia, campos de refugiados palestinos en el Líbano—, pero nunca he visto en toda mi vida gente viviendo en condiciones tan lamentables.» Viven en lo alto de esa montaña, al lado de un basurero, en tiendas de campaña hechas con mantas, que cuando llueve mucho se empapan y se hunden. En aquel momento había unos 35 hombres, seis o siete mujeres y tres o cuatro niños pequeños. Estaba infestado de ratas. «Un día subimos y cuando llegamos no había nadie, porque habían bajado todos a mendigar. Había ratas por todas partes. Eran enormes y sacaban las fiambreras y las mordisqueaban para comerse lo que hubiera en el interior. God's Power y sus compañeros cogieron un barril de metal, lo tapaban con un peso, y ahí guardaban la comida.» Caminando entre los arbustos se oían silbidos. Al principio no sabían qué era, y después cayó en la cuenta de que es el sonido que hacen las ratas cuando se escabullen.

«Lo único que pueden hacer es bajar a mendigar a los mercados marroquíes —ni a la medina ni a la casbah— hasta juntar el dinero para irse.» Hay quien lleva años. Hay gente que ha conseguido reunir el dinero y ha sido estafada por las mafias. «Uno se pregunta cómo hacen para sobrevivir.»

Entre los inmigrantes la fe ocupa un lugar central, y hubo un momento muy simbólico que Enrique compartió con ellos: la misa. «Algunos de ellos eran pastores protestantes. Son misas espectaculares, que equivalen a chutes de espiritualidad, donde se inyectan la energía y la esperanza que no tienen en el día a día. De ahí sacan las fuerzas. Viven muy mal, pero al mismo tiempo tienen la habilidad de encontrar esperanza, leyendo la Biblia y yendo a estas misas. Si no, no lo aguantarían. Conocí el caso de alguno que tenía problemas con el alcohol. Era tan duro que en vez de ahorrar se gastaba el dinero en beber y olvidarse de todo. Uno me pidió que le trajera una Biblia en inglés de España. Siempre me decía: "Todo lo que estamos pasando, está en la Biblia." Se veía reflejado en el éxodo de los judíos, cuando salen de Egipto.»

Desde donde viven estas personas, en lo alto de esa montaña, se ve la costa andaluza. Son catorce kilómetros. «Esto ocurre delante de nuestras narices. Me parece muy bien que estemos en Afganistán o el Líbano, o que manden soldados a Somalia. Pero estamos obviando la realidad de muchas personas del mundo y cuando nos encerramos en nosotros mismos acaban llamando a nuestras puertas.»

GAMBIA: RAPSODIA DEL ÉXODO

Épica y tragedia

Vestido de blanco y con gran solemnidad nos espera en la comisaría Alí Kembuful Faye, el alcalde de Barra. Esta ciudad, situada en Gambia —diminuto país ubicado en el valle del río homónimo—, se ha convertido en uno de los principales centros donde se construyen los cayucos que, con suerte, van a arribar a las costas del archipiélago canario. Salimos de la comisaría y lo acompañamos a su casa por las terrosas y embarradas calles de esta pequeña ciudad de no más de 5.000 habitantes. Con aire de sabio y vehemencia, Faye nos empieza a hablar en un inglés africano que nos cuesta entender. Cuenta la historia de la ciudad, una historia de «dominación colonial» y de guerras tribales que han condenado a una pobreza endémica a un territorio que subsiste de la pesca, del cultivo del maní y, ahora, de la construcción de cayucos.

Faye habla y habla, «no queremos dinero, sino un camión para poder transportar la basura», nos sigue contando que Barra es una ciudad importante «con centros educativos, hospital y escuelas coránicas», que presta servicio a muchas personas de los alrededores. En un momento le preguntamos por los cayucos, por la emigración. Se para y un aire gélido corta el ambiente distendido y de bochorno tropical en el que marchábamos. «Muchos son los que mueren, es un suicidio —nos cuenta—. Como alcalde de esta ciudad mucha gente me llama de Senegal y de otros países preguntándome por sus familiares, por sus hijos.» Nos dice que «de cada quinientos que llegan, dos mil mueren tragados por las aguas del Atlántico»; mientras, nos vamos acercando a la puerta de su casa. Allí, su nieto, un niño de mirada respetuosa y seria, nos aguarda. Él, Gibail, será nuestro guía a lo largo del día.

El primero de los puntos que visitamos es Barra Beach, una de las muchas playas que hay en la localidad. Caminamos por las calles y vemos la basura amontonada en charcos hediondos, construcciones humildes y vegetación exuberante que brota por todas partes. Subimos una pequeña cuesta y sobre el collado divisamos la playa de arena blanca. Allí conversan pequeños grupos de gente. En uno de los extremos, hay listones de madera amontonados. Es la madera con la que se construyen los cayucos. Nos acercamos y el pequeño Gibail les pregunta si los podemos fotografiar; hablan en mandinga —lengua y etnia mayoritaria en Gambia—. Al principio se muestran recelosos y nos piden dinero. Poco a poco, conversando, vamos entrando en confianza. Hay gente comprando madera, entre ellos un senegalés alto y robusto. Se llama Mamadu y construye cayucos «para la pesca», nos asegura. «Es la embarcación que aquí se usa desde siempre.» Le preguntamos por los emigrantes y nos cuenta que en «África todo el mundo quiere emigrar a Europa». Muchos cayucos se construyen en Gambia, cargan a una o dos personas y van a la vecina Senegal, «hacia el sur, a Casamance», donde la gente espera para comenzar el viaje. «Aquí no saben nadar ni los pescadores.»

En la playa hay bastantes cayucos varados, volteados en la arena. Pescadores que van llegando, personas charlando animosamente en grupúsculos y muchos haciendo ejercicio. Nos acercamos. El grupo está formado por jóvenes; cuentan que quieren ir a «Barcelona a trabajar», son muy afables y cercanos, nos piden el correo electrónico y los números de teléfono para cuando lleguen. Les preguntamos cuándo tienen planeado salir y se ríen, «cuando tengamos dinero, es muy caro», «¿cuánto?», les preguntamos. «Mucho», dicen entre risotadas.

Conocen equipos de fútbol peninsulares: el Barça, el Madrid y por supuesto a Maradona. Les preguntamos si saben el peligro que corren, y todos parecen saber la fatídica suerte que espera a muchos de ellos. Nos cuentan que en la mayoría de los casos la familia elige a un miembro para la travesía, venden todo lo que tienen para poder costear el viaje en cayuco. «Es una inversión», la necesidad, la miseria, empuja a los padres a enviar a sus propios hijos a esta odisea, que muchas veces acaba de manera dramática en algún punto entre la costa del África occidental y Canarias.

Paseando por la zona turística de Senegambia, a pocos kilómetros al sur de Banjul, no son pocas las mujeres europeas —de Inglaterra y Holanda, según nos dicen— de mediana edad que se ven por sus calles y playas. Al parecer, la publicación del exitoso libro *Raíces*, de Alex Haley, convirtió a Gambia, a partir de 1975, en un centro turístico importante. Aumentaron entonces la prostitución y las drogas. Es habitual encontrarse a jóvenes con señoras europeas por las playas. Este país es un foco de turismo sexual. Surge así también la oposición islámica organizada. «Muchos jóvenes buscan cualquier manera de salir del continente hacia Europa», nos cuenta Justo Martín, un canario asentado Gambia desde hace años y cónsul honorario español.

Acabamos la vuelta por la ciudad y volvemos a casa de Faye, es época de Ramadán y nos tratan con la hospitalidad que exige el Corán. Preguntamos por el control de las costas y nos enteramos de que Gambia se caracteriza por la escasa vigilancia de sus fronteras —hasta 2009 cuando la vicepresidenta firmó un tratado de cooperación, que incluía el control de las costas gambianas—, así este país se ha convertido en la puerta de salida para el contrabando en África occidental.

Al anochecer tomamos el ferry que cruza el río Gambia y une Barra con la capital, Banjul. En el trayecto, conocemos a una senegalesa que nos cuenta la historia de un familiar, «un señor en buena posición», que trató de cruzar el mar para llegar a Canarias y ganar más pero perdió la vida. Nos despedimos de Gambia, «la sonrisa de África».

«SI ME AMAS, ME ESPERARÁS»

> Pensemos en todos esos jóvenes que se levantan cada mañana y no tienen nada que hacer. Es cuando menos inquietante.
>
> PAPE DEMBA FALL

Issa Sibide se levanta a las cinco y media de la mañana. Su madre, Fatou, está despierta y sus hermanos aún duermen. Musa, su hermano menor, respira pausada y profundamente. Le menea el brazo, abre los ojos y se levanta de un salto. Todavía es de noche y el aire se cuela fresco por la ventana. Desde que enviudó, Fatou trabaja como lavandera e Issa se ha convertido en el principal apoyo de la familia. Ambos hermanos siguen el camino que va a la playa. Una estrecha calle por la que baja un reguero de aguas sucias. Se oyen las olas y las voces de algunos compañeros. El mar está picado pero tienen que salir. Musa apenas tiene siete años, pero hay que aprender el oficio. Van a pescar.

A las diez de la mañana, apenas cuatro horas después, ya están de vuelta. El día de faena no ha estado mal, pero es insuficiente para sacar a la familia adelante. Issa camina ligero por las calles de Mbour, una ciudad pesquera situada sobre la *petite côte*, a un par de horas de Dakar. Va en busca de Awa, la mujer a la que ama y con la que querría casarse. Se suelen ver en lo de Amadou, un amigo que hace *djembés* y les deja su habitación para los encuentros furtivos que mantienen cada vez que Awa viene a trabajar a Mbour. Issa se sienta en el borde de la cama y espera en la penumbra de la habitación. Deja la puerta entornada para que entre un haz de luz y, silencioso, observa la calle, esperando a que Awa aparezca en cualquier momento. Éste es su instante más esperado, el rito que realiza tres días a la semana desde hace dos años. A lo lejos, aparece esa inconfundible silueta que le hace perder la cabeza. Awa lleva un vestido estampado en muchos colores, sobre todo azul. En la cabeza, un turbante hecho con la misma tela y en la cadera, apoyado, un enorme cubo con la menta fresca que vende por la calle.

Awa se contonea con una cadencia felina. Llega al umbral, empuja la puerta de chapa y susurra «¿Issa, estás ahí?». No ve nada y vuelve a repetir con voz temblorosa, «¿Issa?» Según se está metiendo, el muchacho la agarra del brazo y la empuja hacia dentro. Awa va a gritar, pero Issa la besa y ahoga el alarido, mientras el cubo cae al suelo. «No vuelvas a asustarme así.» Cierran la puerta, Issa se sienta en la cama y enciende una vela.

—Has tardado mucho. Me iba a volver loco.

Awa se tumba al lado de Issa y sus manos se entrelazan, sus piernas se enredan y se besan.

—Quiero que nos casemos.

—Aún no tengo dinero, pero no te preocupes, lo conseguiré. He hablado con mi primo y me ha dicho que puede conseguirme un lugar en un cayuco. No tengo que pagar mucho. Iré a España a trabajar. Primero pago a mi primo y luego con todo lo que gane nos casaremos, haremos una gran fiesta y te haré un palacio, donde vivirás como una princesa.

—Issa, es muy peligroso —dice Awa con una risa nerviosa.

—Soy hombre y no tengo miedo, si me sucediera algo sería la voluntad de Alá. Si me amas, me esperarás.

Desde el día que su padre murió, Issa ha hecho todo lo que ha podido para ayudar a su madre y a sus hermanos. Pesca, vende artesanía con su camarada Amadou y hace pequeños arreglos. «Lo que sea.» Pero no es suficiente. Issa dice orgulloso que su primo Émile es un *homme d'affaires*, un hombre de negocios, y siempre les ha ayudado. Hace tiempo que Émile le dice que vaya a España. «Es la mejor manera para ayudar a tu familia y a ti mismo.» Issa no ha querido marchar antes porque sus hermanos todavía eran demasiado jóvenes, pero ahora que Musa se está haciendo mayor ya no hay excusa.

Lo tienen todo preparado. Émile le ha dado el número de un tipo al que tiene que llamar por teléfono: él le dirá dónde y cuándo saldrán. Sólo tiene que decírselo a su madre, pero de esto también se va a encargar su primo. «Mi madre estuvo de acuerdo, porque mi primo la convenció de que muchos jóvenes sin perspectivas de trabajo estaban haciendo lo propio», recordará un año después Issa en Dakar.

—¿Tu madre no tenía miedo? —le pregunto.

—Sí, es mujer. Pero decidió llevarme al centro de la región a visitar un marabú para que me protegiera. El marabú me ordenó comprar dos gallos: uno blanco y otro rojo. Los tenía que preparar y darlos en ofrenda. Nadie debía comérselos y esto me protegería, *ishalá*.

Fatou lleva a su hijo a Kazamanse, un pequeño pueblo donde un marabú lee el futuro. Hay varias personas esperando. Muchos son jóvenes que se han acercado a recibir la *Baraka*, la suerte que los ha de acompañar en el viaje que harán en cayuco. Issa entra solo. Fatou se queda rezando fuera. El marabú le habla de su viaje: «He visto que vas a hacer la aventura, pero será un camino muy difícil y duro para ti. Tendrás que hacer estos sacrificios si quieres que te salga bien.» Regresan a Mbour al anochecer.

Issa está llegando a su casa y el contacto de Émile le avisa de que están por salir. Issa le pide a su madre que haga los sacrificios por él y se despide de sus hermanos. Fatou lo besa y se queda rezando. Lo bendice y le da dos consejos que Issa siempre tendrá presente: «Nunca olvides quién eres y rodéate de gente buena.» Issa tiene que salir, llama a Awa, pero no contesta. Siente un pesar pero se repite: «Si realmente me ama, esperará.»

Issa parte una noche cerrada, durante las vacaciones, en el mes de agosto de 2007. Antes de montarse en el cayuco comprueba que son muchos los que van a viajar. El patrón los llama por su nombre y van embarcando. No se ve nada, pero hay víveres, agua y combustible. El patrón es un pescador más que no ha pagado por el viaje.

Hay una imagen de la travesía que se repite en la mente de Issa. «Había gente que no paraba de vomitar, otros que no podían respirar. Hubo quienes se pusieron muy enfermos.» Mientras cuenta esto, Issa mira al suelo y va bajando la voz hasta hacerla casi inaudible. «Me cuesta hablar de esto porque me provoca malos recuerdos. En el cayuco no había ni mujeres ni niños, todos éramos hombres adultos. Pasamos nueve días para llegar a las islas Canarias. Dos días en la ruta fueron especialmente difíciles porque había mucho viento y muchas olas. No podíamos ni dormir. Hasta el pescador que tripulaba el cayuco tenía miedo, pensaba que todos íbamos a morir. El agua entraba y teníamos que achicar. Había gente que tenía tanto miedo que quería suicidarse antes que morir de una manera tan terrible en el mar.»

Entre los que viajan en los cayucos, se da una gran diferencia: los pescadores y los que nunca han visto el mar. «Los pescadores no nos mareábamos y hacíamos nuestras necesidades en bolsas que luego tirábamos por la borda, pero los otros vomitaban y lo hacían todo dentro del cayuco.»

Un muchacho que está junto a Issa comienza a tener unas convulsiones muy fuertes. Intentan calmarlo. Le hacen lugar para que pueda tumbarse y lo tapan con una manta. Al rato van a ver cómo se encuentra. Ha muerto. «Lo envolvimos en la manta y, como no lo podíamos guardar, lo tiramos al mar. Nunca antes había visto morir a nadie, y menos de esa manera.» Cuando el marabú le dijo que iba a ser un camino muy duro no entendió sus palabras hasta que lo vivió. «Más tarde supe que mi madre no pudo hacer los sacrificios.»

Lo peor fue la llegada. Los interceptaron y los llevaron hasta el puerto, donde les dieron de beber y de comer. Pero los protocolos son lentos, estaban agotados y a Issa se le hace eterno hasta que los llevaron al centro de internamiento.* «Pasamos mucho tiempo hasta que pudimos descansar.» Antes del viaje Issa pensaba que en España podría encontrar trabajo con facilidad. «No me esperaba que la policía nos fuera a meter en una prisión y que todo resultase tan duro.» Lo repatriaron a los diez días. Ahora, un año después, sólo piensa en juntar dinero para volver a intentarlo.

* Nombre de la dependencia policial española donde se retiene a aquellos inmigrantes en situación irregular mientras esperan a su deportación.

No es ningún secreto: los jóvenes africanos tienen puesta su mirada en Europa. Y ante la dificultad de optar por las vías regulares para ingresar en el país, son muchas las maneras que han inventado para alcanzar su objetivo. Una gran parte de los senegaleses pertenecen al mundo urbano, con su impronta genuina pero mundo, al fin, inserto en la globalización cultural. Por ejemplo, escuchan y producen rap. Se trata de códigos globales y merecen una especial mención. Es claro el caso de Awadi, un rapero consagrado en cuya música aparece la realidad de la emigración. En 2006 presentó su tema «Sunugaal» («nuestra canoa», o «nuestro cayuco» en wolof). En la canción acusa al gobierno de Wade de la suerte que corren los jóvenes senegaleses que se dejan la vida por tratar de llegar a Europa. Su tema se convirtió en un éxito antes del lanzamiento oficial gracias a internet. Y es que la red es el nuevo espacio que compartimos y a través del que podemos acceder a la mirada del otro.

En Dakar, en el barrio universitario de Claudel, conocemos a Pepa, una gallega ingeniera en informática que trabaja en la embajada de España. Es amiga de los lectores españoles que imparten clases en la facultad de letras, y ahora, frente a una cerveza, nos va a contar algo interesante. Una nueva «perla» que ha encontrado navegando.

Junto a la universidad hay locutorios con acceso a la red y pequeñas cantinas y bares. Aquí, estudiantes y profesores de la Universidad Cheikh Anta Diop toman cervezas o almuerzan después de clase. Ésta es una universidad de vocación panafricanista y en ella estudian jóvenes de diversos países. Nos encontramos con Pepa en Le Logon, una de las cantinas más populares. Está regentada por un francés y su esposa senegalesa. La construcción es de una sola planta y está compuesta por un local cerrado y una terraza iluminada con luces fluorescentes. También hay mesas cubiertas con hules floridos. Un grupo de estudiantes marroquíes toma Gazelle, la cerveza nacional, y fuma sin parar. Al lado, unas chicas ataviadas con sus velos, comen *yassa poulet*, especialidad senegalesa a base de pollo.

Nos sentamos ante la única mesa libre y Pepa nos empieza a contar cosas sobre su hallazgo. Se trata de la página web *www.senegalaisement.com*. Pepa nos dice que es un sitio que aborda, con grandes dosis de humor ácido, diferentes aspectos de la vida en Senegal, entre otros la emigración. Más tarde le echamos un vistazo. Es políticamente incorrecto y puede escandalizar a más de uno. No exento de resentimiento y sin ser una opinión mayoritaria entre los inmigrantes refleja una mirada distinta desde la otra ribera. Machista, filosa e implacable pero inocua si la comparamos con el filo de las concertinas.

En un estudio publicado en 2008 por el Real Instituto Elcano sobre el tráfico de personas en cayuco, Francisco Javier Vélez, comandante de la Guardia Civil, denuncia cómo en esta página se consigue información necesaria para emigrar a Canarias en cayuco, «incluyendo precios, las zonas de embarque, los costes del viaje, qué hacer al llegar al destino, o cómo arreglar matrimonios de conveniencia».

De este modo, navegando en el sitio, encontramos un apartado titulado «¿Cómo llegar a Europa?». Comienza con una breve introducción en la que se realiza una oda a la llegada de cayucos a las costas canarias en primavera de 2007 a pesar de los dispositivos de control. Como si de una agencia de viajes se tratara, la página ofrece diferentes paquetes para entrar a la «Europa Libre», especificando en los mismos las ventajas e inconvenientes de cada uno. He aquí una selección.

1. El Pack Delivery (dar a luz en Francia)

Sólo vosotras, aventajadas senegalesas, podréis optar por esta modalidad. Francia practica la ley de suelo. Si dais a luz en Francia, sea producto del azar o por error, vuestro hijo será francés. Aunque no habléis una palabra de francés y estéis haciendo una escala en el aeropuerto Charles de Gaulle.

Si vuestro hijo es francés, a vosotras no os podrán expulsar. Seréis de la casa y la obtención de papeles será una cuestión de paciencia. ¡100 % de éxito!

VENTAJAS:
- No es obligatorio dominar la lengua francesa.
- Técnica segura y rápida.
- Técnica poco costosa.
- Prestación y protección social instantáneas.
- Comodidad del viaje en avión.

INCONVENIENTES:
- Debes estar embarazada.
- Obtener un visado de turista (en ocasiones un poco complicado).
- Solución imposible para mujeres menopáusicas o para los hombres.

ESTIMACIÓN DEL COSTE PACK DELIVERY: 610 EUROS (BILLETE CHÁRTER + VISADO + PASAPORTE)

2. El Pack Día D (viaje en cayuco)

Los desembarcos masivos en las Canarias son una buena solución para los hombres senegaleses. Principalmente para los más jóvenes. A contracorriente de lo que os hará creer la prensa occidental, el riesgo es nulo si las reglas de seguridad son respetadas.

De este modo, la mejor solución para penetrar en el territorio europeo es por las islas Canarias. El desembarco es más fácil y el más cercano a las costas senegalesas. No hace falta ser un estratega militar. Estos Día D serían imposibles en la playa de Omaha, Normandía. La distancia es demasiado larga.

La solución recomendada por *senegalaisement.com* es que un grupo de hombres de un pueblo pongan dinero para comprar un cayuco y un motor, bajo la forma de un ahorro popular llamado «*tontine*».

Un cayuco de cincuenta plazas con un buen motor (ver más adelante consejos de seguridad) no cuesta más de 3 millones de francos CFA (4.500 euros), lo que supondrían 90 euros por pasajero (60.000 CFA). La gasolina, la comida y los equipamientos de seguridad harán subir el presupuesto a un máximo de 150 euros por pasajero (100.000 CFA).

Algunos pasadores senegaleses ofrecen estas prestaciones incluidas en el viaje. En ocasiones, se trata de pescadores que poseen un cayuco. Evidentemente, no son voluntarios y esta alternativa siempre será más cara que la compra de una piragua en grupo (hemos oído que el precio está en unos 300 euros de Dakar a la isla de Fuerteventura). El sobrecoste os debe hacer reflexionar.

La armada senegalesa es más bien honesta e íntegra, con lo que es difícil de corromper. La policía marítima está igualmente presente. Tenéis que hacer una previsión de 100.000 CFA porque la policía está compuesta, en su mayoría, por ratas que no despreciarán 10.000 CFA por cerrar los ojos.

A saber: en ningún caso llevéis vuestros documentos de identidad. ¡No ser identificable es la clave del éxito! De hecho, si los policías fascistas europeos no saben cuál es vuestra nacionalidad, no os podrán expulsar a vuestro país. Aunque 1.500 africanos hagan esta nueva versión del desembarco de Normandía en cayucos pintados con los colores de Cheikh Amadou Bamba y tengan todas las posibilidades de ser senegaleses, no hay ninguna prueba. Y gracias a la Cruz Roja o Amnistía Internacional, si pasan varios días sin desvelar vuestra identidad, las posibilidades de éxito serán del 100 %. (Atención, la policía fascista europea emplea diferentes estratagemas para haceros trampa.)

Atención: el Pack Día D no es una solución fácil. Es indispensable llevar un chaleco salvavidas por pasajero, tanto en caso de accidente durante el trayecto, como en el mismo desembarco; dada la cercanía a las líneas enemigas podría ser necesario saltar al agua antes del arribo. Todo el material de seguridad debe estar presente y controlado, principalmente las bengalas, que si no son usadas durante la travesía podrán servir para avisar a otros cayucos de vuestro éxito.

Una vez que hayáis desembarcado, estaréis en territorio europeo. La circulación es libre. Podéis elegir el país en el que queréis instalaros. El único riesgo es pasar 24 horas en una prisión para un control de identidad. Os aconsejamos Francia o Bélgica, que son países francófonos. Miles de inmigrantes que han elegido el Pack Día D para Canarias (o el Pack Iron Coutain en los buenos tiempos de Ceuta y Melilla) evolucionan sin problemas en esos dos países.

En el caso de realizar el Día D a las Canarias, la etapa siguiente es España. De hecho, tras una corta estancia en un centro de reagrupación (donde comeréis mejor que en Senegal, seréis cuidados y alojados gratuitamente e incluso podréis llamar por teléfono), tendréis seguramente un billete de avión gratuito hacia el continente (a menudo vía Madrid) pagado por Zapatero (su nombre viene etimológicamente de la palabra zapato, objeto que sería deseable lanzarle a la boca). Si deseáis dejar este país, la puerta de salida más práctica es la línea de tren Port-Bou Montpellier. Es la solución menos costosa. Entre Port-Bou (España) y Cerbère (Francia), atravesad la frontera pasando por la colina. Los controles son numerosos, incluso en el tren.

Una pequeña parte de los abonados al Pack Día D fracasan en su empresa. La causa es siempre la misma: se descubre vuestra nacionalidad. ¡FRACASO, vuelta al punto de partida!

VENTAJAS:
- Adhesión a los principios de base de Francia (u otro país europeo), el conocimiento de la lengua no es obligatorio.
- Técnica relativamente segura.
- Técnica poco costosa.
- Visión turística de diferentes países (no olvidéis vuestra cámara de fotos).
- No hace falta tener un pasaporte (está incluso desaconsejado).
- Posibilidad de hacer amistad con los otros pasajeros.

INCONVENIENTES:
- Incomodidad del viaje.
- Tiempo de viaje y del periodo de retención e identificación.
- Incertidumbre en cuanto al destino final (Madrid, Barcelona, Málaga).
- Ligera dificultad de pasar las diferentes fronteras.
- Trabajo difícil durante el periodo en el que estaréis sin papeles (atención: se recomienda leer la prensa local para seguir la actualidad y saber qué país proyecta una regularización masiva con el fin de aprovechar las ofertas especiales).

ESTIMACIÓN DEL PACK DÍA D: DE 190 EUROS A 380 EUROS (COMPRA EN GRUPO DE UNA PIRAGUA O PASADOR + 10 EUROS PARA TELÉFONO).

3. Pack boda (casarse)
(Si después de leer las próximas tres líneas tenéis ganas de vomitar, no continuéis.)
Se trata de la solución más segura y barata, tanto si eres senegalés como si eres senegalesa.
Senegal recibe cada año un número importante de viejas zorras. Su inocencia es flagrante. Una inmensa parte de estas viejas zorras han elegido vivir su vida de «mujeres en total libertad». Pero han asumido este papel a los 45 años, una vez que sus nenes hace tiempo que se han ido de casa, y han dejado de ser apetecibles para la mayoría en Europa. Dejar a las compañeras de la oficina y la posibilidad de no acabar sus mediocres vidas de viejas zorras en soledad les hace encarar una alianza con un joven senegalés de buena gana. ¡¡TENÉIS TODAS LAS OPORTUNIDADES!!
Para ello es, como mínimo, necesario pasar temporadas en zonas turísticas (Saly, Gorée, La Somone, Nianing...). Es necesario acercarse a los grandes hoteles en busca de una vieja soltera de más de 38 años, no dudéis en halagarla con cumplidos sobre su físico, incluidas sus tetillas, aunque parezcan

una tortilla. El contacto puede ser bastante rápido. La desesperación de muchos años de búsqueda fracasada de un marido en Europa ayudará. Se lanzará sin pensarlo.

Mientras esperáis la partida, reclamad que os envíe dinero de manera regular a través de Western Union. Poned todas las excusas que se os pasen por la cabeza. Estas viejas zorras son estúpidas y, por lo general, apoquinan sin discutir. Le podéis decir que os hace falta dinero para pagar los taxis para ir a la embajada o los gastos médicos de vuestra madre. Comprobad si la viejarda es excepcionalmente estúpida y decidle que antes de partir hay que sacrificar un buey para agradecer a los antepasados de la región. En cualquier caso no dudes en buscar estratagemas originales o por el contrario contarle cualquier cosa por absurda que sea: como dice Chirac, «cuanto más grande sea, mejor pasa».

Una vez llegado a Europa, no caigas en la tentación de abrirte de inmediato. TENÉIS QUE ESPERAR UN TIEMPO PARA SOLUCIONAR TODAS LAS FORMALIDADES. Esta espera os parecerá larga, pero merecerá la pena: ¡tendréis LA NACIONALIDAD!

La espera os parecerá larga porque evidentemente la gente se preguntará qué hace una vieja de 40-50 o 60 años con un guapo y musculado senegalés de 20 o 30. Se darán la vuelta por donde paséis, tened en cuenta que las viejas zorras suelen llevar a su nuevo marido senegalés por todas partes (a conocer a su familia, a los colegas de la oficina, a la panadería...). Por otro lado, acostarse con ella durante quince días en Saly podía ser difícil, pero compartir la misma cama cada día podrá ser todavía más problemático. *Senegalisement.com* os recomienda que apaguéis la luz sistemáticamente y que intentéis imaginar que estáis con vuestra primera esposa o con vuestra prometida, la que se ha quedado en Senegal. En el peor de los casos, ponedle una almohada sobre la cara, siempre tratando de no ahogarla, y decidle que es una tradición senegalesa.

¡NO ES MÁS QUE UN MAL MOMENTO QUE PASARÁ! De hecho, una vez que obtengáis la residencia os podréis rajar. Siempre podéis tratar de buscar a una más joven y apetecible para estar siempre alojados y alimentados por la cara. INFOR-MAOS SOBRE LA VALIDEZ DEL VISADO porque sería una pena que fuerais expulsados y volvierais al punto «vieja en Saly».

Si sois humanistas, partid del principio de que le estáis dando un servicio. Le hará aprender. La próxima vez irá a la iglesia y quizá tenga una vida más sana. Visto que irá a lloriquear a casa de sus compañeras de oficina, les servirá de ejemplo. HABRÉIS CUMPLIDO CON ÉXITO VUESTRA MISIÓN MIGRATORIA PRESTÁNDOLE SERVICIO. ¡¡BRAVO!!

VENTAJAS:
- Adhesión a los principios de base de Francia (o de otros países europeos) y control de la lengua no son obligatorios.
- Inversión nula.
- Técnica segura.
- Giro de dinero Western Union durante el periodo de espera (podéis acumular más contactos durante este tiempo).
- Comodidad del viaje en avión.
- Alojamiento, comida y lavandería desde la llegada.

INCONVENIENTES:
- Tener que acostarse con una vieja zorra que tenga 10, 20 o 30 años más que vosotros.
- Tener que acostarse con varias viejas zorras hasta encontrar una lo suficientemente estúpida como para que os lleve.
- Tener que escuchar cómo suelta frases románticas desde la mañana hasta la noche.
- Vuestros amigos en Senegal se reirán un poco de vosotros.
- Vuestra primera esposa, que habéis escondido, puede que no os perdone.

COSTE DEL PACK BODA: 10 EUROS (PRECIO DEL TAXI A MBOUR. SALY + DJEMBÉ O CARNET DE ARTESANO).

4. Pack Estudiante (estudiar y no volver nunca más)
Solución ofrecida a los jóvenes de educación secundaria y a los estudiantes universitarios. El 96,5 % de los estudiantes no vuelven nunca a instalarse en su país. Es el circuito más prestigioso para salir de Senegal. El analfabeto total también tiene acceso, si tiene relaciones con el jefe de Estado (es así como se le llama al cabrón de Abdoulaye Watt), obtiene un visado de estudiante con la prima de un pasaporte diplomático.

VENTAJAS:
– La adhesión a los principios de base de Francia (u otro país europeo) no es obligatoria.
– Circuito seguro y legal.
– Trabajo remunerado y declarado desde los primeros meses.
– Comodidad del viaje en avión.
– Diploma universitario de fácil obtención en Francia (el 83 % de los estudiantes salen de la facultad y son incapaces de escribir un párrafo sin faltas de ortografía).

INCONVENIENTES:
– El visado de estudiante es difícil de obtener (a no ser que un político cabrón forme parte de vuestra familia).
– Imposibilidad de visado si eres un gran tonto que la cagó en la universidad.

COSTE DEL PACK ESTUDIANTE: 600 EUROS (PRECIO DEL VISADO, BILLETE DE AVIÓN Y TAXI PARA DAR VUELTAS POR DAKAR BUSCANDO A LA PERSONA QUE OS PUEDA HACER UN CERTIFICADO BANCARIO).

5

La acogida

El concepto de acogida y hospitalidad es amplio y difícil de encasillar en una definición. Podemos entrar en discusiones ideológicas estériles, pero lo que verdaderamente nos ocupa es observar el desarrollo de la solidaridad en la práctica. Una trama institucional en la que, como una telaraña, lo público y lo privado se imbrican en un funcionamiento burocrático que trata de responder a la urgencia inminente de los hechos y termina por convalidar, necesariamente, al sistema que les da sustento. Son muchos los peligros que encierra aceptar un orden instituido como absoluto y no advertir su relativismo moral. Los horrores de la historia nos han dejado buen ejemplo de ello, como el concepto de obediencia debida. Es cierto también que la posición de la crítica de quien no toma partido es cómoda e, incluso, fácil.

En las sociedades modernas, la democracia mediatiza los sentimientos de los ciudadanos y diluye su responsabilidad en las instituciones y en sus representantes. Sería ésta una forma de impostura democrática. De cualquier manera éste es uno de los puntos que evidencian la crisis social y moral en la que se sustenta nuestro sistema. Nos enfrenta a nosotros mismos con la interrogación: ¿Hacia dónde vamos? Para esto no habrá salidas de medias tintas, y el futuro que nos espera, nunca como antes en la historia, se dirimirá entre dos polos: civilización o barbarie.

Nuestra materia constitutiva es paradojal, luces y sombras se ciernen sobre nuestra especie. Lo cotidiano está abrumado de crímenes y actos heroicos, tan contradictorios a veces como lo expresa Raimon Panikkar cuando dice que san José fue el justo, por encima de todos, porque transgredió la ley al no denunciar a María por adúltera.

En este capítulo, acaso, desde el intelectual hasta el enterrador trataremos de rastrear esta «acogida hospitalaria».

JOSÉ SARAMAGO: UN DIÁLOGO SIN CONCESIONES

Hemos establecido un diálogo informal con el premio Nobel José Saramago, quien desde su atalaya de Lanzarote vierte su particular e incisiva mirada. Genuino y severo, su escepticismo toma la forma de la crítica radical equidistante tanto del pensamiento reaccionario como del progresismo autocomplaciente, que ha envilecido conceptos que ya nada significan en los actos y que habría que volver a redefinir. No en vano ha aseverado en más de una ocasión que, de alguna manera, estamos gobernados por el crimen.

Su pensamiento se ha ido deslizando a partir de un cuestionario que pretende indagar tanto en su toma de posición intelectual como en su experiencia vital.

—A lo largo de su vida, ¿cómo ha percibido y cómo se ha vinculado personalmente a la migración?

—Entiendo el fenómeno porque lo he vivido, de alguna manera, en propia carne: soy hijo de emigrantes pobres que abandonaron el campo y se fueron a la ciudad, Lisboa, buscando mejores condiciones de vida. Soy lo que soy porque mis padres emigraron y algo pude estudiar. Pese a las dificultades, vivimos en habitaciones realquiladas mucho tiempo, sin medios, salimos adelante. Otros no lo consiguen.

—¿Qué relación hay entre nuestra forma de vivir y el hecho de que haya personas en el mundo dispuestas a morir por llegar aquí?

—La desesperación y la falsa idea de que esto es el paraíso hacen que la gente se arriesgue. Lo malo es que las crudas, terribles travesías de quienes llegan en pateras o cayucos son sólo el triste prólogo de lo que les espera, que será tan duro o más. Y no tendrán siquiera la cierta solidaridad que provocan cuando los vemos llegar. Una vez que estos emigrantes desesperados están entre nosotros, comienzan a ser sujetos sin heroicidad y, muchas veces, molestos. Así somos.

—Desde su atalaya en Lanzarote, ¿cuál es su percepción de las personas que llegan en cayuco y patera, y la de sus realidades?

—Quisiera que no vinieran. Quisiera que fuéramos nosotros allí, a donde ellos están, a sus países, pero no para expoliarlos, como hemos hecho hasta ahora, sino para colaborar, para devolver lo que hemos sacado de África. Y no como caridad, sino como un elemental deber. De los estados, de los ciudadanos. Las grandes fortunas europeas muchas tienen su origen en África. ¿Cuándo vamos a empezar a exigir que se invierta allí?

—¿Son héroes los que están dispuestos a morir por llegar a Europa?

—Son personas desesperadas. Y a veces inconscientes. Y engañadas. Son nuestros semejantes, en cualquier caso.

—¿Qué siente cada vez que llega un cayuco a las islas?, ¿cada vez que se encuentran cadáveres?

—Me asquea lo que hemos hecho, este mundo de desigualdades en el que los valores son objeto de risa. Me dan pena las víctimas, pero también nosotros, nuestra indolencia, nuestra inoperancia. Nuestra ceguera.

—¿Qué suponen para usted la inquietud y el inconformismo? ¿Son valores que ve reflejados en la migración?

—El hecho de ser emigrantes no hace ángeles. Entre los emigrantes hay personas bondadosas y maleantes, como entre los que observamos. Y no sé si entre los emigrantes no estarán también establecidas las normas que nos hacen devorarnos los unos a los otros.

—¿Existe un desarraigo ligado a la pérdida de valores a través de la migración? ¿Es equiparable el capitalismo al canto de las sirenas?

—El capitalismo es el sistema con más fracasos sobre sus espaldas y con más tiempo de vida. Se podría decir que lo llevamos en la masa de la sangre, no se discute. Y no tiene nada que ver con el desarraigo: son conceptos distintos. Los emigrantes, todos, viven con dolor el desarraigo, pero en condiciones de extrema dureza ese desarraigo se puede resolver, o tratar de resolver haciendo uso de la violencia. En todo el mundo, en todos los tiempos. Y no es un estigma de la emigración, es una realidad. Las bandas que se unen para defenderse y que acaban atacando son sólo un ejemplo. Por cierto, estas bandas no son los únicos detentores de la violencia social: los escaparates invocando un consumo obsceno e ilógico desatan demonios en mucha gente.

—¿Cuál es el peligro de que no nos conmovamos, como sociedad, ante el sufrimiento del inmigrante venido en patera/cayuco?

—No es un peligro, es una realidad: nos hemos hecho inmunes a ese sufrimiento. Y ya se oyen voces que manifiestan hastío ante las pateras que aparecen. Incluso se protesta por los recursos que se emplean para salvar a personas. O se niega atender a los emigrantes, ya sean niños o adultos. Se está institucionalizando el egoísmo. Ocurre en las crisis, ahí damos la medida de lo que somos. Y me temo que veinte siglos de civilización cristiana no han hecho seres humanos mejores. Ni el iluminismo, ni la filosofía, ni las declaraciones universales: defendemos el territorio como cuando vivíamos en las cavernas.

—¿Estamos perdiendo humanidad? ¿Le parece que estamos perdidos en el laberinto de las apariencias? ¿El camino que llevamos como sociedad pierde espacios de cordura?

—Si no avanzamos, retrocedemos. Otras épocas no fueron mejores, pero no tenían los medios que nosotros tenemos ahora. En el siglo XXI podemos acabar con el hambre. Existen las fórmulas, no se emplean porque los poderosos no quieren y la gente de los países más industrializados o con mayor renta per cápita tampoco quiere. La gente no es inocente, vota no por principios, sino por intereses. En la mayor parte de los casos.

—En un mundo en el que el terrorismo copa todas las páginas de los periódicos, ¿de dónde nace el terror al inmigrante? ¿Se puede hablar de una sociedad enferma?

—Creo que sí, que la sociedad está enferma. Hay muchas clases de terrorismo: cuando se condena al hambre a zonas del planeta con las emisiones de gases que sabemos que provocan sequía, eso es terrorismo. Y las guerras para desarrollar la industria armamentística, eso es terrorismo. Y las campañas para destrozar a quien piense distinto, es terrorismo. Me refiero a ir contra otras culturas, pensando que la nuestra es mejor (y para algunos lo es) como para ridiculizar los principios, lo que los cínicos (el poder económico, o sea, el poder, siempre es cínico) llaman «buenismo».

—¿Qué tenemos que aprender de África y de sus habitantes?

—No lo sé, África es grande. Y hay luchas, matanzas y perversiones. El hecho de ser un continente masacrado no hace que la gente que allí viva sea toda inocente. No lo son, desde luego, muchos gobiernos. Y quienes les sirven.

—¿Cómo valora el camino político que se está llevando respecto a la inmigración? ¿Por dónde cree que tiene que venir el cambio?

—Tiene que haber un movimiento distinto al que se ha producido a lo largo de los siglos: antes íbamos a África a expoliar. Ahora tendremos que restituir. Y si no restituimos, vendrán ellos por lo que se les quitó. Y cuando vengan, no pedirán por favor. Si los organismos internacionales no se dan cuenta de esto, o están ciegos, o no les importa ni el presente ni el futuro: piensan que los que vengan detrás que acarreen con el problema. Lo que pasa es que el futuro empieza a ser ya; los que se han creído que el problema sería de sus hijos, se equivocan: es nuestro.

EL OLOR DE LA MISERIA

Óscar Martín, José Luis Manzanares y Fernando Marcos son tres guardias civiles pertenecientes al Servicio Marítimo —la policía integral en el medio marino— de la provincia de Las Palmas. Este servicio existe en Las Palmas desde 1998, año en que la inmigración en patera ya era un fenómeno de llegada desde la zona del Sahara. Su actividad está enfocada principalmente al control de la vía marítima. Lo que hacen estos policías es interceptar pateras y cayucos antes de su arribo a la costa. «Primero porque es más seguro, por el tipo de embarcación, y además para poder ejercer nuestra labor de policía fiscal y de control de la inmigración, que es una de las labores fundamentales del servicio marítimo.» En el cuartel de la Guardia Civil en Corralejo, Fuerteventura, aceptan contar sus experiencias en una charla en la que se emocionan, hacen chistes, protestan por la «mala imagen» que tienen y muestran trofeos recibidos «por su buen desempeño».

En un principio, la labor de la Guardia Civil en el control de fronteras se redujo a la zona del faro de Timanfaya, adonde llegaban todas las pateras. La Guardia Civil, en embarcaciones militares, se situaba a unas veinte millas de este punto y esperaba sigilosa a que llegaran las pateras que se guiaban por la luz del faro. «Era muy sencillito, pero a los cinco o seis meses se avivaron y cambiaron de sistema», recuerda Óscar Martín. Empezaron a llegar varias pateras al mismo tiempo, se separaban y mientras la Guardia Civil interceptaba una, el resto conseguía pasar. En aquella época las embarcaciones iban dirigidas por patrones, los propios pescadores marroquíes. «No teníamos los medios de ahora: cuatro barcos, cámaras térmicas y radares en la costa. En aquella época era a puro huevo.»

Cuando la inmigración era de origen magrebí y las pateras eran las embarcaciones de pesca tradicional no resultaba tan peligroso, porque tampoco iban tan cargadas. Óscar Martín recuerda que venían doce o quince personas, hasta que en 2002 continuaron las mismas pateras pero con treinta y cinco o cuarenta personas. «Le iban poniendo más tablas, la iban haciendo un poco más alta e iba entrando más gente.» Éste es el año en el que José Luis Manzanares se unió al servicio. «Los subsaharianos hacían el mismo trayecto en patera que los magrebíes, unas doce horas, pero con la diferencia de que quizás, habían estado en el desierto tres meses. Venían desnutridos. Además, la travesía en patera la hacen más apiñados, entumecidos, con hipotermia, quemaduras por el sol y el gasoil. Realmente, están agotados. Por eso, cuando la patera se da la vuelta y caen al mar, se hunden como piedras», asegura Manzanares.

El tráfico migratorio fue evolucionando hasta que pasó a ser, mayoritariamente, de origen subsahariano. En algunos casos el patrón los traía y volvía otra vez con la propia embarcación. Pero con la llegada del Servicio Marítimo se produjeron las primeras detenciones de patrones. Los marroquíes dejaron de ir y los propios inmigrantes eran quienes dirigían la patera con un poco de orientación. La embarcación dejó de ser la patera tradicional y comenzaron a fabricar lo que Fernando Marcos denomina como la «patera de un solo uso»: una embarcación poco marinera que fabrican los propios inmigrantes en el desierto con tablillas. «Aumentó el número de naufragios, porque son muy frágiles. También aumentó el número de inmigrantes, porque había mucha mayor rentabilidad para las mafias.»

La primera asistencia siempre es de la Guardia Civil. «En un principio no estaba ni la Cruz Roja, ni Médicos Sin Fronteras, ni Salvamento Marítimo, ni nadie que se quisiera hacer cargo de esto. Sólo nosotros. Íbamos, los interceptábamos, los acogíamos y les dábamos una mano con lo que llevábamos en el barco: pan, agua, galletas. Ahora llegan al puerto y aparece la parafernalia de la Cruz Roja. Pareciera que hay más gente de la Cruz Roja que inmigrantes», dice Martín exaltado. En aquella época eran algunas mujeres de los guardias civiles las que los atendían a pie de playa.

Interceptar

Cuando los efectivos de la Guardia Civil los interceptan, se acercan a la patera y se suben a ella para rescatarlos. Los tranquilizan y les indican quién tiene que salir primero, porque si se ponen todos de pie, corren el riesgo de que la patera pierda el equilibrio y vuelque. «Les hablamos en inglés, en español, en francés, en *moro*, sabemos decir las cuatro palabras necesarias para que estén tranquilos y no haya problemas. También han puesto unas grabaciones que dicen en cuatro idiomas: "Somos la Guardia Civil, permanezcan sentados, tranquilos, que se les va a rescatar"», cuenta Óscar Martín.

Manzanares relata el impacto visual y sensitivo de cuando llegan: «No se puede describir. El hedor es impresionante. Vómitos, heces, orina. Es olor humano reconcentrado. Huele a miseria.» Óscar Martín asegura que incluso hubo una patera que localizaron por el olor. «Sabíamos que estaba ahí, porque el radar la había detectado, pero no la veíamos. Apagamos el motor para ver si escuchábamos algo. De repente sentimos el olor y la encontramos: estaba a más de cien metros.»

Desde el año 2004 un acuerdo entre la gendarmería marroquí y la Guardia Civil estableció patrullas mixtas. «Una semana al mes nosotros patrullamos allí y una semana al mes ellos patrullan aquí. Esto se sigue haciendo actualmente. Nos llevamos bien, hay colaboración plena. Ellos saben cuándo interceptamos aquí y nos comunican también cuándo interceptan allí.»

En 2006 se redujo la llegada de pateras y el grueso de los inmigrantes subsaharianos empezó a llegar en cayuco, directamente desde Mauritania, Senegal o Gambia. «Cada vez que se va poniendo algún impedimento, alguna vigilancia, van buscando otro origen.» A partir del fenómeno cayuco ha surgido un cambio importantísimo, «nosotros patrullamos con nuestros medios en aguas de otros países: Mauritania, Senegal, y hay planes que se están acordando con otros países. Eso ha aumentado la eficacia en cuanto al control en origen. Lo que hacemos es patrullar, permanentemente, con una ayuda importante del Sistema Integral de Vigilancia Exterior (SIVE)». Se trata del moderno sistema de radares ayudado por una cámara que vigila toda la costa.

«Ahora mismo vienen bastante mal, porque el viaje es más largo. Ha habido muchos casos en los que hemos tenido que bajar a la patera para sacar a las personas porque vienen sin fuerza, están mareados o incluso muertos. Recuerdo un cayuco que llegó a Las Palmas en el que venían unas noventa personas. Descargamos a todo el mundo, sacamos montones de cosas, mil rollos de mochilas y ropas, hasta que quedó vacío. Al cabo de unos días alguien dijo que olía y descubrimos un muerto. Allí estaba. Había venido con ellos, los mismos inmigrantes lo sabían, pero no habían dicho nada», dice Óscar Martín.

Llegan bastante desorientados. «En los cayucos solemos encontrar coranes pequeñitos y crucifijos con cuentas. O sea que vienen musulmanes y cristianos. Hubo un día en verano en el que la mar estaba plana y decidimos dar un paseo a mitad de camino entre Marruecos y aquí, a ver si veíamos alguna patera. En la mitad encontramos una. Desde lejos los veíamos, se movían. Generalmente cuando nos ven se quedan quietitos, para que no los veamos, pero éstos gesticulaban como si estuvieran viendo a Dios. Luego nos dijeron que llevaban cuatro días con el motor averiado. Llevaban cuatro días a la deriva, y dio la casualidad de que se nos ocurrió pasar por allí, fuera de nuestra zona de trabajo. Estaban mal, no tenían ni una gota de agua ni comida. No iban a sobrevivir más de dos días. Eran unas treinta y cinco personas. Cuando nos vieron, vieron a Dios, o a Alá, al que quieran ver. Luego los medios lo muestran, pero nosotros somos los primeros que los vemos, en el momento puntual de llegar.» Achican el agua de la patera para que no se hunda y pasan más de una semana en la misma postura.

Naufragios

La mayoría de los naufragios ocurren a la hora de desembarcar. José Luis Manzanares recuerda la experiencia de un naufragio: «Fue todo muy rápido, una noche de mal tiempo, cerca de la costa. Llegó una patera sobrecargada, con más de cuarenta personas. Estaban muy nerviosos porque les alumbramos con un foco. La tierra estaba muy cerca, se escuchaba el ruido del mar que rompía contra las rocas. Si llegaban al rompiente morían todos, era una zona peligrosa, de piedras como cuchillas. Allí ha habido varios naufragios al chocar contra esas piedras. Hubo que sacarlos como pudimos, hacer que nos siguieran, porque corrían riesgo y nosotros también. Pero salió mal, porque venían muy histéricos.»

Los amarraron y pudieron transbordar a cuatro, pero se pusieron muy nerviosos y no hubo manera de controlarlos. Muchos se pusieron de pie y, al parecer, empezaron a pelear entre ellos por subir a la patrullera, entonces la patera se desequilibró y volcó. «Hay unas fotografías conocidas, de Juan Medina. Son de ese naufragio. Eran todos subsaharianos. Es mi naufragio, por así decirlo, porque yo estaba allí.» Fue todo muy rápido, rapidísimo. Hubo gritos, pero no tantos como uno se imagina, porque no tienen fuerzas ni para gritar. Llegan después de muchas horas con el agua por la cintura, entumecidos, y cuando caen al mar directamente se hunden, porque la mayoría no sabe nadar y el que sabe nadar no tiene fuerzas. «Están con la cabeza fuera, giras la vista para ver a otro y cuando vuelves a mirar esa persona ya no está. O les lanzas un aro y no saben cómo agarrarlo o cómo agarrar un chaleco. Es dramático y extraño, por el pánico.»

«Lo malo viene después, cuando piensas en lo que ha pasado, en lo que has visto. En el momento, con la adrenalina del trabajo y de salvar a la gente, todo es automático. Sólo quieres rescatar gente. En su momento el periodista también nos ayudó. Hubo personas que quedaron bajo la patera. Veías sus manos o pies sobresaliendo de la embarcación, como queriendo salir. Encontramos siete cadáveres. Evidentemente no haber rescatado a siete personas te duele, pero miras que has rescatado a veintitantos. Eso es lo que hay que mirar. Aunque para mí lo peor es cuando vienen niños. Una de las primeras pateras que tuve tenía siete embarazadas con hemorragias, sangrando, vomitando, y en el muelle no había nada: ni ambulancia, ni médicos, nada.»

El cayuco es diferente. Manzanares dice que hasta que no vio el primero no daba crédito. «Cuando llegas, ves solamente las cabecitas y parece que fueran pocos. Pero te acercas y ¡Dios mío! Hay gente que va apilada. Sacas una fila y abajo hay otra. Has sacado a todos y ves que ha quedado uno por ahí abajo, en el fondo, todo entumecido.»

Manzanares asegura que en general «se portan bien», sobre todo los subsaharianos. «Son más dóciles, por así decirlo. Captan mejor lo que les dices, se comportan mejor. Los magrebíes son un poco más rebeldes. Vienen con la lección ya enseñada: conocen esto, hablan español, muchos ya han estado en España. El magrebí ve que le has pillado y se envalentona, se pone cabreado, se pone malo. El subsahariano ve la salvación en nosotros, por así decirlo. Sabe que se le va a acoger y que casi seguro no se le devolverá a su país. Cuando nos llaman vamos pensando en el rescate, no en apresar a nadie. Luego vendrá la ley, que no depende de nosotros. Como personas, entendemos su situación.»

Muchos creen que Canarias es la península. Los guardias civiles cuentan que algunos al llegar gritan: «¡Barcelona, Barcelona!» Para Óscar Martín, cuando las barquillas llegan con buen tiempo y todos están bien, la sensación es fantástica, de labor bien hecha. «Hay gente que no ve nuestro trabajo. Nos gusta que haya un tercero que cuente lo que hacemos. Ha habido artículos en la prensa que dicen que los pasamos por encima. Hay cosas que indignan. Como Médicos Sin Fronteras, que lo primero que preguntaba a los inmigrantes es si la Guardia Civil les había pegado. La verdad es que después de dos años que llevábamos rescatando gente, eso toca los cojones.»

Un naufragio es tan terrible que puede dejar secuelas psicológicas. Desde luego a las víctimas, pero también a quienes las asisten. «Te afecta una temporada. Compañeros que se han tirado al mar cuarenta minutos y se les ha perdido de vista. El riesgo de muerte es muy elevado. Estás en el mar de noche y es muy fácil perderse. Después lees comentarios de políticos o de la prensa que dicen que les pasamos por encima, que les tratamos como delincuentes, o les maltratamos o torturamos. Me gustaría que les preguntaran a ellos la sensación que tienen sobre cómo les hemos tratado.»

Para Manzanares la inmigración es un fenómeno que adquiere relevancia según los intereses de los medios de comunicación o de los políticos. «Hasta que no hay muertes o avalanchas grandes, no trasciende. Pero para nosotros sí que tienen cara, nombre e historias. Algunas temporadas hemos tenido cinco cámaras en el muelle, fotógrafos. Y a los pocos meses venía otra y no había nadie. Varía según el interés, o el morbo. Porque si viene algún niño o cadáver los periodistas se movilizan rápido. Llaman y nos preguntan. Si no hay muertos, no vende. Pero nosotros estamos siempre ahí, salga o no salga en los medios.»

Fernando Marcos recuerda: «Cuando llegan piden agua, y se pelean por ella. Se matarían por beber. Para nosotros es un vaso de agua, pero para ellos es vital. Nosotros seríamos iguales, mataríamos por beber. Por más que digamos que somos civilizados. Es la miseria humana.»

«SI NO HUBIERA UNA CÁMARA, NO EXISTIRÍA»

Juan Medina es un fotógrafo argentino que actualmente trabaja para la agencia Reuters. Muchos le han llamado «el fotógrafo de la inmigración» porque está implicado con el tema desde fines de los noventa, la época en que empezaron a cruzar pateras del Sahara a Canarias. Vivió en el archipiélago durante varios años y todavía sigue el fenómeno. Llega a nuestro encuentro con un libro de fotografías bajo el brazo, donde aparecen imágenes tomadas en el naufragio descrito por los guardias civiles que le valieron el prestigioso premio World Press Photo.

Su labor de fotógrafo retratando la inmigración fue como cualquier otro trabajo de agencia. Al ser corresponsal en una isla y sin oficina, siempre tenía una absoluta flexibilidad y estaba en permanente situación de emergencia, con los ojos bien abiertos. De lo contrario corría el riesgo de no tener la noticia. «Mi trabajo suponía estar atento porque no era poco lo que pasaba, sobre todo en los años 2003 y 2004. Fue un flujo constante. En las estadísticas parecía que era un número de gente menor al de los cayucos. Era porque en las pateras venían entre 45 y 50 personas. Pero había días de hasta seis pateras.»

Hubo casos esporádicos en los que, movidos con permisos de medios extranjeros, los periodistas consiguieron embarcarse con la Guardia Civil en el Servicio Marítimo. «Los que vivíamos allí nos subimos en ese carro para poder retratar la realidad desde ese punto de vista.»

El que está en esta profesión sabe que estar atento depende de muchos factores, sobre todo estar bien informado. Fuerteventura, a pesar de ser una isla pequeña, tiene más de cien kilómetros de costa. «Nadie sabía por dónde iban a llegar. Así que la labor supone una investigación constante hablando en los chiringuitos con muchísima gente, subir, bajar, observar, vigilar lo que hacen la Guardia Civil y la policía para seguirlos. Lo típico que hace un fotógrafo.»

En un primer tiempo, cuando no había ninguna atención a los inmigrantes en la playa, los periodistas salían motivados por alguna habladuría o un informante que les reportara de la llegada de una patera. Calculaban el tiempo, miraban las mareas y deducían por dónde podía llegar. «La sensación que había era de peligro total. Aunque, sinceramente, no fuimos testigos de muchas llegadas. En total avisté cuatro o cinco en un periodo de diez años.» Era muy difícil llegar en el momento justo, además la mayoría de las pateras se interceptaban en alta mar. Se ha generado mucha discusión en torno a la actuación de Salvamento Marítimo y de la Guardia Civil, si es positiva o peligrosa, dada la complicación que comporta la maniobra de detener una patera en alta mar. Desde diferentes posiciones se ha planteado por qué no les dejan llegar. Para Juan Medina no hay respuesta. «El hecho en sí es que la patera es una embarcación pesquera pensada para pocas personas. Interceptarla en alta mar es peligroso, pero dejarla llegar hasta la costa también.» Es una isla volcánica en cuyos picos encallan incluso los barcos dotados de radares y sonares. «Muchas veces se han cargado las tintas contra Salvamento Marítimo, porque hablar es gratis. De lo que siempre se elude hablar es del hecho en sí. ¿Qué hacen estos tipos en el agua?»

Juan Medina mira hacia atrás y recuerda que ahora los cayucos salen directamente de Mauritania o Senegal para llegar a Canarias. «Sin quitarle la dificultad que significa hacer esta travesía, diez días de mar muy jodidos, las pateras del Sahara traían personas con historias durísimas. Quizás habían salido de Camerún y pasaban por varios países. Eran maltratados en todas las fronteras por los gendarmes de turno. Meses, incluso años, dando tumbos. Las condiciones en las que llegaban las personas en patera a Fuerteventura eran terribles, mojados y malnutridos, cuando no llegaban muertos. Por eso fue un hecho escandaloso que durante muchos años estas personas no fueran atendidas como corresponde.»

Para comprender cómo fue la acogida durante esta época, habría que destacar dos elementos: por un lado, la solidaridad de los vecinos de los pueblos, que salían a atenderlos con comida y ropa. «Recuerdo cómo en Pozo Negro cuando los inmigrantes llegaban con bebés —cosa habitual— los vecinos se volcaban con ellos, les llevaban ropa y comida.» En Fuerteventura y Lanzarote no hubo casos como el de Puerto de los Cristianos, en Tenerife, donde grupos xenófobos han salido a repudiarlos. Y por otro lado, los gobiernos que, contrariamente a la población, no se comportaron a la altura de las circunstancias. «Una vez que son detenidos, el drama continúa. Utilizan eufemismos para encerrarlos en condiciones lamentables.»

Juan Medina también es crítico con algunas actitudes moralistas de los medios. Recuerda que un 23 de diciembre llegó una patera con once muertos por hipotermia. Al día siguiente era Nochebuena. «La imagen de Salvamento Marítimo con todos los cadáveres en el barco era terrible. En los periódicos, al contrario de otras veces, había mucho interés en saber si los cuerpos ya estaban metidos dentro de las bolsas para ponerlo en las portadas. Luego, en el interior del periódico, sí se mostraban los cuerpos. Soy muy crítico con este doble mensaje. Ninguno de los que trabajábamos en esto hacíamos fotografía forense. Pero hay que mostrar que la gente muere, y para ello hay que fotografiar muertos, nos guste o no.»

Con la labor de la Guardia Civil, Juan hace dos lecturas. «Los que están trabajando en el Servicio Marítimo en Fuerteventura llevan muchos años en esto. Han estado en muchísimas situaciones de riesgo, en las que han muerto muchísimas personas, y están muy concienciados. Sea cual fuera la opinión que uno tenga al respecto, a nadie le gusta que frente a uno mueran personas un día tras otro, o correr el riesgo de morir uno mismo. En mi opinión, el tratamiento del Servicio Marítimo con las pateras ha sido bastante bueno. Por otro lado, hay que ver si los efectivos de la Guardia Civil disponen de los elementos adecuados para hacer los salvamentos. Esto es otra cosa, disponer de los medios para asegurar un buen rescate tanto para la seguridad de la persona rescatada como para ellos. Para los medios de los que han dispuesto, han hecho más de lo que nadie hubiera podido. Pero no se trata de un tema coyuntural, como para que el Estado no lo haya planteado mejor.»

El día que Juan salió con la Guardia Civil, en el año 2004, fue a través de un permiso que pidió la agencia Reuters. Embarcaron de noche. Había una patera que estaba relativamente cerca de la costa, en la Punta de las Burriquillas, en Jacomar. La patrullera se aproximó a la patera y les dijo a los tripulantes que se acercaran poco a poco a ellos. Mantuvieron la patera al lado del barco, mientras la Guardia Civil les indicaba que fueran subiendo a la patrullera sin que se descompensara la barquilla, atestada de inmigrantes. Así empezaron a subir uno a uno. «Yo estaba sacando fotos desde ahí y estorbaba. Sólo hay sitio para dos. Suelen ser los guardias civiles que ayudan a subir, así que me quité de en medio. Según estaba subiendo las escaleras para dejarles trabajar, escuché el grito. Se había dado la vuelta la patera y yo no lo había visto. Escuché el grito de desesperación de la gente y de los guardias. Durante todo el tiempo hubo un pánico terrible y total. Todos querían subir a la vez.» Hay fotos donde se ve todo el proceso en el que la gente quería subir y cómo discutían y se decían «tranquilicémonos».

Después de tanto tiempo en el agua vieron la embarcación y todos quisieron subir a la vez. «Eso es lo que pasó, todos se pusieron en una banda y se dio la vuelta la patera. Rápidamente empezaron a lanzar salvavidas y empezaron a subir gente como se pudo. Desaparecieron once personas. De los cuarenta sólo se salvaron veintinueve. Para mí, no deja de ser sorprendente cómo no murió más gente, porque todo esto ocurrió en un lapso de dos minutos. Incluso después de lanzar los salvavidas y subir a todo el que se pudo, bajaron en lanchas neumáticas para ir recogiendo a todos los que estaban agarrados a algo. Uno de los últimos que rescataron era un chico al que daban por muerto. Cuando lo subieron vieron que se movió. Un guardia civil le hizo la RCP y se salvó.»

Juan Medina muestra una de las fotos por la que recibió el premio y dice que para él esta foto resume la diferencia entre nuestras dos sociedades. En ella se ve a varios inmigrantes en el agua, tratando de aferrarse a los salvavidas. Los rostros son de verdadero pánico. «Tratan de no ahogarse. Parece un accidente, pero no es un avión que se cayó ni un barco que se hundió. Es un montón de gente que viene sistemáticamente en patera. El barco es Europa y todo lo demás, toda la gente que está ahí trata de salvarse. Creo que esta foto resume el problema de la inmigración. Aquí se ve una mano, ahí se ve otra, pero el barco, al ser tan angosto, dejaba a mucha gente fuera. Este otro chico no corrió la misma suerte. Tuvo pánico. No lo puedo decir porque lo viera en el momento, sino por las fotos que vi después. En la cara tenía la expresión de "me voy a morir". De hecho, desapareció ahí mismo.»

Juan dice que la sensación fue de impotencia y de vergüenza. Y que la reacción de los guardias civiles fue la de «menos mal que hay un fotógrafo y un periodista que pueden dar fe de que no los tiramos y del estrés que pasamos en el rescate».

Muestra otra foto: «Esta imagen trajo mucha cola. Se escribieron ríos de tinta, porque se ven perfectamente las condiciones en las que vienen. Retrata una imagen extrema. Después de esta foto todo el mundo te pregunta "¿y tú qué hiciste, qué sientes?". Qué importa lo que yo sienta, lo importante es qué hace ese pibe en el agua. Si se suscita un debate de cómo trabaja cada uno, entiendo que si se pregunta es porque se desconoce la profesión. La negación de auxilio es un delito y es un tema recurrente en el fotoperiodismo. Está el caso de la famosa fotografía de Kevin Carter en la que aparece un niño con un buitre detrás. Sinceramente, son discusiones completamente peregrinas. Todo lo que el periodista puede hacer —y no es poco— es hacer visible el horror de este hecho. No voy a hablar de lo que yo hice porque es ponerme en el eje.

»Lo que está claro es que esta situación tiene difícil solución con la política que se está llevando a cabo con los gobiernos africanos. Cuando España habla de puente de civilizaciones, pienso que quieren hacer un puente para evitarse el vuelo y mandarlos a todos en autobús para allá. Éste es el puente que hay. Si el puente de civilizaciones supone subir seis metros más la valla, no entiendo cuál es la diferencia entre la política del PP y la del PSOE. Si en el debate previo a las elecciones Rajoy y Zapatero se pelean para demostrar a ver quién echó a más inmigrantes está claro qué camino va a seguir este país, porque los dos partidos están de acuerdo.»

Las fotos de Juan tuvieron mucha repercusión. No hubo periódico que no las publicara. Aún hoy día, cuatro años después, la gente se sigue conmocionando cuando las ve. No es el hecho de ver una foto sino diez seguidas. La estructura de lo que se cuenta toma otra dimensión. «A mí el mundo de la migración me dio la posibilidad de ver cómo actuamos como sociedad. Lo único que yo he hecho en este lapso es documentar una realidad. Pretender que una foto pueda cambiar el ritmo de la historia es bastante ingenuo. Pero el documento está ahí para quien lo quiera ver, que no es todo el mundo. Por lo menos se genera un debate. Si no hubiera una cámara, no existiría. Es así de cruel.»

EL SEPULTURERO

Javier Armas es el sepulturero municipal de Antigua, en Fuerteventura. Nos encontramos en la puerta del cementerio. Los muros son blancos y el suelo de picón negro. Nada más entrar, están los nichos ocupados por los muertos de las pateras. En la parte derecha de los mismos descansan los habitantes de la localidad y en la izquierda las víctimas de esta tragedia. Javier asegura que es por un tema estético: «Los inmigrantes no tienen lápida.» Pero, para la red Migreurop, «estos muertos sin nombre y sin número dicen mucho del proceso de deshumanización de los migrantes, reducidos al estado de individuos número que pueden desaparecer sin dejar rastro».

Javier ha colaborado muchos años en temas relacionados con la inmigración. Empezó hacia el año 2000. «Me llaman para identificar cadáveres o para lo que haga falta: el entierro, dar sepultura.»

Para Javier lo peor ha sido reconocer cadáveres. «Yo soy padre. No me gustaría que mis hijos pasaran por ahí. Ojalá esta gente no tuviera que ocupar más nichos. Además, los que están enterrados son los que han aparecido, pero ¿cuántos se habrán perdido en el mar?» En Fuerteventura puede haber unas 150 personas enterradas que vinieron en patera. Durante cinco años fue incesante. «Recuerdo las llamadas de la funeraria. Sólo pensaba, "joder, cómo se puede morir tanta gente".»

Un día, estaba enterrando a siete personas y de pronto lo llamaron para enterrar a otros trece. Fue al Faro de la Entallada, donde le esperaban tres coches cargados hasta arriba de personas sin vida. Tuvieron 72 horas de trabajo sin descanso. «Fue duro, porque eran muchos cadáveres juntos y en muy pocos días. Todos eran chavales de 17 o 18 años y quieras o no tienes corazón.

Cargábamos cadáveres como si fueran sacos de papas en los furgones fúnebres. Son para cuatro y metíamos hasta seis.»

A no ser que el juez mande enterrarlo directamente, siempre vienen un cura y alguna autoridad política. Cuenta Javier que en una ocasión vino un helicóptero que traía un cadáver de alta mar en un alto estado de descomposición. «La gente no podía aguantar el olor, pero yo era el responsable del cementerio y tuve que darle sepultura. No es una experiencia bonita, pero para mí ha sido importante. El día de Todos los Santos el ayuntamiento siempre pone un ramo de flores.»

Casi ningún nicho tiene lápida. Sobre el cemento se escribe la fecha, la palabra «inmigrante» y el número. «Esto es lo más triste, que se vengan a buscar la vida y terminen como "inmigrante número 10".» De hecho, una vez Javier se enfrentó a un cura, en Gran Tarajal, que quería que le pusieran un nombre.

—¿Cómo lo vas a poner sin identificar? —dijo el cura.

—Cómo le voy a poner nombre si no lo sabemos. Es un cadáver sin identificar que ha muerto en una patera y eso vamos a poner.

Sólo llevan un número que va en el pecho, sobre la caja, y en la tapa. Javier cuenta que alguna vez se han reclamado cadáveres. Se les hizo la prueba de ADN y se mandaron a sus países de origen, pero han sido los menos. La mayoría no han sido reclamados. «Algún día habrá que sacarlos de los nichos y meterlos en el osario.»

CABEZAZOS CONTRA LA LEGALIDAD

María Mena es una abogada burgalesa que pertenece a una familia de prestigiosos letrados. Vive en Fuerteventura desde hace siete años. Dice que cuando llegó a la isla tenía muchas ganas de trabajar con inmigrantes porque había estado en Australia durante una temporada sin papeles y «comprendía lo que era que te pidieran los papeles todo el rato y no poder trabajar». Presentó su currículum en varias instituciones hasta que la contrataron en Cruz Roja como asesora jurídica.

Mientras ocupó ese puesto, le llegaron personas de todo tipo: sin papeles, con papeles que querían renovar, con papeles que querían reagrupar, muchos africanos, argentinos, uruguayos y también, en menor medida, personas de Europa del Este. Cuando empezó, Fuerteventura era uno de los principales puntos de entrada. Había una afluencia de pateras enorme y surgieron muchos problemas en el viejo centro de internamiento, principalmente porque se daba una situación de hacinamiento. Lo mismo ocurría en la Cruz Roja, donde había un centro de acogida para mujeres embarazadas y con niños. Muchas veces no daban abasto. «Esto fue en aumento durante un par de años hasta que llegó un momento en el que parecía que la isla se hundía.» Había que derivarlos a Tenerife o a Las Palmas. El flujo empezó a rebajar poco a poco hasta que implementaron una serie de medidas de control, como el radar entretanto empezaron a abrirse otras rutas.

A los centros de internamiento sólo tienen permitida la entrada los miembros de la Cruz Roja. En aquella época, el CIE de Fuerteventura estaba en el aeropuerto viejo, un edificio inmundo al que podían entrar cuatro voluntarios. La policía nunca le permitió acceder a María como abogada, pero sí puedo hacerlo como voluntaria. Llevaba kits de comida, sábanas, y hablaba con la gente. «Un poco de tapadillo. En el aeropuerto viejo se te caía el corazón a los pies: estaban fatal. Había una sala para mujeres y otra para hombres. Cuando entrabas había un olor bestial, estaban totalmente hacinados, unos encima de otros. No había condiciones de ningún tipo para que hubiera gente internada allí durante un mes.»

Había un par de policías en la puerta. «Creo que estaban más acojonados que otra cosa porque tampoco sabían bien qué hacer si un día le daban una patada a la puerta, algo que nunca pasó.» Habría 800 personas recluidas con dos guardas. Se daba una situación de insostenibilidad, mientras los políticos decían en el Congreso de Madrid que los inmigrantes estaban muy bien en Fuerteventura. Hasta que los de Médicos Sin Fronteras entraron con una cámara camuflada e hicieron fotos. «Hubo una movida política muy gorda. Durante una época la policía no nos dejó casi ni entrar a nosotros. No querían que se supiera en qué condiciones estaban, aunque tampoco le importa mucho a nadie. Era una auténtica vergüenza, pero Cruz Roja nunca denuncia porque se atiene al principio de neutralidad. Incluso cuando te incorporas a trabajar, en el organismo firmas el contrato de confidencialidad y no puedes hablar con nadie de tu trabajo.»

El suizo Henri Durant en su obra *El recuerdo de Solferino* sentó uno de los principios de la Cruz Roja al afirmar que la finalidad de ésta será «cuidar de los heridos en tiempo de guerra por medio de voluntarios entusiastas y dedicados, perfectamente cualificados para su trabajo». El principio de neutralidad fue determinante en el espíritu asistencial de la Cruz Roja desde su origen. Así se podría prestar ayuda humanitaria a quien la precisara y, en estos casi ciento cincuenta años, la organización de socorro ha podido entrar en infinidad de conflictos armados. «Cuando se trata de asistencia sanitaria está muy bien, pero cuando se extiende a servicios sociales se da otro tipo de problemas. Entiendo que si entras en un centro de internamiento y no denuncias estás siendo cómplice de la policía. Pero éste es un principio que está instaurado desde hace muchos años y no se ha cambiado.»

María entiende la dificultad que tuvo que sobrellevar la población de una isla como Fuerteventura. Sin infraestructuras de ningún tipo, empezaron a llegar miles de personas. «No se sabía qué hacer con ellos. De la primera vez que entré en el centro de internamiento recuerdo sobre todo la sensación de absoluta oscuridad. Pregunté: "¿aquí no entra la luz?". Es cuando descubrí que había unos grandes ventanales pintados de blanco que impedían que entrara la luz. Creo que era para que no lo viera la gente desde fuera. La situación para los de dentro era terrorífica: en un cubículo opaco, húmedo y sin aireación. El siguiente CIE que visité fue el Campamento Valenzuela, un antiguo campamento militar. Este centro nació un poco como todos los centros de internamiento de Europa, como una prisión. Tienen su patio para estar unas horas, tienen sus celdas. La sensación es la del corredor de una cárcel.»

El régimen de los centros de internamiento es, efectivamente, carcelario, pero en lugar de funcionarios está la propia policía y en lugar de presos que han cometido un delito hay personas que han cometido una infracción administrativa. «Es como si, por aparcar mal, te metieran en la cárcel. Sólo han entrado a España por un lugar que no es la frontera. Teóricamente están retenidos durante cuarenta días. Éste es el tiempo máximo que utiliza la policía para intentar repatriarlos. Si en este plazo no lo han logrado, tienen que liberarlos.»

Repatriaciones

En las repatriaciones María recuerda que vivieron todo tipo de situaciones, incluso en las que el presidente de Cruz Roja intervino por personas muy enfermas. «Recuerdo a un chico que tenía un tumor cerebral en una fase bastante adelantada. Cruz Roja intervino para que se quedara aquí porque en África no iba a tener ningún tipo de posibilidades. Además, la ley lo protege. La policía se comprometió para que se quedara aquí. Cuando el presidente fue a buscarle, la policía lo había metido en un avión y se lo había llevado. No puedes denunciar. Venía el cónsul y señalaba a quienes deportarían. Dado que en este proceso muchas veces mediaba dinero, es decir la policía pagaba por cada persona que se llevaban, al cónsul le interesaba llevar al máximo posible. He visto casos y me lo ha dicho la propia policía, gente de habla francesa que se la llevaban a Ghana. Casos en los que es imposible que sean de tal país porque son anglófonos o francófonos. Pero es que llega el cónsul y dice, "éste, éste, éste y éste". Venga, cuarenta para el avión. Con esto quiero decir que en las repatriaciones ha habido vulneraciones de todo tipo. Lo que pasa es que se daba una situación de secretismo, de masificación y de rapidez en la que era imposible luchar por todos.»

Demandantes de asilo

En un principio, a los recién llegados que demandaban asilo los derivaban a CEAR, hasta que también le pidieron a María que se encargara de atender estos casos. Fue durante la regularización masiva. «El tema del asilo requiere un tratamiento muy especial, saber muy bien lo que le estás preguntando, entrevistas muy concretas. Lo otorgan en muy pocos casos. Hay casos que claman al cielo, prácticamente tienen que venir con un cuchillo clavado y no se lo dan. Se dan tantos asilos al año, y una vez que se supera el cupo, aunque sea un caso flagrante, no se lo dan. Creo que, por temas políticos, se lo dan más a colombianos. A uno del Congo se lo concedieron, su situación era bestial. Este chico había estado a punto de ser tirado a un estanque con pirañas. Conseguimos que se lo atendiera a trámite, así por lo menos estaba un año, año y medio tranquilo hasta que le dieran una respuesta. La ley lo protege y supuestamente no lo pueden devolver a su país, pero muchas veces están condenados a volver. Son situaciones muy dramáticas.»

La mayoría de los inmigrantes vienen por motivos económicos. Sin embargo, para María, a un nivel ético vital, cualquiera que venga de África puede pedir asilo. «Imagínate, guerras tribales, inseguridad, no es sólo dinero, es por la seguridad física, la de tus hijos y la de todos.» A muchos que son susceptibles de recibir asilo los repatrían igual, como si fueran inmigrantes económicos. El perfil del inmigrante es muy variado: hay personas con carreras universitarias que hablan perfectamente francés o inglés y gente que sólo habla el dialecto de su zona.

En el tiempo que trabajó en Cruz Roja, María fue testigo de muchos casos trágicos de mujeres que esperaban a sus maridos en la casa de acogida. A veces salían ellas de África con el niño o embarazadas y el marido se quedaba en Marruecos y venía más adelante. «A veces no llegaban. Me acuerdo de una chica, Cristiana. Recuerdo la tarde que le dieron la noticia de que su marido había muerto en la patera. Tuvimos que llamar a una ambulancia. Le dio un ataque de histeria. Tuve que coger al niño y llevármelo a un parque, porque el niño estaba flipado de ver a su madre. Estaba tirada en el suelo dando unos gritos horrorosos. Hicieron un entierro, pusieron una lápida con un número. Previamente tuvimos que acompañarla a hacer el reconocimiento de cadáveres a la policía. Nunca antes había visto cadáveres de ahogados en mi vida. Tenían los ojos comidos por los peces. Mientras, ella estaba con la Biblia puesta en el pecho, cantaba rezos. Al parecer en el mar, por los peces, pierden la piel. Es muy fuerte, era como si le faltaran trozos. Ella lo reconoció perfectamente, a él y a varios de su mismo pueblo.»

La percepción de la justicia de María, antes de trabajar en Extranjería, era a través de la óptica de su familia, en la que hay jueces, fiscales y abogados. Había trabajado en un despacho un tiempo, pero no de una manera muy profunda, y su percepción era otra. «Sabía que las cosas no funcionaban bien, pero en mi familia hay una creencia en la justicia; son muy legalistas. Lo había mamado un poco.» Después de trabajar en Cruz Roja, tiene una percepción «mucho más realista». Asegura que pareciera que el sistema no está hecho a la medida de las personas, responde a otros intereses. «La ley está escrita, pero adaptarla a cada caso personal es terrorífico. A la ley no le importan una mierda las situaciones particulares.» Muchas veces se ha sentido dándose de cabezazos contra una pared al llevar adelante casos en los que estaba en juego el futuro de alguien con rostro, pero que en una determinada instancia —en delegación de gobierno o en un recurso— se encuentra con una generalidad tan grande que María —cuenta indignada— sólo quería gritar: «¡Pero joder, sólo es un ser humano que quiere trabajar!»

LOS AÑOS OSCUROS

> ... y Ulises pasábase los días sentado en las rocas, a la orilla del mar, consumiéndose a fuerza de llanto, suspiros y penas, fijando sus ojos en el mar estéril, llorando incansablemente...
>
> *Odisea*, Canto V, 150

El faro de la Entellada ilumina el mar: un haz de luz, nueve segundos de oscuridad, un segundo destello, dos segundos de oscuridad y el tercer haz de luz. No es una alucinación. Van en buen camino. Lo que divisan en el horizonte es la costa de Fuerteventura. El mar, como un plato, refleja las estrellas, la Vía Láctea, que desde tiempos inmemoriales marca el camino hacia el oeste. La quietud y el silencio sepulcral son preludio de lo inexorable. Atrás quedan la travesía terrible, el trato con las mafias y los meses en el desierto. Pero, como suele ser, lo peor está por venir, porque el sufrimiento no conoce de límites. Favour Idown es una nigeriana de 20 años que viaja con su marido y su hija de apenas seis meses, nacida en el desierto mientras sus padres esperaban poder salir. La familia viaja rumbo a Canarias separada en dos pateras. Antes de salir Favour le ha entregado el bebé a su marido, Ronald, para que la cuide.

Desde el continente a Fuerteventura hay ochenta millas y las embarcaciones utilizadas son poco marineras, auténticos cascarones de nuez. Las calafatean los propios inmigrantes antes de salir. La madera de estos ataúdes flotantes parece de embalaje de frutas y los clavos amenazan con saltar en cualquier momento, vencidos por el peso de la sobrecarga. El guardia civil de turno se sobresalta: los radares le avisan de que se aproximan dos pateras. Avisa a sus compañeros y se aprontan para interceptarlas. Ronald abraza con fuerza a la pequeña Irene, mientras el resto de sus compañeros achican sin descanso. Es la guerra que se libra contra el tiempo en estas sobrecargadas naves. Aunque la mayoría de los naufragios ocurren a la hora de desembarcar, a tan sólo dos metros de profundidad y a pocos metros de la costa.

En la madrugada del 16 de abril de 2004, en la zona de Jacomar, la familia Idown se destruirá para siempre. Por aquí se encuentra un volcán, y muchas puntas y riscos sobresalen. La Guardia Civil intercepta las embarcaciones, pero ambas pateras chocan y una de ellas, en la que viajan el bebé y el marido de Favour, vuelca. El trágico accidente se cobra la vida de dieciséis personas, entre ellos Ronald e Irene. Durante varias horas Favour los busca desesperadamente. Los cadáveres aparecen más tarde. Favour y los otros 45 supervivientes son recluidos en el centro de detención. Muchos están heridos por las rocas y han recibido sólo una primera cura de urgencia a pie de playa.

Favour está desesperada, pero Ramón Paniagua —delegado

del gobierno— la mantiene tres días encerrada, a pesar de que entre las víctimas estuvieran su hija y su marido. El delegado ignora las peticiones de Cruz Roja para que la lleven a su piso de acogida. Favour ni siquiera puede reconocer personalmente los cadáveres de su hija y su marido: lo hace a través de fotografías.

Las peticiones de ONG, sindicatos e instituciones se multiplican y Favour puede asistir al entierro de su hija y de su marido. Javier Armas, el enterrador de Antigua, todavía se acuerda: «Lo más duro fueron los cadáveres número uno y número dos.» Eran el padre y el bebé. «En medio de la tragedia, tuvimos un problema inmenso con la prensa. La madre, que había sobrevivido, quería intimidad y no la respetaban. Tuve que enfrentarme a todos. La policía municipal no tomaba medidas y tuve que hablar con el alcalde. Había que respetar estos momentos tan duros y la prensa sólo quería esas imágenes. Cuando fueron a entrar por esa puerta como aviones me puse delante, le puse la mano en el objetivo a una cámara y llamé al alcalde. Le dije que la madre me había pedido que no entrara nadie. El alcalde lo entendió. La madre estaba destrozada, rodeada de gente de la Cruz Roja. Dispusimos que los cuerpos vinieran en dos coches fúnebres. Les di sepultura y luego se enterró a las demás víctimas del naufragio, catorce más, una auténtica burrada.»

Durante el tiempo que Favour pasa en la casa de acogida de Cruz Roja se hizo amiga de María Mena, la abogada de la organización. «Venía mucho a hablar con nosotras a la oficina. Era una mujer alegre, dentro de lo que le había pasado. Empecé a hablar con ella y establecimos una relación personal bastante fuerte.» Al cabo de un mes y medio en el albergue, María y sus compañeros piensan que Favour está mejorando, pero reciben una llamada de la policía en la que les avisan de que la han cogido en el puerto. Había intentado suicidarse.

María va a verla al hospital con el psicólogo de la Cruz Roja y le pregunta por qué lo ha hecho, si estaba por conseguir los papeles. Con absoluta calma y seguridad, la joven nigeriana le dice que su marido y su niña la han visitado por la noche y le han dicho que se tiene que ir con ellos. Favour se había levantado y se había ido al mar para estar con ellos. «Así me lo dijo, como si hubiera ido una amiga a verla a su casa a tomarse un café.» El médico de guardia, Alejandro Madrid, asegura que se generó más de un malentendido al respecto. La ingresaron en el hospital porque pensaron que había tenido un delirio psicótico y había perdido su nexo con la realidad. «Pero ella no había perdido su nexo, sino que ésa era su realidad. Es decir, eso en África ocurre, es algo cultural. Cuando uno muere es normal que los familiares hablen con él», dice el doctor Madrid, quien asegura que no era psicótica, sino que había sufrido una tragedia y estaba en shock, pero no como para que la ingresaran en un psiquiátrico. «Estuvimos hablando con los efectivos y el psicólogo de la Cruz Roja que la habían traído. Lo que para nosotros es una pérdida de contacto con la realidad, para ellos no lo es. Cuando alguien cuenta algo así, asusta, pero esto es parte de las religiones animistas y de la propia cultura.»

María recuerda que aquel episodio la afectó bastante. «Me tuve que coger una baja porque no podía dejar de llorar. Era llorar, llorar y llorar. No podía dejar de imaginarme el naufragio que ella me había contado con total detalle. Me dijo que a ella la había salvado Dios porque la policía la sacó a flote. Ella no entendía por qué su hija y su marido habían muerto y ella no. Esa escena no me la podía quitar de la cabeza. Tuve que pedir una baja de unos días porque no podía atender a la gente. Esto fue lo peor para mí.»

Después del episodio del hospital, Favour volvió a la Cruz Roja, se estabilizó y empezaron con los trámites de su permiso. María sabía que la nigeriana tenía posibilidades de conseguir papeles. «Cuando ocurre algo trágico, suele darse un interés político, con el que consiguen papeles con mucha más facilidad.» Mientras tanto, Favour contactó con una mujer en Las Palmas. «Una señora que decía que era su hermana mayor. Decía que trabajaba recogiendo tomates, pero tenía unas uñas kilométricas, una peluquería perfecta y unos taconazos. No me la imaginaba en las tomateras de ninguna manera. Era claramente una madama.» Como suele suceder en muchas ocasiones, Favour había caído en una red de prostitución controlada por ciudadanos de su propio país. «Nosotros intentamos por todos los medios que no fuera con ella, pero no pudimos.» Al poco tiempo llegaron los papeles de Favour y María se los hizo llegar. Pero todos sus asuntos los llevaba su «hermana mayor». «Sé por gente de la Cruz Roja y de Cáritas que ella se está prostituyendo en Las Palmas.» Favour le decía a María que su sueño era que su hermano gemelo pudiera venir con ella, y María pensaba que la podía ayudar. La partida de Favour a Las Palmas le cayó a María como una bofetada de realidad: las cosas, por muy duras que fueran, podían ser aún peores.

LOS MÁS SANOS

Alejandro Madrid es médico. Tiene treinta y cinco años y llegó a Fuerteventura hace seis para trabajar como médico de urgencias hospitalarias. Tenía ganas de salir de casa y las playas de la isla le atrajeron para hacer surf. «Aquí llegamos mi mujer y yo, con las tablas y las maletas.» En estos años ha atendido a numerosas víctimas recién llegadas.

Desde los comienzos, en su labor ha tenido contacto con los inmigrantes que llegan en patera. Cabe destacar que es una minoría si la comparamos con las colonias de ingleses, alemanes, latinoamericanos y peninsulares que viven en la isla. Los efectivos de la Cruz Roja son los que están a pie de playa y son el primer cinturón de ayuda. A la gran mayoría los atienden ellos. Al servicio de urgencias del hospital sólo envían los casos graves: los náufragos, o alguno que presente problemas de salud más específicos. «Por lo general es gente sana y joven, que ha pasado en su país por todo tipo de dificultades, como malaria y guerras. Son fuertes, si los comparamos con nosotros. Se puede decir que vienen de una especie de selección natural. Los que llegan tienen fuerza moral y física. Han logrado sobrevivir, y esto les hace ser más fuertes.»

Cuando arriba una patera con heridos de gravedad, el médico de la Cruz Roja se pone en contacto con el centro coordinador y ellos avisan al servicio de urgencias para que los esperen preparados. «Generalmente, las malas condiciones son por deshidratación. Cada uno trae su historia particular, pero casi todos terminan bebiendo orina, que es la mejor opción, o agua de mar, que es la peor.»

Alejandro recuerda un caso que le llamó la atención. Un domingo soleado de 2003, en el que el mar estaba muy tranquilo, de calma chicha, llegaron náufragos escoltados por la Guardia Civil después de varios días a la deriva. Habían elegido un buen día para salir, pero se les debió de haber roto el motor en alta mar. Como estaban relativamente cerca de la costa, pudieron llamar desde un móvil y consiguieron ponerse en contacto con la Guardia Civil. Se les había acabado el agua y habían terminado bebiendo agua de mar. «Siempre lo hacen. Es comprensible, porque es lo que siempre han hecho todos los náufragos del mundo, pero es peor porque te deshidrata. Esto es debido a que el contenido en sal que tiene el agua es mayor al del propio organismo y así se da un equilibrio osmótico, que además provoca diarreas.» Vienen apiñados, todos en cuclillas, en una embarcación donde no tienen espacio para moverse. Defecan en la misma patera. «En esta embarcación entra agua por todas partes y tienen que estar achicando. El agua suele estar mezclada con gasoil y vómitos de los mismos tripulantes. Beber esa agua da lugar a todo tipo de infecciones y llagas. Se producen rotura muscular y rabdomiólisis por la propia deshidratación y por la postura. Una rotura muscular puede ser grave porque puede convertirse en una insuficiencia renal. En esta ocasión no murió nadie.»

Entre los rescatados había un hombre que venía del Congo. Era un soldado al que habían disparado. Cruzó la selva y todo el desierto con un disparo. Le dijo a Alejandro que estaba herido. Llevaba dos meses con el disparo en el hombro. En un fuego cruzado resultó herido, se hizo el muerto y se libró. A sus compañeros los remataron a machetazos. Luego lo metieron en un camión con todos los muertos y pudo huir. Le extrajeron la bala y con antibiótico se le curó. «Todo el personal médico del hospital coincide en que, en contra de lo que se pueda pensar, estas personas vienen con pocas enfermedades y son muy duros. Las pocas dolencias que suelen sufrir las vencen con poca ayuda, sea antibióticos o cirugía.»

En el hospital suelen tener problemas con la comunicación. No cuentan con traductores. Algunos inmigrantes hablan inglés y otros francés, pero muchos otros no hablan ninguna de estas lenguas. Es una deficiencia que no exista la figura del traductor intérprete en el Servicio Canario de Salud. «Culturalmente también nos encontramos con barreras a la hora de hacer la historia clínica. A veces no saben explicar sus dolencias. Muchas vidas las perdemos por problemas de comunicación.»

«Una cosa curiosa es que, cuando llegan, muchos de ellos traen sus amuletos, normalmente saquitos colgados de la cintura. Cuando vienen graves y se les va sacando la ropa, siempre les dejamos los amuletos. A nadie se le ocurre quitárselos porque según sus creencias les protegen. Si tú crees que algo te protege, es de verdad, así es el poder de la sugestión. Es un tema de sensibilidad que es necesario, siempre hay que tratar de individualizar cada caso. Hay personas que son más creyentes, otros creen en dioses animistas.»

Una de las situaciones más críticas es cuando llegan a la playa. El barco no tiene por qué haber estado a la deriva, no tiene por qué haber habido una catástrofe con mal tiempo. Simplemente el hecho de llegar a la playa puede terminar en catástrofe. Las causas son que hacen los viajes en cuclillas, sin poder moverse y no suelen saber nadar. Llegan a la playa, piensan que van a hacer pie y desembarcan. Algunos están tan agarrotados que se ahogan en un metro de agua. «Algunos que han sobrevivido, lo hemos visto, son lo que llamamos los casi ahogamientos. Tienen disnea, dificultad respiratoria, porque han estado en un medio líquido. Pero muchos mueren a las puertas del hospital.»

«Hay un rechazo por parte de la sociedad. No quieren que vengan, "que cada uno se quede en su país". Creen que traen desgracia, que vienen a quitar los puestos de trabajo. Los que van a recogerlos van con mascarilla y guantes, y no es necesario. Se tienen que utilizar las medidas de seguridad generales, como si fuera cualquier otra persona. No hacen falta mayores niveles de protección. Nosotros no tomamos medidas especiales. Es falso que vengan con muchas enfermedades infecciosas. Algunos vienen con paludismo, pero pocos. Seguramente, casi todos habrán pasado el paludismo en algún momento de sus vidas y habrán sobrevivido a ello, será crónico y de vez en cuando se les despertará. Pero no es una enfermedad que se transmita directamente, como bien sabemos se transmite por la picadura del mosquito hembra anofeles. Está el sida, que en África es una endemia, pero lo que quiero dar a entender es que los que se suben a la patera son los más sanos, los más emprendedores, los más valientes y los que tienen ganas de cambiar su vida y de mejorar. Toda esta actitud le hace a uno ser más fuerte. No vienen enfermos y moribundos, como hay tendencia a pensar. Los peligros de contagio que ha denunciado algún sindicato de la policía nacen de las condiciones de hacinamiento que hay en los centros de internamiento. No es algo que hayan traído. Están retenidos, privados de libertad, en lugares que no están preparados. En Fuerteventura ha habido auténticas situaciones de hacinamiento. Esto es un foco donde pueden florecer enfermedades. Aun así, habrá muchas menos enfermedades que en una cárcel de presos comunes. Los casos de inmigrantes enfermos de gravedad son muy pocos. Culturalmente hay un rechazo al inmigrante, pero son el miedo y el desconocimiento los que le llevan a uno a tener posturas intolerantes.»

Alejandro ve su trabajo con los inmigrantes como una oportunidad que le da la posibilidad de ver lo que está pasando en el mundo: «Nosotros vivimos muy cómodos, tenemos problemas banales si los comparamos con los que tienen los inmigrantes en general. Pienso en África porque son los que peor vienen. No es lo mismo venir en avión que venir jugándote la vida. Tampoco es lo mismo venir a Occidente a tener una vida más cómoda, que huir de países en guerra. Ésos son problemas reales y me hacen ver la vida de otra manera. Trato de ser más optimista cuando encaro mis problemas, porque es lo que me transmiten. Esto cada vez va a más y, mientras sigan las desigualdades, no se va a poder parar. ¿Cómo lo vas a parar? Comunicarme con ellos personalmente siempre me enriquece.» Siempre se les atiende bien, pero a veces hay actitudes de intolerancia y miedo. La actitud general es de rechazo y el Servicio Canario de Salud no está exento de lo que le sucede a la sociedad. «Hay desde guardias civiles comprometidos que entienden la problemática a médicos que no. La gente hace su trabajo, porque es su deber, y se les ayuda con todos los medios, pero creo que falta empatía porque hay algún tipo de resistencia.»

CUANDO EL EVANGELIO SE HACE MATERIA

Carmen Fabiani es religiosa del Sagrado Corazón, tiene 65 años y es un torrente de energía. Desde hace seis años trabaja como voluntaria en la Cruz Roja dando clases de español a inmigrantes en Puerto del Rosario, en la isla de Fuerteventura. Llegó en 2002, época en que también llegaban muchísimas pateras a esta isla. Viste de seglar. Usa gafas de ver con un acople para el sol y ríe todo el tiempo. Mientras conversamos interrumpe la charla varias veces para saludar a decenas de subsaharianos que se le acercan, la abrazan, la besan. Recuerda los nombres de todos, les pregunta por sus familias y todos la llaman «Mamá África».

Suele ser gente de paso, casi nadie se queda, pero el objetivo de Carmen es que sigan su camino con algún conocimiento de la lengua. «En las clases tengo dos objetivos clarísimos, que se pueden cumplir o no. Pretendo que las dos horas y media que pasan conmigo por la mañana sean un momento lúdico, de diversión, que se rían. Lo segundo es que aprendan español.» Las clases están diseñadas para que adquieran habilidades en la expresión oral y el conocimiento de la cultura española. Si son pocos, salen a la calle, visitan el mercado, ven cuáles son los productos básicos, cómo es la comida española. Si son más, Carmen lleva los prospectos del supermercado y hacen la compra en clase. «Otra actividad es el uso del euro, jugamos a una especie de *Monopoly*.» Escuchan canciones y ven cuánto entienden. Propone actividades con el fin de que las clases sean entretenidas. «De vez en cuando metemos un poquito de verbos y de preposiciones, que es lo más horrible del español.» A última hora viene su compañera Ángeles y les da clases de gramática para complementar.

Entre las cuatro paredes de la pequeña aula del austero edificio de la Cruz Roja donde Carmen da sus clases, sus alumnos no sólo aprenden español. También comparten historias, se desahogan y recuerdan experiencias terribles que en muchos casos nunca se habían atrevido a contar. En estos años Carmen ha oído un sinnúmero de relatos, y todos tienen un denominador común: han venido engañados por mafias. «Engañados en todos los sentidos. Ellos suponen que aquí se atan los perros con longanizas, y cuando ven que esto también es duro se sienten muy defraudados. Además, han tenido que pagar muchísimo dinero para venir. Si eres de Marruecos, te puede costar unos 700 euros, si eres de fuera de Marruecos te puede costar hasta dos mil, una auténtica fortuna. También les engañan con pequeñas mentiras. Les dicen que vienen en un barco y que el mar es como un río de África. Cuando llegan a la patera por la noche y ven lo que es, dan tiros al aire para que vayan andando y no puedan dar media vuelta. Les dicen que luego van a montarse en un barco más grande. Estas historias las han contado en clase y me las han contado personalmente también.»

Cuenta Carmen que en septiembre del año pasado apareció una patera en Tarfaya, el punto más cercano entre Fuerteventura y el continente africano. Los que iban en la patera eran en su mayoría de Mali y Costa de Marfil. Venían de Uxda. Habían pasado a Marruecos por Argelia con la esperanza de llegar a Europa. Por las noches la policía marroquí los echaba hacia Argelia y cuando llegaban a la frontera argelina la policía disparaba tiros al aire para que se fueran de allí. Así pasaban noches y noches. Durante el día se escondían entre los matorrales. Después de andar en este juego durante seis meses en la frontera, viajaron al sur para tratar de pasar a Canarias directamente. Tenían las plantas de los pies llenas de cicatrices. «Las mostraban con mucha facilidad, como si estuvieran diciendo "esto es lo que nos ha costado venir aquí".» Caminan y corren entre aulagas, unas plantas de color verde y flor amarilla que se encuentran en el desierto y están llenas de pinchos. «Tienen unas marcas físicas impresionantes de la travesía, con unos surcos tremendos, como si la garra de un león les hubiera arañado.»

—¿Y las marcas psíquicas?

—El miedo, el miedo que traen en el cuerpo desde Marruecos, donde han sido sistemáticamente rechazados. Al llegar aquí van a parar a un centro de internamiento donde pasan cuarenta días en régimen penitenciario, es decir, encerrados entre barrotes. Tienen que ir en fila y los policías nacionales, que es el cuerpo que se encarga de guardar estos centros, les ayudan con porras a mantener el orden y la disciplina.

Carmen, como María Mena, también ha visitado centros de internamiento como voluntaria de Cruz Roja. La primera vez que visitó uno fue el del antiguo aeropuerto, el primer centro de internamiento de Fuerteventura. «Era muy pequeño y lo recuerdo con horror porque había unas ochocientas personas y sólo había dos baños. La propia policía estaba asustada. Volví llorando, porque no podía entender cómo se podía hacinar a las personas como si fueran cabras. Dormían de lado porque no cabían. Cuando hicieron el centro de El Matorral, en un antiguo centro de la legión, nos pareció un hotel de cinco estrellas.»

El nuevo centro está compuesto por una serie de pabellones, de corralones muy grandes con el suelo de picón, la gravilla volcánica que hay en la isla. Fuera, hay un comedor grande techado. «También hay una enfermería, un módulo para mujeres y otro módulo aparte para magrebíes, porque no se llevan bien con los otros africanos.» Hay una estancia en la entrada para la policía. «Con nosotros la policía es muy amable, rotan cada quince días y son policías de asalto, los que van a las manifestaciones. Hay grupos muy majos, pero a veces los internos me dicen que la policía les ha pegado. Yo no puedo denunciarlo, pero les informo de que tienen derecho a un abogado.»

Un día de muchísimo calor Carmen fue al centro de internamiento. El olor era terrible y la policía puso a los internos en filas para que les dieran el kit correspondiente. Le impresionó porque en el kit había dos bolsas de gel y dos frascos de *body milk* y le preguntaban si lo podían beber. «A los pobres el gel les daba igual, lo que tenían era muchísima sed. Me daban un dinero que yo desconocía para que se lo cambiara a euros. Me llevé esos billetes arrugaditos y me dieron por ellos dos euros con cincuenta. Con eso por lo menos podían llamar a los conocidos que tuvieran en España.»

También ha ido como voluntaria a pie de playa. «Llegan con unas caras de susto horrorosas. No saben nadar y los que saben están tullidos. Se marean, vomitan y están deshidratados, vienen con hipotermia. Levantarlos cuesta muchísimo. El agua del mar les destroza los ojos, algunos los tienen rojísimos. Tienen cara de susto y la mirada como si estuvieran pasmados.» Les suelen dar una manta y un chocolate caliente con galletas, pero no pueden comer mucho.

Carmen recuerda el caso de un chico que ha estado nueve meses en el hospital. Llegó prácticamente muerto. Vino del centro de internamiento de Tenerife. Aguantó el vuelo de avión de Tenerife, pero hubo que ingresarlo de urgencia. Tenía el virus del sida. Estaba completamente aislado y hablaba francés, era de Guinea-Conakry. «Aquí sólo hablamos francés dos personas. Me llamaron a ver si podía ir. Me tuve que poner mascarilla, guantes y toda la parafernalia. Me lo encontré allí, era muy musulmán y muy piadoso. Alá le había ayudado en todo. Estaba malísimo, con las piernas hinchadas, heridas por todas partes. Veía las sábanas llenas de sangre. Me decían que no lo tocara. El médico me pidió a ver si le podía conseguir el teléfono de un contacto. Cuando se lo pedí, me costó entenderle porque estaba todo hinchado. Me dijo que cuando se pusiera bueno iba a trabajar para pagar todo eso, pero que al contacto no le cobraran lo que hubiera costado. Le intentaba explicar que todo eso era gratuito, pero aun así no me quería dar el teléfono. El chiquillo estaba con muchísima fiebre, me costó Dios y ayuda, pero al final me dio el número. Cuando vio que se lo daba al médico, le entró un ataque de nervios y se empezó a sacar todos los tubos. Volví corriendo a tranquilizarlo. "No, Amadou, no es para cobrarle a nadie nada. Es para avisarle a tu amigo, que gracias a Alá estás aquí." Parece que se calmó. Vienen con unos estereotipos muy duros y cuesta quitarlos.»

Carmen ha vivido muchas experiencias y muy tristes. Recuerda el caso de unos muchachos que trataron de pasar a Ceuta la noche de la valla. Le contaban que llegar a las puertas de

Ceuta y ver la bahía de Algeciras llena de luces y sentir que casi la podían tocar les suponía una desesperación terrible. Le contaron que fue horroroso ver cómo un compañero quedó enganchado en la alambrada y el otro cayó al suelo muerto. Como último cartucho trataron de llegar en patera a Canarias. Para Carmen es una satisfacción seguir en contacto con ellos y ver que han conseguido un trabajo y les han dado asilo político y pueden mandar dinero a su casa.

Recuerda especialmente el caso de un chico marroquí que llegó a los pocos meses de que Carmen se incorporara a la Cruz Roja. Hablaba muy bien francés e inglés. Había llegado a la isla y había subido por las rocas sin ser interceptado. Se lo encontró en la calle varias veces y como le sonreía se puso a hablar con él. En Fuerteventura el invierno no es tan duro como en otros lugares, pero hace frío. Le preguntó dónde estaba durmiendo y él le dijo que debajo de un puente. Carmen le habló de la casa de acogida en Cruz Roja, que en aquel momento estaba desbordada, pero que mientras tanto podía ir a Cáritas, donde hay un comedor social. Le fue siguiendo la pista, un día fue a Cruz Roja y habló con la trabajadora social. Lo pusieron en lista y entró en la casa de acogida. A los cuatro meses, un fin de semana no podía dormir... «Aquella noche hacía mucho calor y las madres estaban con los niños que no dejaban de berrear. Así que se largó con un amigo a una discoteca. A las dos de la mañana apareció la policía nacional camuflada, de seglar. Pidieron la documentación y, como no tenía, lo arrestaron. Pasó la noche en los calabozos y al día siguiente lo trasladaron al centro de internamiento. Lo fuimos a ver y el pobre estaba hecho polvo. No podía pisar el país de tres a cinco años. Lo repatriaron a Marruecos. Me llamaba por teléfono y me decía "yo me vuelvo". A los quince días estaba en Fuerteventura. Llegó a los riscos y fue a Cruz Roja. En esos momentos no era seguro porque había relación entre la gente de Cruz Roja y la policía. Así que lo llevé a mi casa y lo tuve escondido. Estaba en el cuarto del ordenador, le dábamos una guitarra para que se entretuviera hasta que un marroquí le encontró una habitación.» Enseguida encontró un trabajo en una contrata del ayuntamiento como electricista al lado de la policía. «Gran paradoja, entonces había mucho trabajo y daba igual, hacían la vista gorda con los inmigrantes, ahora no es así.»

En la labor de Carmen el componente humano es tremendo: «Aunque las penas sean grandes, las alegrías son inconmensurables.» Recuerda el caso de un chico parapléjico de Mali que llegó en brazos de otro chico. En el centro de internamiento reptaba porque no se podía mantener en pie. Tenía unos brazos y unas manos enormes. «Debía de haber sido un chico muy grande, pero estaba totalmente menguado. Le conseguimos un carrito y venía aquí a clase.» Estuvo unos veinte días, hasta que se fue a Madrid. Corría el mes de febrero. En verano Carmen fue también a Madrid y tomó un autobús que iba de plaza de Castilla a Cuatro Caminos por Bravo Murillo. A la altura de Estrecho el autobús paró, la plataforma para minusválidos se activó y de pronto Carmen vio que subía él. «Montamos un número de alegría, de gritos, y todo el autobús casi aplaudiendo. No nos lo podíamos creer, qué casualidad. Toda la circulación parada y el chófer, que a veces suelen ser antipáticos, estaba encantado. Fue muy bonito. Casi todas las experiencias son muy gratificantes.»

Un viernes que Carmen venía del aeropuerto fue a hacer tiempo a la Cruz Roja. Estaba allí cuando de pronto vio a sus alumnos, que subían la cuesta de la casa de acogida sudando. «Hacía un calor horroroso. Iban muy guapos vestidos con sus chilabas. Les pregunté:

»—¿Adónde vais a estas horas?

»—Vamos a la mezquita. Está en la zona alta, en el Fabelo.

»—Subid, que os llevo a todos. Ahora le podéis decir al imam que os ha traído una monja católica para que le recéis a Alá, al que yo le llamo Dios y otros le llaman Yavé. Él atiende por todos. Seguro que le hace gracia.»

Efectivamente, le hizo gracia. Carmen conoció al imam hace unos años, estaba un día charlando con un alumno y se encontraron con él. Al principio puso cara rara, pero cuando vio que Carmen no hacía ningún proselitismo, todo fue bien. «Me encanta la diversidad y me parece muy bonito que ellos sean musulmanes y yo sea católica. En la casa de Dios hay muchas moradas, esto lo dice el mismo Evangelio.»

Carmen reflexiona sobre la religión y la figura de Jesucristo: «El Dios de Jesús —no el que luego nos ha montado la Iglesia— es un Dios padre, misericordioso. Acoge a todo el mundo y comprende muchas cosas que nosotros no entendemos. Jesús nos enseña que su predilección son los pobres y los extranjeros. Una mujer en el Evangelio le pide al Señor que la cure. Y éste le dice: "Mi palabra es sólo para la gente que cree."» Ella contesta con una fe enorme: "Los perros están siempre pidiendo las migas de sus amos." El Señor se queda pasmado y le dice: "Tu fe te ha salvado." Es decir, da igual del país que sea. La mujer era samaritana. Mujer y de Samaria era como el mismo demonio para los judíos. Jesús pasa por Samaria como si estuviera en su casa. Para Jesús los pobres, los desvalidos, los extranjeros y los que tienen necesidad son sus predilectos. Me parece que, si quiero seguir al Señor, tengo que seguir a sus predilectos, quiero estar con ellos. No quiero estar con el boato, no dudo de que sea bueno para ellos, pero para mí no. Dice Pere Casaldáliga, el obispo de Brasil, que hay dos iglesias que tenemos que querer. La del Vaticano y la que evangeliza. Me quedo con la segunda, pero a mí quienes me han evangelizado son los inmigrantes. Y casi todos son musulmanes. Son un ejemplo, comparten todo, siempre están alegres, nosotros en cambio parece que nos hemos tragado un paraguas. No van por la vida diciendo que son mejores que nadie. Les cuesta mucho adaptarse a los cambios relacionados con la comida y los horarios. Pero no se ponen chauvinistas, como nosotros, "te tienes que adaptar a nuestra comida por narices". Son humildes, muy humildes. Son muy fieles a las personas. A mí me han ayudado mucho en mi vida personal. El estar solos sin dramatizar. Vas palpando el Evangelio con ellos día a día. Yo desde mi fe lo vivo así. Les pido que no se contagien del vicio del primer mundo. Es muy legítimo trabajar para ganar dinero y así ayudar a su familia y mejorar sus condiciones. Pero que no pierdan el amor a su familia, la entrega de compartir y vivir con alegría. Me aporta la buena relación con las personas. Aquí vemos a saharauis y a marroquíes conviviendo juntos y se están llevando bien, es un ejemplo. El sentido de fraternidad es alucinante, es enriquecedor. Estos años para mí han sido un regalazo.»

Ahora mandan a Carmen a Madrid a un proyecto de Cáritas. Va a vivir con familias desestructuradas, que a veces son inmigrantes. Se va con un nudo en la garganta. Le da mucha pena, pero ésta es su vida y el voto de obediencia es así. Carmen lo compara con los que se casan y tienen familia, «tienen que aguantar a la familia con mucho cariño. A nosotros nos cambian de lugar y gracias a Dios que nos da pena irnos. Eso quiere decir que hemos pasado un buen tiempo y que nos hemos vinculado».

6

Los Centros de Internamiento para Extranjeros (CIE)

Como ya hemos visto, los Centros de Internamiento para Extranjeros son los lugares donde los gobiernos retienen a los inmigrantes en situación irregular a la espera de ser expulsados. Ninguno de ellos ha cometido delito alguno para estar ahí recluidos, sino la falta administrativa de no tener regularizada su situación en el país en el que se encuentran o de haber ingresado por un lugar que no es la frontera.

España, según la legislación vigente, mantiene a los inmigrantes en sus CIE —diez en total— durante un plazo máximo de cuarenta días. Si pasado este tiempo no han sido expulsados, las autoridades les dan una orden de expulsión y los trasladan, en su mayoría, a la península.

La Unión Europea, mediante una nueva directiva, conocida popularmente como «la directiva de la vergüenza» y apoyada por el grupo del Partido Socialista, ha alcanzado un acuerdo que permitirá retener hasta 18 meses a los inmigrantes indocumentados antes de su expulsión. Las asociaciones en defensa de los derechos humanos han puesto el grito en el cielo por esta medida y han denominado a los CIE «los Guantánamos de Europa» por la falta de transparencia y las violaciones a los derechos que se dan entre sus muros.

El grupo Inmigración y Sistema Penal, conformado por profesionales del derecho y encabezado por la catedrática de la Universidad Complutense Margarita Martínez Escamilla, ha manifestado su preocupación respecto al proyecto de reforma de la ley de Extranjería. Esta ley «propone prolongar el plazo de internamiento a sesenta días. Pudiera decirse que veinte días más no son muchos, pero evidentemente son demasiados cuando lo que se pretende es ampliar un internamiento constitucionalmente dudoso, éticamente inaceptable y que se produce en condiciones materiales y psíquicas de gran dureza».

Uno de los puntos que no se encuentra claramente regulado es el referido al acceso de las organizaciones no gubernamentales a estos cuestionados centros. «Es difícil generalizar en cuanto a los centros», dice Virginia Álvarez, de Amnistía Internacional, organización que ha logrado ingresar a estos sitios y ha denunciado la situación de los inmigrantes allí retenidos. «En el centro de Fuerteventura vimos que no hay un reglamento específico, no se dan facilidades para que los internos tengan acceso a su abogado o se puedan comunicar con sus familias. El defensor del pueblo ha cuestionado el hecho de que se les estén retirando los móviles. No son personas que estén presas, no han cometido ningún delito.»

LA DIGNIDAD HUMANA CANCELADA

Sara Prestianni es italiana y trabaja en París como coordinadora de Migreurop, una red internacional que se ocupa de la cuestión del encierro, la detención de inmigrantes y la política de externalización del control de fronteras en el ámbito internacional. Es una de las autoras de un informe de la Unión Europea de 2008 que denuncia las condiciones de los centros de internamiento en España. En este informe se habla de un «sistema de detención de tipo carcelario», «condiciones materiales e higiénicas deplorables que llevan a condiciones degradantes de detención» y de «violencias perpetradas por el personal de seguridad», entre otras constataciones. Ella se encargó de las partes del estudio correspondientes a España, Italia y Eslovenia.

La primera vez que entró a un centro de internamiento fue en octubre de 2006, como técnica de la subcomisión de derechos humanos en el Parlamento Europeo. Ese año se habló mucho de la llegada de cayucos a Canarias. Su objetivo era comprender el fenómeno y ver si se estaban violando los derechos humanos ante el miedo a la «invasión». Visitó varios puntos cruciales, como el centro de internamiento de Las Raíces, en Tenerife. Se encontraron con una situación muy grave de violaciones de los derechos humanos, en muchos aspectos.

En primer lugar les impactó ver un gran hacinamiento, con unas 2.300 personas en el interior. La mayor violación que constataron fue que muchos eran identificados como senegaleses aunque fueran de otros países, como Costa de Marfil, Mali, Guinea o Gambia. «Muchos no lo entendían, por ejemplo un chico que tenía un papel que lo reconocía como refugiado. Estaba escrito claramente que era de Costa de Marfil y no comprendía por qué la autoridad del centro de internamiento lo había identificado como senegalés.» Para Sara y su equipo, que seguían los acuerdos bilaterales, estaba muy claro. En Senegal recibían a personas expulsadas de Canarias aunque no fueran senegalesas.

Se trataba de un espacio militar que luego de muchos años había sido abierto sin condiciones para acoger a 3.000 personas. También visitaron la comisaría de la playa de las Américas, cerca de Puerto de los Cristianos, en Tenerife, y allí también constataron que se daban violaciones de los derechos humanos. «Las personas que debían pasar un máximo de tres días antes de ser puestos en los centros, muchas veces llegaban a estar allí hasta veinte días. Todo se justificaba con la magnitud de la "invasión".»

Respecto a los menores, comprobaron que muchos eran reconocidos como mayores, por una falta muy grave: la utilización de la prueba ósea para determinar la edad. Este test, explica Sara, tiene un margen de error enorme. Además estas pruebas se practican a pie de playa. «La Cruz Roja las hace bajo recomendación de la policía de manera totalmente arbitraria y muy rápida, con todo el estrés de la llegada. De los que son menores, la mitad con test óseo parecen mayores y, a la vez, muchos que parecen menores no lo son.»

Según Sara, las condiciones de detención en la comisaría son graves. «Un elemento que recuerda a una época muy trágica de la historia europea es que les ponen el número de su cayuco de llegada en la camiseta. Por ejemplo cuando llega el inmigrante la policía le dice "tú eres el número uno del cayuco tres" y les pone en la camiseta "1-3". Es una imagen muy fuerte, tanto para nosotros como para ellos, y recuerda a los campos de concentración nazis.»

En 2007, Sara visitó el centro de internamiento de El Matorral, en Fuerteventura. Es el más grande de Canarias. Fue como investigadora bajo el pedido del Parlamento Europeo a una agencia consultora francesa. «Cada investigador trabajaba en tres países, y yo lo hice en España, Italia y Eslovenia, en colaboración con otra asociación. El resultado de la encuesta en España ha causado bastante clamor y ha sido muy difundido, porque es el país en el que tuvimos más dificultad para obtener la autorización. Nos llevó un mes obtenerla, mientras que en otros países fue mucho más rápido.»

El Matorral es enorme. La estructura es de celdas muy grandes. Pueden albergar hasta a trescientas personas cada una. Tiene tres espacios: uno con celdas muy pequeñas, donde los inmigrantes, según comprobó Sara, duermen en literas, hacinados, en una situación peor que la de una cárcel común y sin luz. «Al principio parece que no hay nadie, pero luego empiezas a ver los brazos y las caras entre los barrotes.» En principio las personas están dentro de las celdas todo el día. Sólo salen para comer. Esto no debería suceder, pues se trata de una detención administrativa como consecuencia de no tener papeles. Pero están dentro de un sistema penitenciario por el que no pueden salir de sus celdas salvo para comer, y lo hacen en fila. Los detenidos han dado testimonios de que la policía ha ejercido violencia física en esas salidas, ya sea porque se salen de la fila o por cualquier cosa. Hablan de un clima muy violento. Además, con el calor que hace, estar con otras trescientas personas en una celda es «sencillamente insoportable».

Sara fue un lunes, y en todo el fin de semana nadie había ido a limpiar. Estaba muy sucio. «Hay que tener en cuenta que muchos de ellos vienen de estar quince días en el mar, y las infecciones adquiridas durante el viaje pueden multiplicarse. Cuando fuimos, los inmigrantes nos dijeron que hacía una semana que no iba ningún médico. Allí hay personas con heridas muy graves, de putrefacción. Muchos llevan años de viaje por el desierto, las fronteras, el bosque. Muchos tienen infecciones en la piel y al estar todos juntos en las celdas se las transmiten unos a otros. A algunos les llegan a amputar miembros por el nivel avanzado de infección que traen. Es muy grave que en momentos tan delicados no reciban la atención médica correspondiente. Luego hay tres o cuatro duchas por cada trescientas personas. Con la excusa de que la policía no puede controlar a tantas personas se permiten usar toda la violencia que quieran.»

A todo esto se le suma el hecho de que los internos no cuentan con ningún tipo de asesoría jurídica. Algunos están en situación de solicitar asilo, pero es muy difícil identificarlos. Para colmo, cuando los ponen en los aviones a Mali o Senegal para devolverlos casi nunca les dicen que van a ser expulsados. «Muchos nos han contado que les habían dicho que los llevaban a centros de acogida en Madrid o en Holanda. Ésta es una violación enorme de los derechos humanos. Las personas tienen derecho a saber adónde van. Por eso se han dado muchas revueltas en Gambia y Senegal en el momento de la llegada.»

No existe asistencia psicológica alguna luego de un viaje tan largo y traumático. Luego de estar meses en el desierto, el bosque, de intentar cruzar las vallas de Ceuta y Melilla y haber sufrido todo tipo de violencia, llegan a estos centros, donde los tienen presos día y noche, y no saben qué les va a pasar.

Sara y sus compañeros observaron que las mujeres recluidas casi no tenían ropa. Recordemos que la policía, apenas llegan los cayucos, quema todas sus prendas con la excusa de que pueda haber alguna infección. «En lugar de poner un médico prefieren quemar todas sus pertenencias.» Más que simbólica resulta la descripción que la italiana hace sobre la vestimenta de las mujeres. Durante cuarenta días sólo disponen de dos mudas. Sara fue en julio, hacía unos cuarenta grados y a una sólo le habían podido llevar una camiseta de cuello alto. «Ni sujetador ni nada. Nos pedían compresas porque no tenían a quién pedirle. Es lo mínimo que precisa una persona para preservar su dignidad. Son pequeños elementos que nos permiten comprender cómo en esos centros toda la dignidad humana es completamente cancelada en nombre de justificar una política de control de los flujos migratorios y en ningún momento tener en cuenta las condiciones de las personas.»

En España también visitó los centros de Algeciras, Málaga —estos dos muy viejos—, Madrid y Barcelona. La situación es parecida en cuanto al bajo nivel de asistencia sanitaria. «También tienen en común que las personas que ejercen el control son policías y no hay ningún representante de otra institución. Muchas veces también el médico es policía.»

Sara asegura que dan siempre los mismos medicamentos para enfermedades diferentes. «En todos vi un nivel de rabia enorme en los inmigrantes, que se ven tratados como animales, no sólo físicamente, sino por cómo les hablan.» La rabia era mayor en el CIE de Madrid, porque los que están allí han sido detenidos sin papeles y saben que los van a expulsar. Cuando llegó había una especie de motín. Le hablaron de condiciones de mucha violencia. En Canarias no vio tantas reivindicaciones porque están a la espera y tienen miedo. «Eso es grave porque los policías se aprovechan de eso y hacen lo que quieren. Los inmigrantes no critican tanto a las autoridades de los CIE y es comprensible, porque están expectantes, no saben lo que les va a pasar. Están sin papeles y tienen miedo de que los denuncien o expulsen.»

Para Sara la situación de los CIE en España es trágica. Peor que en otros países, donde las condiciones tampoco son buenas. En España la detención administrativa es muy grave, básicamente, por el elemento policial. Las únicas personas que entran allí y que accionan son policías y no poseen la menor especialización jurídica, sanitaria o psicológica. «De hecho se sabe que los peores policías son puestos en los CIE, como una especie de castigo. En otros centros de Europa al menos pueden salir a un espacio abierto. Si ocurre un incendio no sé qué podría pasar.»

Se han hecho muchas peticiones para cerrar el CIE de Málaga, donde se han sucedido denuncias de mujeres que han sido objeto de abusos sexuales por parte de la policía, ante lo cual se creó una plataforma para denunciar esto que estaba sucediendo en pleno centro de la ciudad.

Sara está por el cierre de todos los CIE. «Son lugares opacos donde no se sabe lo que pasa, lugares de no derecho, porque las graves denuncias de violencia y abusos sexuales son, seguramente, una mínima parte de lo que pasa de verdad en esos lugares. En primera instancia, se debería permitir el ingreso a asociaciones que hacen asesoría jurídica, social, psicológica, que den a los inmigrantes el derecho a salir de esos centros.»

También se plantea la necesidad de que los centros de Canarias sean abiertos, como los de Ceuta y Melilla. «Vienen de la tragedia del viaje en el cayuco. No se puede juntar una tragedia con otra. No se los puede tener con sus numeritos como si fueran animales en una celda.» Desde diferentes organizaciones civiles y partidos políticos se insta a que Europa resuelva de otra manera el tema de la detención porque, como dice Sara, se está volviendo al horror del pasado: la de los campos de concentración.

GOLPES SILENCIOSOS

Idrissa Sarr es senegalés, de la etnia tukulor, y trabaja en la puerta de El Corte Inglés, en el centro de Bilbao, donde vende DVD y bolsos de imitación. Tiene 37 años, aunque aparenta muchos menos. Vive en Barakaldo junto con seis compatriotas. En 2006 dejó la localidad de Thiès, a 70 kilómetros de Dakar, y se montó en un cayuco. Mientras ordena los productos sobre su manta y vigila que la policía no se acerque, recuerda con tristeza los días que pasó en El Matorral de Fuerteventura.

En Senegal dejó a su familia: padre, madre, hermanos, sus dos mujeres y tres hijos. Pagó 600 euros y el viaje lo hizo sin problemas, aunque asegura que el mar en Marruecos es terrible. No para de decir que su familia es su vida y que en cuanto tenga papeles quiere volver. Le gustaría construir una casa para sus mujeres y sus hijos. «Antes de venir aquí pensaba que podía trabajar, pero cuando vine un amigo me dijo que sin papeles era imposible.» La travesía la hizo con gente conocida. «Éramos 69 personas. Salí el 22 de mayo de 2006 y llegué el 30 de mayo. En total fueron ocho días en el mar. Salimos una noche a las once y llegamos sobre la misma hora a Canarias. Éramos todos hombres. El viaje fue duro. En el mar hubo muchos problemas dentro de la nave. La barca era muy pequeña, no había espacio. Hacía mucho frío y había que estar achicando todo el rato.»

Vino un barco de Salvamento Marítimo a buscarlos. Llegaron al puerto y la policía los metió en un autobús. Les explicaron que pasarían tres días en comisaría y otros cuarenta en un centro. También les explicaron que los podían repatriar. Pero Idrissa siempre tuvo la seguridad de que se iba a quedar. Primero estuvo 32 días en Tenerife y luego lo mandaron a El Matorral, en Fuerteventura.

Al preguntarle por su estancia en el centro de internamiento se limita a decir que fue muy duro.

—¿Por qué fue duro?

—Allí los policías son malas personas. Eran muy agresivos, nos tenían encerrados y nos trataban con mucha violencia. Las instalaciones estaban muy bien, cada uno tenía su cama y tres comidas al día. Pero siempre encerrados, no podíamos ver la televisión. Nos pasábamos el día en la cama.

En Tenerife, dice Idrissa, los policías se portaron bien, pero en Fuerteventura fue terrible. «Un amigo mío, Bambara, tuvo un problema con un vigilante. El policía le dio con la porra cuando hacía una cola y Bambara se enfrentó a él. El policía le dio tantos golpes que cayó al suelo, se quedó inmóvil y pensó que lo había matado, incluso se puso a llorar. Prometió que nunca más le iba a pegar a nadie.» A partir de ese día no tuvieron más problemas, pero, desde luego, no se sentían cómodos en ese lugar. Cuando le dijeron que iba a salir se puso tan nervioso que no pudo dormir. Al día siguiente los llevaron en cinco automóviles al aeropuerto.

«El 11 de julio salimos de Fuerteventura. A las 10 de la mañana despegó nuestro avión. Llegamos a Madrid a las 2 de la tarde. Aquí comenzó la aventura de vivir en España.»

7

Las repatriaciones

Decía José Ortega y Gasset que el esfuerzo inútil conduce a la melancolía. Si la migración supone para muchos un esfuerzo apoteósico, podemos suponer que la frustración de las expulsiones conducirá, de igual manera, a una tristeza sin fin. Las repatriaciones forzosas son una práctica habitual dentro de los convenios bilaterales. Sinónimo de gran desazón para sus protagonistas, estas prácticas tienen por objetivo desmotivar la inmigración irregular. Algunos organismos han exigido que se articule un protocolo de repatriación. Desde el Ministerio del Interior se anunció un borrador en el verano de 2007 que no cumple con los requisitos del Consejo de Europa. «Estamos completamente en contra de amparar, mediante protocolos o prácticas, procedimientos que puedan vulnerar los derechos de las personas. Hay normas, estándares internacionales de cómo hay que hacer las expulsiones. No hay que olvidar el compromiso de España con los tratados internacionales. Parece que tendemos a olvidar que estos tratados son derecho interno. Tienen que ser acatados por las autoridades», dice Virginia Álvarez, de Amnistía Internacional.

La ley prohíbe la devolución de personas a países donde puedan ser objeto de violaciones de los derechos humanos. España está obligada a cumplirlo tanto por el convenio de derechos humanos de la Unión Europea —artículo 3—, como por la Convención de la Tortura, así como por la Convención de Ginebra para la protección de refugiados. En el momento en el que España está realizando devoluciones automáticas o en masa, como ocurrió en Marruecos, está violando el principio de no devolución.

El hecho de que no se informe a las personas que van a ser repatriadas, de que no se respeten las garantías y de que no se les dé la oportunidad de recurrir vulnera sus derechos. Se han dado casos en los que se han utilizado ciertos métodos de inmovilización que suponen una clara violación, como tapar la boca a los repatriados con cinta adhesiva, que puede causar asfixia. Existen ciertas posturas que implican grandes riesgos para la salud. Es el caso de Osamuyi Akpitaye, cuya autopsia reveló que murió por asfixia mientras estaba siendo repatriado.

La muerte de Osamuyi Akpitaye

Osamuyi tenía 23 años cuando murió a bordo de un avión el 9 de junio de 2007, repatriado a Nigeria por la policía española. Este joven fue el segundo, de siete hermanos, en venir a España. Ahora toda su familia está en Nigeria, excepto su hermano mayor, Ikomwosa. «Mi padre está enfermo por lo de mi hermano. No puede andar. El cadáver de Osamuyi sigue en el tanatorio, en Alicante. El juicio está pendiente, estamos esperando el resultado.» Ikomwosa parece resignado, pero a medida que cuenta todo lo sucedido la indignación y una profunda tristeza se apoderan de él. Se siente doblemente victimizado, porque mataron a su hermano y porque a nadie parece importarle. Habla de su hermano y del racismo «no sólo en España, sino en todas partes».

Ikomwosa llegó a España hace ocho años. Su hermano Osamuyi siguió sus pasos: arribó en patera, después de haber atravesado el desierto. Estaba sin papeles y no podía trabajar, así que empezó a vender *La Farola* en la puerta de El Corte Inglés. Muestra una foto de su hermano: «Se buscaba la vida.»

Un día Ikomwosa recibió una llamada. Era un amigo que viajaba en el mismo avión que Osamuyi. Le contó que como su hermano se resistía a que lo repatriaran lo habían atado de pies y manos y le habían tapado la boca con cinta adhesiva. Antes de llegar a Alicante había muerto. Cuando bajaron el cadáver de Osamuyi, el amigo lo vio. Ikomwosa fue a Torrejón, donde vivía su hermano, pero no lo encontró. Puso una denuncia en la policía. «No sabían si mi hermano había muerto.» Fue a la embajada de Nigeria, pero era sábado y estaba cerrada. El domingo, en Aluche, el jefe de policía le confirmó que su hermano había muerto y que el cuerpo estaba en Alicante. «Nunca nadie llamó para darme una explicación. Fuimos a ver el cadáver. Contratamos a un abogado y la cosa sigue pendiente. No hay nada, su cuerpo sigue ahí. Mis pobres padres también siguen sufriendo. No puedo hacer nada por mi hermano. Su cuerpo sigue en el tanatorio. Falleció en 2007 y no hay respuestas.» La autopsia confirmó que Osamuyi fue amordazado y murió de un paro cardiorrespiratorio. Presentaba contusiones en manos y espalda.

Ikomwosa asegura que las autoridades españolas se mostraron indiferentes. Hicieron denuncias en Alicante y se manifestaron en Murcia. «No se repatría a la gente de esa manera tan violenta, ahora está muerto. Este chico tenía futuro. Estoy muy mal. La justicia tiene que actuar. No se le pueden tapar la boca y la nariz. ¿Cómo va a respirar? Lo hicieron para matarlo. No tomaba droga, ni fumaba, ni bebía. La autopsia es muy clara. Mi padre quiere justicia. No pueden matar a su hijo y que no haya castigo. En España la gente tiene derechos. Si un español va a Nigeria y muere el gobierno responde, pero en este caso no. No ha venido ningún político. Tengo contacto con mi embajador, pero las autoridades de España no se ponen en contacto conmigo. Mi abogado está siguiendo el caso.»

Ikomwosa dice que, si el muerto fuera español, sería diferente. «Como pasó en Barajas cuando murió aquel ecuatoriano por la bomba. O cuando mataron al brasileño en Londres. La policía pensó que era terrorista y lo mató. Fueron casos terribles, pero las autoridades tuvieron un gesto con los familiares de las víctimas. A mí nadie me ha llamado para decirme que lo sentían. Espero que el gobierno dé un paso, pero todo esto es muy lento y la gente se olvida rápido. Hace un año y tres meses que murió. Es muy triste. Rezo para que todo salga bien, mis padres puedan descansar y Dios nos ayude a los extranjeros. Mi hermano no puede volver a la vida. Ya está muerto, adiós. Pero las autoridades tienen que pedir perdón.»

ESCURRIRSE COMO UNA SARDINA

Omar Ngueya, como tantos otros, fue a España para ayudar a su familia. Dice que cuando los *aventuriers* vuelven «tienen más dinero que el jefe y el jefe de su jefe». Vendía en las calles hasta que lo detuvieron y fue repatriado. Ahora quiere volver a España, pero no en cayuco. Nos encontramos en Dakar para beber *bissap*, el refresco más popular de Senegal. Alto y esbelto, va impecablemente vestido con marcas de moda y cuando le propongo tomarle una foto posa como un modelo. Muestra su móvil, donde tiene vídeos de música senegalesa que miraba en España para aliviar la nostalgia. De repente entre los vídeos se le cuelan unos de alto voltaje erótico. «Esto también es necesario para combatir la soledad», dice entre risas.

Por el viaje en el cayuco no pagó. Dirigió la embarcación y recibió 1.100 euros por ello. Todos eran hombres, 81 en total. Algunos eran de Thiēs, otros de Touba, y no conocían el mar. «En Marruecos el mar es terrible y pasamos días sin comer; en mi corazón y en mi mente pensé que podíamos morir.» Tenían dos motores de cuarenta caballos y dos GPS. Cuando llegaron se sacó la ropa de capitán y la tiró al mar. Les pidió que no dijeran que era el capitán, «eso hubiera significado tres años de cárcel».

Arribaron a El Hierro. Había una tienda muy grande de la Cruz Roja. «Yo no estaba tan cansado, pero me hacía el cansado para ser igual que los demás y que la policía no se diera cuenta de que era el capitán. Les había dicho a los demás que no me miraran ni dijeran nada. No sabía español. Estuve cuarenta días en el centro de internamiento en El Hierro. Los policías eran muy buenos y me dejaban tranquilo. Al cabo de cuarenta días me llevaron en avión a Madrid.»

En Madrid estuvo en la casa de acogida de Cruz Roja. Luego lo llevaron a Alicante, «me dieron sesenta euros y me dijeron que me buscara la vida». Volvió a Madrid porque conocía a alguien, un contacto, y empezó a vender películas en el metro, en la estación de Lago de la línea 10. Compró una manta y cedés, y se puso a vender en Atocha. «El primer día gané sesenta euros en una hora y me fui a casa contentísimo. El segundo día vino la policía y me quitó todo. Cuando venía la policía, me iba. A veces vendía bien y ganaba dinero. Con mucha suerte podía ganar hasta mil euros. Pero también puedes perderlo todo. Si la policía no quiere, no vendes nada. Los meses que podía, enviaba dinero a mi familia. De cualquier manera, trabajar en la calle es muy duro. Si no tienes amigos que te den trabajo y te ayuden es imposible salir adelante.»

Omar no se lo esperaba así, creía que vivir en España sería fácil. «No sabía de papeles. Ahora sé todo. En los dos años que viví en España tuve muchos problemas con la policía.» En los meses buenos ganaba 900 euros y en los malos, 200. «Siempre era en función de lo que la policía te dejara.» Para pagar la habitación necesitaba 200 euros. Vivía en Lavapiés con otras seis personas, en tres habitaciones. «El barrio es tranquilo, porque la policía te deja en paz. En otras zonas te ven con el bolso y te preguntan qué llevas. Pero nunca me llegaron a pegar. Cuando me hablaban tranquilos, yo les hablaba tranquilo y los respetaba. Cuando me intentaban detener me escurría como una sardina y salía corriendo.»

Un día la policía lo fue a buscar y le dijo que llevaba buscándolo dos meses. «Eso no era verdad, porque yo estaba siempre en mi casa, ellos sabían dónde vivía yo y nunca había intentado escaparme de Madrid ni huir de la policía.» Lo detuvieron y lo llevaron al juzgado de plaza de Castilla. A las cinco de la tarde lo dejaron en libertad. A la mañana siguiente volvió a la cárcel. Llamó a su novia, pero ella no le entendía muy bien y se puso a llorar. Le pidió que lo escuchara: «No tengo otra persona que me pueda ayudar, por favor, escúchame.» Estuvo cuarenta días en la cárcel de Aranjuez con otra gente que vendía droga, criminales. «Mientras estuve murieron tres personas. Estaba preso sólo por vender en la calle.»

Un día le dijeron que saldría libre. No quería volver a África, pero no pensó en nada. Tampoco lloró. Dice que nunca llora, porque es un hombre fuerte. Si Dios quería que saliera de Madrid, tenía que volver a Senegal. Fue al aeropuerto. Le gustara o no igual tenía que volver. Era un avión grande, en el que sólo iban expulsados. «Por cada uno de nosotros había dos policías. Tomamos el avión de Madrid a Dakar.» No hubo problemas. Le dijeron que estuviera tranquilo porque si no le pegarían. A las tres de la madrugada llegó a Dakar, nadie le esperaba. «A las cuatro y media de la mañana toqué la puerta de mi casa. Mi madre no se creía que fuera yo y no me quería abrir la puerta: "Mami, soy Omar, ábreme la puerta por favor." Al fin abrió y se puso a llorar. Le dije que por favor no llorara. Toqué la puerta de mi padre. Salieron todos mis hermanos afuera, eran las cuatro de la mañana y toda la gente del pueblo salió a verme.»

Ahora su madre debe salir a trabajar y su hermano también. Cuando Omar estaba en España les mandaba dinero, su madre se quedaba en la casa. «Pienso mucho en España, a todas horas, todos los días. No es sólo por mí, para mí la vida es fácil, porque soy hombre y con un poco de dinero me apaño. Pero tengo a mi madre enferma, tiene muchos años y las cosas aquí no funcionan como en España. Allá si te enfermas vas al hospital, pero aquí no tienes adónde ir. Ahora salgo a pescar todas las mañanas. Me levanto a las cinco de la mañana.»

Omar dice que le gusta todo de España, pero admite que la vida sin papeles es muy difícil. «Me gustaría trabajar en un barco en alguna ciudad con mar: Barcelona o Alicante. Ahora no tengo nada. No uso *grigris*. Mi único *grigri* es Dios, aunque sé de senegaleses con *grigris* que han pasado inadvertidos delante de la policía, son invisibles.» Lo que critica de España es el racismo que ha sufrido en Madrid. «Hay gente en el metro que no se quiere sentar al lado de un negro. Algunas personas me han dicho "negro de mierda".» Yo les digo "¿por qué no nos dejáis tranquilos? Tú eres un racista de mierda".» Su novia es española y le quiere, «no le importa si soy negro o blanco». Nunca tiene miedo. «Porque en mi corazón sé que soy un hombre fuerte.»

Caminamos por las calles de Dakar, a nuestro lado pasa un gran automóvil todoterreno, Omar lo mira y dice que quiere volver a España porque en Senegal para vivir y para que te respeten hace falta dinero. «Si eres rico, puedes hacer lo que quieras.» Sabe que no puede volver, pero dice que con dinero es posible cambiar de identidad y volver a intentarlo.

El fracaso del retorno

Mamadou Traoré es de Thiaroye, del área metropolitana de Dakar, y tiene 43 años. Está casado y es padre de tres niños. Desde que perdió su trabajo en la fábrica de pescado del barrio, se las ha ingeniado con «pequeños trabajos de albañil aquí y allá». Tentó su suerte y fue uno de los primeros en llegar a Canarias en cayuco, aunque también fue de los primeros en ser repatriado.

Partió en junio de 2005. Tenía información de que era posible partir en cayuco. Hacía seis años ahorraba del pequeño sueldo con el que alimentaba a su familia. Pagó 450.000 francos CFA, unos 640 euros. Salió de Dakar hacia Ziganchor, al sur de Senegal. No fue muy difícil encontrar un cayuco. Llamó a un teléfono que le pasó un amigo y contactó con un señor que lo llevó a una zona de muchas islas donde había bastantes cayucos y muchas personas esperando a salir.

Salieron de madrugada, hacia las cuatro o las cinco de la mañana. A su mujer únicamente le dijo que iba a hacer un pequeño viaje. «No quería que se opusiera y yo estaba decidido.» En el trayecto, como en tantas otras ocasiones, al principio fue bien, pero a medida que fueron avanzando Mamadou empezó a asustarse por el gran oleaje. Pasaron ochos días en el mar. «En un momento dado pensé que íbamos a morir. Había gente que lloraba, muchos querían volver. Surgió todo lo invisible, ligado a la magia y a la brujería.» Entre las olas escuchaban voces. «Perdí el ánimo, fui presa de la desesperación. Estaba muy cansado. Dos personas se enfermaron y murieron. Al principio guardamos los cuerpos en la piragua, pero terminamos por tirarlos al mar porque apestaba.»

Al quinto día, los patrones no decían nada, pero se podía sentir el miedo: estaban a la deriva. El séptimo día vieron algunos barcos y recuperaron la esperanza. Divisaron la costa y los vinieron a buscar. Estaban tan cansados que no podían ni caminar. Los de la Cruz Roja les dieron ropa y les hicieron unas curas. «Pasamos unos días en un campo de refugiados. No tuvimos ningún problema con la policía española. Un día nos dijeron que nos iban a hacer los papeles para poder trabajar, nos subimos al avión pensando que íbamos a Barcelona, pero nos engañaron y nos trajeron de vuelta a Senegal, a la ciudad de Saint-Louis. Pensé que estaba en España, sólo cuando bajé del avión y vi que todos eran negros caí en la cuenta de que estaba en mi país de nuevo.» No sabía qué hacer y cundió la desesperación. «La gente empezó a gritar y a insultar a la policía. Estábamos muy enfadados, pero yo no dije nada, sólo me preocupaba el dinero que había perdido después de tantos años de esfuerzo y de ahorro. Sólo quería trabajar para sacar a mi familia adelante. Nos dieron diez mil francos CFA, unos catorce euros, y volvimos a nuestras casas. No me imaginaba que fuera a ser tan peligroso. Fue un fracaso porque me devolvieron. No estoy contento, si hubiera podido trabajar sería feliz, porque un hombre siempre tiene que intentar salir adelante, si no puede en su país lo ha de intentar en otro lugar. Todas las noches antes de cerrar el ojo pienso en aquella aventura. Es algo que sólo se hace una vez en la vida, no volvería a repetir la aventura. Aunque este país cada vez es más duro, he perdido la esperanza, en mi país no hay futuro.»

8

Vivir en España. ¿Cómo conseguirlo?

La ley de Extranjería ha sido materia cambiante desde la llegada de la democracia. En veinte años ha habido siete leyes, ocho reglamentos, decretos, más instrucciones, ministros, secretarios, criterios, regularizaciones y directivas europeas. «Todo esto es muy parcial, es una auténtica locura si, por ejemplo, se compara con la ley del Divorcio del año 1981, que fue modificada en el año 2005», asegura el abogado especialista Javier Galparsoro. En su opinión todo lo relativo a la inmigración ha sido un error porque no se ha analizado el fenómeno en origen y en su verdadera dimensión. No se ha analizado que la migración está motivada, principalmente, «por la situación tan injusta que existe en este planeta. Toda la legislación que se ha hecho en España está siendo completamente represiva, para que no entren, para que se vayan, para que no tengan permiso, para que la inmigración sea elitista y para no dar asilo. Hemos tenido dirigentes muy malos, gente que no tenía experiencia y menos sensibilidad».

El arraigo es el único resquicio que la actual ley de Extranjería deja a los sin papeles para regularizar su situación. Si después de tres años viviendo en el país pueden demostrarlo y consiguen un contrato laboral por un año, pueden regularizarse.

Las directivas, en la Unión Europea, son decisiones aprobadas por los estados miembros que obligan a todos o parte de estos estados a alcanzar el objetivo señalado, aunque les permite elegir la forma y los medios para conseguirlos. La directiva europea sobre inmigración aprobada en 2008 —la ya mencionada «directiva de la vergüenza»— ha suscitado posiciones encontradas. Mientras que el gobierno socialista se congratulaba por el acuerdo alcanzado en el seno de la Unión Europea, una posición crítica, como la de Jorge Bustamante —relator de Naciones Unidas para los derechos de los inmigrantes y propuesto al premio Nobel de la Paz—, criticaba la implementación de esta ley que criminaliza la migración, permitiendo mantener detenida a una persona durante dieciocho meses sin haber cometido ningún delito.

Según diversos movimientos civiles, el proceso de criminalización no sólo se circunscribe al encierro sino que persigue la migración irregular en sus diferentes expresiones. El grupo Inmigración y Sistema Penal denuncia «el excesivo rigor del Código Penal en cuanto castiga con penas de prisión de seis meses a dos años y multa (si ésta no se puede pagar se convierte, como mínimo, en seis meses más de prisión) la simple exposición o venta de copias piratas de CDs y DVDs, entre otras obras. Estas conductas son realizadas mayormente por inmigrantes en situación administrativa de irregularidad, es decir, por personas socialmente excluidas, en situación de pobreza y que ni siguiera tienen la posibilidad legal de trabajar». La nueva ley de Extranjería también castiga la solidaridad con una multa de 501 a 30.000 euros «a quien promueva la permanencia irregular en España de un extranjero. Se considera que se promueve la permanencia irregular cuando el extranjero dependa económicamente del infractor y se prolongue la estancia autorizada más allá del plazo legalmente previsto».

Cómo es posible que hayamos llegado a esto. Si la Revolución francesa y la visión de los iluministas supusieron una esperanza excepcional para que el hombre, a través de la razón, encontrara la posibilidad de construir una sociedad más justa y plena, cómo es posible que doscientos años después —en un proceso regresivo— y en nombre de la razón se cometan nuevos tipos de barbarie. En este sentido, fue paradigmático el aporte de Adorno y Horkheimer, quienes tras la Segunda Guerra Mundial, en su obra *Dialéctica del iluminismo,* aseguran que el hombre es más que razón, y que además se ha hecho un uso instrumental de la razón para dominar y esclavizar al otro.

JUAN MADRID. DIBUJADOS EN LAS PAREDES

Los conocidos como sin papeles viven en la ilegalidad. Muchos, abocados a trabajos clandestinos. Un submundo por el que transitamos sin ser plenamente conscientes de qué se trata. Para conocer este mundo hablamos con Juan Madrid, prestigioso periodista, historiador y uno de los mayores exponentes de la novela negra española. Suele mostrar en sus textos el mundo de la marginalidad. Un mundo que conoce de cerca y en el que se ha sumergido en innumerables ocasiones para dar vida a los personajes de sus historias. Muchos de ellos son inmigrantes. Nos atiende en su casa del barrio madrileño de Malasaña y comienza este monólogo mientras fuma cigarrillos negros y bebe café.

«El inmigrante actual viene del infierno, como resultado de un saqueo, de una explotación terrible y de una miseria difícil de soportar. Viene pensando que va a encontrar un mundo de sueños, que va a encontrar El Dorado. Una fantasía de bienestar o por lo menos de trabajo y posibilidades de resarcir a su familia de la miseria en la que están sumergidos, no por culpa de ellos. Esos inmigrantes suelen ser los más valientes, los mejores, los más dotados de esas poblaciones. Son los capaces de hacer un viaje largo, lleno de penalidades. Y tienen que ahorrar muchísimo dinero. Hace falta un temple especial. Viene lo mejor: los más valientes. Los que son capaces incluso de poner en peligro su vida con tal de dar bienestar —o un sueño de bienestar— a sus familias.

»Con lo que se encuentran en Europa y en España, en concreto, es con un nuevo infierno. Un infierno que no habían sospechado. Que ni siquiera Dante habría sospechado, lo cual demuestra que hay muchos más infiernos que los que Dante describió en su *Divina comedia.* No encuentran ninguna comedia, sino un mundo de horror.

Los inmigrantes se topan primero con el desprecio y la ignorancia de gran parte de la población. Son invisibles, no existen. Es como si estuvieran dibujados en las paredes. Y son muy necesarios para la acumulación de capitales. Los empresarios saben que tienen disponible una mano de obra sumisa, dócil, porque son personas incapaces de plantear una reivindicación social. Son incapaces de protestar, de organizar follón, de pelea. Por lo tanto, son el sueño del empresario que quiere enriquecerse. No quiere decir que todos lo hagan así, me consta que hay bastantes empresarios que tratan a sus inmigrantes de la misma manera que tratan a sus obreros españoles. Tampoco vamos a decir que los traten bien, pero los tratan de la misma manera y les dan el mismo salario. Sin embargo, la generalidad es bien distinta. Los inmigrantes cobran menos que los obreros autóctonos. La explotación es mayor. Y, paradójicamente, les hace falta este ejército de inmigrantes, porque, como ya han manifestado autoridades de todo tipo, gran parte del desarrollo español de los últimos años se debe al trabajo de este ejército de reserva que son los inmigrantes. Vienen de un mundo misterioso, del que se ignora la lengua, y atraviesan un desierto o un mar lleno de terribles penurias, de peligros sin cuento, en un acto de arrojo que realmente es desconocido desde la primera migración de los colonizadores españoles en América, que iban en condiciones parecidas: en barcos de madera atravesando el océano.

»Hay una paradoja con los inmigrantes. Al mismo tiempo que a los empresarios les hacen falta para los trabajos peor pagados y que no hace nadie, existe la falacia de que vienen a buscar trabajo que podrían hacer los españoles. Esto es falso, porque los españoles no están ocupando esos trabajos. Ningún inmigrante le ha quitado trabajo a un obrero español.

»El mundo que encuentran en España es bastante duro. Se agolpan en casas pequeñas, o bien por nacionalidad o bien por origen continental: sudamericanos, gitanos, indostánicos. Incluso hasta por pueblos, si pueden. Viven agolpados, en condiciones inhumanas, sin comodidades de ningún tipo y explotados, normalmente, por los dueños de las casas y las habitaciones, que se las alquilan a precios abusivos.

»Lo que planea ese cuervo negro que vuela sobre ellos es para las mujeres la prostitución y para los hombres los trabajos más crueles y peor pagados. La prostitución es algo que aparece siempre en el horizonte, porque se puede ganar más o igual dinero con menos trabajo, porque se les suelen presentar los trabajos más duros y peores. Por lo tanto, la prostitución si bien es una lacra también a veces es una tregua en ese horror. A veces es más humana que el duro trabajo. Las leyes son injustas, el trato es injusto. Los inmigrantes deben ser tratados como ciudadanos, con los mismos derechos que cualquier habitante español.

»Evidentemente no vienen, como repiten muchos cretinos, engatusados por la televisión, creyendo que aquí las longanizas cuelgan de los árboles. Y si así fuera tampoco eso debería justificar que se les trate como ciudadanos de tercera o cuarta categoría.

»Esa paradoja de necesidad y repulsión que produce el inmigrante es la que va a regir su vida durante todo este tiempo. Muy pocos vienen a integrarse. Lo que sueñan es reunir un poco de dinero y regresar. No les gusta la manera de vivir del occidental, incluyendo a los españoles. No están de acuerdo con esta forma de vivir absurda, estúpida. La vida improductiva aburrida que se lleva aquí. Están acostumbrados a un tipo de sociedad donde los lazos son mucho más fuertes, más dignos, donde hay respeto a los viejos y a las mujeres. Entonces a veces entran en un choque que les deja paralizados, tal como he podido comprobar en mis conversaciones con gran parte de ellos.

»Claro que no toda la inmigración es igual, no es lo mismo el africano que el sudamericano, y dentro del sudamericano no es lo mismo un mexicano que un argentino o un colombiano. Porque el grado de repulsión y racismo se ceba más con los africanos y los gitanos, como siempre. Ya estoy cansado de oír frases despectivas sobre ellos.

»La inmigración no acabará sola, porque no es turismo, es muy dura y peligrosa y modifica toda su vida. Acabará cuando acabe el sistema social de explotación de dos tercios de la humanidad. Lo demás es una broma. No la acabarán ni las ONG ni la beneficencia de los países ricos, que no son más de diez o doce.

Acabará cuando este sistema injusto acabe. Ésa es la única posibilidad que tienen de prosperar en sus países de origen, y no tener que atravesar miles de kilómetros en condiciones inhumanas para seguir en la inhumanidad en países que ni los quieren ni se dan cuenta de lo que son.

»Hay un evidente retroceso en los logros sociales de Europa. Además se agranda la brecha entre países ricos y pobres. No la ha causado la inmigración sino que la inmigración es un efecto, y el racismo ha existido siempre.

»La inmigración está justificando los retrocesos sociales y se expresa en su legislación, como en Italia. Es papel mojado, una llamada flexibilización del trabajo que lo que hace es permitir el despido de trabajadores cuando la tasa de ganancia así se lo indique al empresario. Pero esto no es producido por los inmigrantes, lo que pasa es que el tercer mundo es cada vez más pobre. Hoy hay más pobreza que hace cincuenta años. Esto genera una necesidad de salir, no para estar mejor, sino por una necesidad de supervivencia, sobre todo en África.

»Hay una paradoja, que es que las mujeres pueden trabajar en España, en gran parte, gracias a que se tienen criadas que pueden arreglar la casa y cuidar a los hijos, o a sus viejos, porque la jornada de trabajo impide a las parejas cuidar a sus hijos. Gracias a la inmigración, sobre todo sudamericana, la mujer puede emanciparse. Es una paradoja, porque se emancipan ellas, pero ¿quién emancipa a las mujeres que cuidan a sus viejos o que limpian sus casas? Podría ser un chiste, pero no lo es. Tú no puedes emanciparte a merced de que otro no se emancipe. Madrid está lleno de viejecitas y viejecitos que caminan despacito junto a mujeres jóvenes y cariñosas que los llevan del brazo y los sacan a pasear. Los hijos no tienen tiempo de cuidar a esos padres porque están ganando dinero. La mujer se emancipa saliendo a trabajar, y lo que debería resolver el Estado lo resuelven ellas privadamente, contratando a otras mujeres. Es una paradoja y una injusticia.

»El inmigrante le está aportando a esta vieja Europa cosas muy interesantes, como lo que he llamado en alguna ocasión la "venganza del corazón". Le están aportando una inteligencia emocional diferente a la que se da por aquí, donde las relaciones sociales están marcadas por el sistema productivo. Donde las familias están destruidas y la realidad de afecto interpersonal es tan escasa. Entonces ellos están dando una calidez, unas relaciones, un amor, una ternura, un sexo muy diferentes a los que se acostumbra en estos lugares. Eso es la venganza del corazón. Han sido pisoteados, explotados por siglos de colonialismo y en vez de devolver con el mal devuelven con el bien. Entonces muchos, muchísimos están descubriendo lo que es el amor, lo que es la ternura, las caricias, la amabilidad, lo que es la dulzura, gracias a los inmigrantes. Algo que aquí no pueden dar, pues ya habían olvidado que existía.»

ABRIENDO PASO

Desde la irrupción del fenómeno del cayuco, Senegal se ha convertido en la primera comunidad de los países subsaharianos emigrados a España. Según el Instituto Nacional de Estadística esta comunidad, de más de treinta mil personas, está seguida de cerca por la comunidad nigeriana. Para analizar la manera en la que se articula la comunidad senegalesa en España, nos encontramos en Dakar con el profesor de Sociología Mustaphá Tamba. Especialista en cultura y religión, en 2002 fue invitado en España como ponente sobre la emigración clandestina. «En esa época España ya era consciente de que se trataba de un problema difícil de gestionar.»

Según Tamba, muchos de los jóvenes que han emigrado a España pertenecen a medios populares y rurales. No hablan más que un poco de francés o español. La migración posee, también, una trascendencia cultural, porque estas personas trasladan su cultura a España. «Muchos viven en suburbios abandonados, hablan wolof y se visten y comen a la manera senegalesa.»

Hermandades religiosas

Estas personas se reúnen por región geográfica o étnica y viven reagrupadas por hermandades, redes religiosas que poseen una serie de principios. En Senegal, en el siglo XIX nacieron cuatro hermandades musulmanas: Qadiriya, Muridiya, Tijaniya y Layen, todas ellas originarias del islam. Amadou Bamba fue el líder de una de ellas. Limamou Laye también. Estas hermandades en España representan organizaciones sociales importantes en muchos campos, por ejemplo en el trabajo. En la zona de Barcelona y en la Costa Brava, los *murides* son muy numerosos. «Suelen trabajar como vendedores ambulantes y a veces son analfabetos. Los *tijan* suelen ser obreros y comerciantes. Uno de los objetivos principales de estas hermandades es construir sus propias mezquitas», dice Tamba.

«El mecanismo es sencillo, los senegaleses que llegan a España toman contacto con su hermandad, que irá a buscarlos. Los hospedarán hasta el momento en el que encuentren trabajo y puedan devolver sus deudas. Viven en redes organizadas y recrean la manera senegalesa en España. Son como una familia para los recién llegados.»

Mujer

Habitualmente, la familia apuesta por el hombre para que emigre. Juntan dinero y pagan el viaje del varón como una inversión. «El caso de las mujeres es muy diferente, las familias suelen estar en contra de que las mujeres partan. Por eso en muchas ocasiones las mujeres que emigran llevan el estigma de la exclusión social. Pueden ser mujeres que hayan sido abandonadas por sus maridos, que hayan sido acusadas de robo o prostitución. Hay muy pocas mujeres que hayan hecho la travesía en cayuco. Las mujeres que salen se sienten mal en su propio ambiente», asegura la antropóloga Eva Evers Rosander.

Aunque la presencia de mujeres senegalesas en el país se remonte a la década de 1990, Mustaphá Tamba habla de 2005-2006 como el periodo en el que emigraron a España de manera significativa. «Cuando los hombres se marcharon, las primeras que partieron fueron aquellas casadas con los emigrados. En España, trabajan en los albergues, las plantaciones o abren restaurantes senegaleses o preparan la comida a sus compatriotas.»

Prostitución

Algunas mujeres se prostituyen para ganar dinero y mantener a sus familias. «Existe una red de prostitución importante dirigida por españoles. En nuestra sociedad la prostitución está prohibida, pero la gente es comprensiva cuando se trata de mantener a la familia», dice Tamba. Eva Evers Rosander asegura que en África hay que pensar en la prostitución de otra manera. «Muchas veces encuentran un *Shugar Daddy*, un hombre que les da regalos y un poquito de dinero. Les compra vestidos y conviven juntos. Incluso se dan relaciones lésbicas. Todo lo que se puede vender, se vende. Ganar dinero y pagar a su marabú, rezar e ir de peregrinaje es lo importante. No tienen remordimientos.»

Inmigración: la oportunidad para conocer África

Mustaphá Tamba, como el profesor Ndoye, asegura que las relaciones entre España y Senegal no han sido muy ricas a lo largo de la historia. Mientras que la cultura hispana se ha propagado en la zona del África occidental a través de la lengua y la música cubana, España sólo colonizó Guinea Ecuatorial y el Sahara en África. «No conocen bien el continente. La relación existente entre España y Guinea es débil. Los españoles han emigrado más hacia América Latina o América del Norte, como Canadá.» Aunque asegura que la propia inmigración africana ha hecho que cada vez haya más presencia española en Dakar y en la región. «Las empresas españolas se están instalando y las islas Canarias están cerca. Los senegaleses han podido establecer un vínculo más estrecho y una correspondencia más regular con este pueblo que con Francia o Italia.»

Mustaphá Tamba asegura que el crecimiento urbanístico de España en los últimos años es el principal motivo que empuja a los senegaleses a elegir el país ibérico como destino. «Además, sus leyes sobre inmigración son más tolerantes que en Francia o Alemania, que tienen leyes muy severas. Los senegaleses se sienten más cercanos a los españoles en la cultura popular.» Así el declive de la construcción y la crisis económica en España están ligados al descenso de llegada de cayucos. Entre enero y julio de 2009 llegó un 40 % menos de inmigrantes irregulares en embarcaciones. El descenso en Canarias fue de un 63,6 %, según informó el Ministerio del Interior español, quien atribuyó estos descensos, principalmente, a «la eficacia tanto de las repatriaciones como de las medidas de control». Más allá de las medidas restrictivas, no podemos olvidar que, si las consecuencias sociales de la crisis económica en España son negativas, en Senegal y en el conjunto de África lo son mucho más.

«Para mejorar la situación, haría falta que los españoles ayudaran a los africanos a desarrollarse, creando empresas en nuestros países. Que Europa invierta en estos países. Haría falta implementar en África un plan idéntico al Plan Marshall, que ayudó a los europeos tras la Segunda Guerra Mundial. Estas medidas permitirían ponerle fin a la emigración clandestina y establecer relaciones mucho más francas entre los pueblos. España podría ayudar a formar a las personas en el plano técnico, agrícola e industrial. Por otro lado, es el gobierno senegalés el que tiene la responsabilidad sobre el territorio, le toca a él retenerlos con el fin de que se queden para construir el país.»

La emigración continuará en aumento y se acentuará con la pobreza y el desempleo crecientes en África. «El efecto de la crisis en África tiene unas consecuencias mucho más duras, por eso la emigración seguirá incrementándose, no sólo hacia España sino por todas partes. Es la juventud que parte.» Las consecuencias para países como Senegal son también negativas, «provoca despoblación, crisis sociales y psicológicas, un déficit de brazos, porque aquellos que han de cultivar la tierra no estarán más. La gente que se vaya no volverá porque no tendrá papeles».

En Bilbao, a pasos del ayuntamiento, sobre la calle del Cristo conocemos a Itziar Andetxaga. Es trabajadora social y coordinadora del programa de información y orientación en la delegación de la Comisión Española de Ayuda al Refugiado (CEAR) en Euskadi. Se trata de un programa que brinda varios servicios, como el de primera acogida y atención psicológica a familias inmigrantes. Se implica un cien por cien en cada caso y reparte su tiempo entre sus roles de trabajadora social y madre separada. Enérgica y apasionada por su tarea, hace un hueco en su ajetreada rutina para hablarnos de la situación de quienes llaman a su puerta.

El trabajo de Itziar es constante. A los que llegan a su oficina trata de darles una respuesta inmediata. Aunque por un lado tenga la sensación de no llegar y «de que todo se te va de las manos», por otro, siente la satisfacción de «que pones un granito de arena en pos de un cambio social.» Todos los inmigrantes que llegan a CEAR en Bilbao entran a través del programa que coordina Itziar. El perfil de los inmigrantes es muy variado: «Hay un poco de todo, desde gente con una situación más normalizada que quiere buscarse la vida hasta personas en situaciones verdaderamente dramáticas, que escapan de masacres, sin hablar el idioma, sin ningún tipo de red y totalmente vendidos.» Resumir colectivos es muy complicado porque atienden a nativos de más de 96 países. «Cada uno con una historia muy concreta que nada tiene que ver con la del vecino. Por el programa pasan un promedio de 60 a 80 personas al día. En el equipo somos diez.»

El golpe de la realidad

Todos los lunes, hay un taller sociolaboral dirigido a quienes llevan poco tiempo en el país y precisan una orientación básica como la de acceso al padrón y a la atención sanitaria. «Se les trata de bajar a la realidad, porque generalmente tienen unas expectativas que no se corresponden con lo que hay. Llegan y se esperan trabajo, casa, papeles y dinero.» Muchas veces se debe a la imagen de éxito personal que proyectan otros inmigrantes. «No están contando que para llegar a su primer trabajo, con una mierda de sueldo, se han tirado nueve meses viviendo en la calle y trabajando en la clandestinidad. No es fácil situar al recién llegado. El primer paso es meterles ese "tortazo", porque es la única manera de empezar a trabajar de manera coherente.» Asumir la realidad, lo antes posible, es fundamental en esta fase, porque de lo contrario se corre el riesgo de que «el choque sea tan gordo que a veces la gente acaba bloqueándose y es incapaz de salir adelante». Cada vez hay más colectivos con toxicomanías, con trastornos mentales, algo que, según Andetxaga, está directamente relacionado con la falta de esperanza respecto a los papeles.

Para el inmigrante recién llegado el panorama es tan demoledor y la solución tan a largo plazo y apenas de supervivencia, que es difícil sobrellevarlo. «Lo que hacemos es situar a la persona: dónde estás, en qué situación y, partiendo de ahí, qué derechos y deberes tienes. Qué cosas nunca debes hacer. "No te acerques a una comisaría."» También les decimos a qué entidades pueden acudir frente a determinadas problemáticas. Los contactamos con abogados, porque lo que condiciona siempre la vida de las personas extranjeras es su situación legal.»

En el taller fomentan las habilidades con las que tendrán que hacer frente al mercado laboral en una situación irregular. «Salen a buscarse la vida y me planteo hasta qué punto estoy fomentando el trabajo sumergido. El hecho de ayudarles me supone un conflicto ético, porque al final no sé hasta qué punto le estamos siguiendo el juego al gobierno.» Pero el conflicto puntual de las personas que se acercan a su oficina la obligan a actuar ante estas dificultades. «La persona que tienes delante tiene un rostro, un nombre y un apellido, unos hijos, un piso que pagar y unas necesidades que cubrir. Lo primero es lo primero.»

Cuando la persona llega al programa en CEAR le hacen una primera entrevista para registrar sus demandas y el 99 % tiene un objetivo muy claro de búsqueda de empleo. «Vienen y dicen "quiero trabajar". Pero a medida que empiezas a rascar un poco afloran muchas otras necesidades encubiertas.» La metodología es, entonces, sacar a la luz su situación y ayudarla a que confronte, siempre siendo consciente de su propia realidad en este contexto, y «desde ahí informarle sobre los recursos de los que dispone».

Son muchos los recursos existentes: abogados, comedores, pisos de día y atención sanitaria, entre otros. Se trata de atajar y favorecer el acceso a medicación o gestionar el derecho a la reagrupación familiar. «Cuando la persona tiene alguna problemática específica se la deriva a otro equipo, que es el de intervención social personalizada. Se trata de marcar objetivos concretos para reformular su itinerario y que pueda superar sus dificultades y que lleve una vida normalizada.» Las dificultades a las que se enfrentan son muy variadas, por ejemplo, familias monoparentales con muchos hijos, o jóvenes provenientes de un centro de menores que salen sin hablar castellano y sin saber dónde están. También atienden a ex convictos que salen de la cárcel y deben enfrentar un proceso muy difícil. «No atendemos a personas con consumo activo de sustancias, porque no contamos con personal especializado, pero los derivamos. Las problemáticas son múltiples y diversas. Hay situaciones de malos tratos, de abandono de menores.» Itziar Andetxaga deja en claro que no por el hecho de ser inmigrante se tienen estas problemáticas. «Los problemas aparecen cuando te encuentras en un entorno social agresivo y desfavorable en el que no hay recursos y no tienes manera de desarrollarte.» En circuitos de marginalidad se crean situaciones marginales.

Familia e integración

La familia es una fuente de socialización primaria que puede potenciar o bloquear diferentes procesos. El propio proceso migratorio genera en las familias situaciones de estrés y de tensión interna muy fuertes. Normalmente no toda la familia se puede mover a la vez, ni puede hacerlo en las mismas circunstancias. Se suelen dar periodos de separación muy largos, y el reencuentro suele ser muy duro y con muchas tensiones. Hay que reformular roles y valores. El objetivo desde el trabajo social es, cada vez más, intervenir de manera sistémica y preventiva para evitar problemas graves como la violencia o la conducta antisocial de los más jóvenes. «Estaba trabajando con una mujer argelina que no tenía ninguna formación, no sabía ni leer ni escribir. Escolarizó a sus niños y todo su afán era poder ayudarles con los deberes. Accedió a clases y aprendió a leer y escribir muy pronto. Pero cuando estaba ya por obtener el título oficial lo dejó, porque su marido no la dejaba. Si hubiéramos intervenido antes con todo el sistema familiar, seguramente no se habría dado esa situación.» Por este motivo el equipo de Itziar Andetxaga ha implementado talleres con familias en situaciones más o menos similares, y han comprobado que la acción se refuerza. «No se generan tantas tensiones en el barrio o en la escuela. Hace poco coincidieron varias familias con hijos adolescentes recién reagrupadas que estaban teniendo algunas conductas de adaptación que generaban problemas en el seno familiar y el contexto escolar. Hay conductas que para un chico de aquí son normales pero que para un inmigrante no lo son, porque están bajo la lupa. Además hay pánico ante el fracaso escolar de los críos, porque también tienen que demostrar más.»

Itziar recuerda el caso de dos mujeres nigerianas que llegaron en cayuco, embarazadas. Dieron a luz en Andalucía y luego quedaron en situación de calle con los bebés, sin dinero para comprar ni un pañal. «Las nigerianas, por su perfil, tienen muchas probabilidades de acabar en la prostitución, son carne de cañón a esos niveles: si no consiguen trabajo rápidamente acaban en esos circuitos. Hay una mafia muy grande de prostitución nigeriana.» En muchas ocasiones se ha pautado desde origen el precio que tienen que pagar y las mujeres vienen a prostituirse. «Suelen tener una deuda que pagar y los que llegan en cayuco también. Además, se paga caro. Incluso la familia ha pactado y si no pagan reciben amenazas. En el momento muchas no dicen nada, están muertas de miedo, pero luego nos van contando.»

Los dos bebés de las mujeres nigerianas enfermaron, y en CEAR intentaron prestarles atención sanitaria. «Lo que no sabíamos es que habían venido ya pactando con esa red. De hecho durante las entrevistas una se me dormía en la mesa porque había estado toda la noche trabajando.» En todo momento se trata de conservar la unidad familiar, pero en este caso llegó un momento en que un bebé casi muere y hubo que dar parte al servicio de infancia, quien asumió la tutela de los bebés.

«El trabajo es complicado, lo que nunca puedes hacer es dejar de indignarte ni de ponerte en la piel de las personas. Pero tampoco puedes llevarte en la mochila los problemas ajenos. Lograr un equilibrio es jodido. Es salir del despacho para llorar y volver a entrar. Casi es mejor soltar esa lagrimilla que quedar de piedra ante el dolor ajeno.»

Comunidades con dos lenguas

Respecto al proceso de normalización sociolingüística, se les explica a las personas el contexto histórico y cultural del País Vasco. Se les informa de que hay dos lenguas oficiales. «Pedir a una persona adulta que trabaja quince horas diarias y no tiene dinero que aprenda euskera es casi como pedirle peras al olmo, pero con lograr una predisposición positiva hacia el idioma y la cultura, te puedes dar con un canto en los dientes. Intentamos también que los niños sean matriculados en escuelas euskaldunas, porque de pequeño es mucho más fácil aprender el idioma. Esto tiene también un componente ideológico, no hay manera de normalizar una lengua si la gente que llega no la aprende.»

Llegados en cayuco

Los que llegan en cayuco van a la oficina de CEAR sin nada y «en una situación física y emocional muy dura». Sin documentación y sin hablar el idioma. Además, con pocas expectativas de solucionar la situación en el corto plazo. Se requiere una gran fortaleza para salir adelante. «De hecho, no todos consiguen salir adelante. Una vez superado el plazo de cuarenta días las autoridades los reparten por diferentes puntos de la geografía española. «Como no los pueden expulsar, te los dejan aquí, pero sin posibilidad de que trabajen. Si no los puedes expulsar, ¿qué pretenden? ¿Generar enormes bolsas de marginalidad? Antes por lo menos a los que llegaban a Melilla les daban una especie de visado transitorio para que pudieran buscarse la vida y regularizarse si conseguían un contrato.» Existía cierta expectativa. La situación actual es mucho más complicada. «Hay mañanas que te encuentras con seis personas subsaharianas que están esperando muertas de frío. En un primer momento se les trata de dar una atención primaria: que accedan a albergues, a instituciones sociales, duchas públicas, atención sanitaria inmediata.» No pueden empadronarse, porque los dos requisitos fundamentales para ello son identificarse con algún documento oficial y tener un domicilio. La mayoría no tiene ninguna de las dos cosas. Figurar en el padrón municipal es lo que proporciona una serie de derechos mínimos. «Cuando llegan después de los centros de internamiento tienen acceso a tres días de albergue, tres días de mierda, y punto. Los comedores están saturados. La situación de las personas que están llegando es terrible.»

Itziar asegura que es encomiable la actitud de muchos: «Yo me saco el sombrero. No me gustaría verme en esa situación ni ver qué acabaría haciendo para sobrevivir. Me saco el sombrero porque veo que aún en esa situación la gente va a clases de castellano, busca formación profesional, acaba consiguiendo un pasaporte y normalizándose.» Muchos duermen en la calle. Debajo del puente de Rekalde, en Irala. En invierno hay un dispositivo donde les permiten pasar no más de diez noches. «La gente se piensa que en Bilbao no hay indigentes en la calle, o que aquí nadie pasa hambre. ¡Mentira! Aquí la gente pasa hambre, frío y duerme en la calle. No hace falta ir a África para ver situaciones extremas.»

Entre los que llegan en cayuco, sobre todo hay senegaleses, congoleños, de Guinea-Conakry y Nigeria. Piden asilo en función del país y la situación en la que vengan. «En todos los países del mundo hay situaciones de abuso, pero determinados colectivos suelen ser de asilo fijo, por ejemplo de la República Democrática del Congo, Costa de Marfil, Nigeria. Por problemas raciales, religiosos o de identidad sexual.»

Los subsaharianos se encuentran en una situación de extrema dificultad, especialmente en la primera fase. Por eso todas las organizaciones sociales que tratan con este colectivo hacen lo posible para que aprendan castellano cuanto antes. «Es la única forma en la que encontrarán un empleo sumergido. Para algunos pasan los años y siguen como el primer día. Su situación es de exclusión social. Son circuitos muy marginales donde ya no interaccionan con el entorno, pierden todo contacto, quedan en situación crónica de calle y con otras problemáticas como alcoholismo, toxicomanías, trastornos mentales. Pierden toda habilidad de relación. Pero son los menos, a mí me parece poco, considerando lo que tienen que pasar. Es increíble la fortaleza humana que presentan.»

Superar la dificultad

Salen adelante poco a poco. «Con algún trabajillo, alguna chapucilla, lo consiguen y compran el pasaporte. Lo que hacen las embajadas y los consulados es una vergüenza mundial. Son una de las mayores mafias. Las tasas y los requisitos son subjetivos y carísimos. Muchos países no otorgan pasaporte fuera del territorio, por lo que deben untar a la gente en origen. Están legitimando el soborno. Una vez que logras la odisea del pasaporte, con el que podrías acceder al empadronamiento, debes subsistir tres años para que te den el permiso. Que suele ser de más de tres años. Tienes que demostrar una estancia continuada de tres años con documentación, lo que suele ser imposible. Además de este periodo y de esos documentos imposibles, llega lo peor: un contrato de trabajo por un año con jornada completa. Yo en toda mi vida no tuve uno así.»

El gran trabajo sumergido es el trabajo doméstico: limpiar casas, y cuidar niños y ancianos, aunque el ideario social prefiere a los latinoamericanos. También trabajan en la construcción, hostelería, carga y descarga, la venta en la calle. La mayoría son senegaleses y saben que se van a dedicar a la venta ambulante. El emigrado económico habla de la inseguridad en su país, pero incluso el que se escapa de fenómenos tan graves como la guerra sigue afligido por la realidad cotidiana de si mañana podrán comer sus hijos o si podrá mandarlos al colegio. Por lo general, todo el mundo prefiere estar en su casa o lo más cerca de su casa posible. «También se van por sequías y problemas climáticos. Por ejemplo en Guinea se han echado a perder muchos campos de cultivo. La gente se ve obligada a irse.»

La labor de la ONG

La línea de trabajo de Itziar y de su equipo está clara, las personas por encima de todo: «Creo que la persona está por encima de cualquier ley, papel o gobierno.» Llegan con desconfianza. «No saben quién eres ni por qué les estás hablando, lo que es normal. Muchas veces antes de decirte cómo se llaman te preguntan quién eres tú, y por qué les estás hablando. Les explicamos que somos una ONG, que no somos ni la policía ni el gobierno. Luego los situamos y les metemos en la cabeza que tienen que hacer un esfuerzo importantísimo y fundamental. Muchas veces las intervenciones que hago son simplemente decirles "ánimo, vamos, adelante", porque a veces vienen sólo para que les preguntes cómo están, porque no tienen a nadie que les pregunte ni que les dé fuerzas para seguir luchando. Muchos verbalizan el hecho de que si hubieran sabido cómo es esto jamás habrían venido, dejando amigos en el camino, cruzando el desierto. Un chico me decía que creía que lo más duro era cruzar la frontera, el desierto, la odisea del mar. Pero que al llegar se dio cuenta de que el verdadero problema estaba aquí.»

A Itziar se le llenan los ojos de lágrimas al recordar el caso de un joven subsahariano, menor de edad. Llegó a Canarias y le faltaban unos meses para cumplir la mayoría de edad. No llevaba pasaporte. «Le tuvieron encerrado sin contacto con nadie hasta que cumplió la mayoría de edad. Como si nunca hubiera llegado a España. Le daban palizas para que dijera que tenía más años. Llegó aquí en un estado horrible. No dejaba que te acercaras a hablarle. Las mujeres nigerianas me parten el alma, veo en sus ojos una situación tan dura, y con muy poca posibilidad de llegar a ellas. Es la esclavitud moderna, permitida por nuestra sociedad. No se podría dar si no se permitiera. Mirar a la cara a esa mujer a la que le estaban quitando el bebé fue terrible.»

Le preguntamos a Itziar qué aporta a la inmigración y dice con cierta resignación que les aporta bastante poco. «Trato de que esto no sea tan jodido y que su lucha no sea sólo de ellos, porque yo tengo derechos reconocidos y puedo partirme la cara ante las instituciones, cosa que ellos no. Trato de dar la cara en ocasiones, y en otras simplemente acompañar y dar fuerza.» ¿Y ellos qué significan para Itziar? «Ellos me aportan todo. Porque muchas historias me reconcilian con el ser humano. Por un lado te da la visión de que menuda mierda el mundo en el que vivimos y menuda mierda el ser humano, que es la peor plaga que ha tenido el planeta. Pero por otro lado cuando ves a estas personas salir adelante y con una sonrisa en la boca la verdad es que me reconcilia con el ser humano. Qué capacidad, qué fuerza interior. Me da vergüenza quejarme de mis problemas. Semejante alarde de superación me da fuerzas para seguir adelante con lo mío.»

PAPELES PARA TODOS

En la carrera de San Jerónimo, a escasos metros de la madrileña plaza de la Puerta del Sol, Moussa Traoré vende DVD piratas. Están expuestos sobre una manta, en una esquina, a punto de ser pisados por cualquier distraído. Si la policía llega, el mecanismo es sencillo: Moussa recogerá toda la mercancía de un tirón y desaparecerá entre la multitud. Por lo menos, así lo ha hecho en los últimos cinco años. «La policía nunca me ha detenido», dice orgulloso. Lleva este tiempo viviendo en España y ya tiene el arraigo. Sólo le hace falta que alguien le haga un contrato por un año para conseguir los papeles. Dice que, si la policía lo detiene, las cosas se complican.

Cruzo la calle entre el tráfico y me acerco. «¿A cuánto están?» «Una por tres euros, dos por cinco.» En la manta veo *14 kilómetros*, la película de Gerardo Olivares sobre la inmigración clandestina. Lo saludo en wolof y le pregunto si nos podríamos ver para hablar de Senegal. Sonríe amablemente y dice que vive en la calle Olivares, en pleno barrio de Lavapiés. Quedamos a las nueve y media en la salida del metro.

Nació en octubre de 1987, pero parece mayor, dice que es porque ha sufrido mucho. Desde pequeño soñó con venir a Europa. Siempre recordará a su madre preocupada, pensando qué les daría de comer a sus siete hermanas y a él. El padre es militar, tiene cuatro esposas y 28 hijos. «Mi madre es la cuarta esposa, si fuera la primera o la segunda todo habría sido más fácil.»

A los 17 años se fue de Saint-Louis, sin decir nada. Se marchó en un *sept-place* desde su ciudad hasta Nuadibú, en Mauritania. Trabajaba con su hermano mayor, lo ayudaba en su tienda hasta que una noche se deslizó por detrás del mostrador y le robó un millón de francos CFA, unos mil trescientos euros, para pagarse el viaje. Pasó tres meses en Nuadibú. Al final, consiguió que lo llevaran a Marruecos, al Sahara. Pero al llegar, la policía marroquí los atrapó. «Me agarraron del cuello de la camiseta, me gritaron y me tiraron al suelo, pero no me pegaron. Nos montaron en una furgoneta y nos enviaron a la frontera con Argelia.»

La policía argelina lo apresó y cuando le preguntó la edad Moussa dijo que tenía 22 años. No le creyeron. Lo devolvieron a Marruecos, donde dieron la orden de que lo llevaran a Rabat, a la embajada de Senegal, porque era menor de edad. «Me sentaron en un banco y me pidieron la documentación. Pasé dos días y dos noches en la embajada. Al tercer día me fui a Ceuta.» Estuvo viviendo en el bosque de Bellones. «Éramos muchos los que queríamos cruzar la valla. Una noche tratamos de pasarla. Es muy alta, como ese edificio de ahí. Si miras hacia abajo te caes. Es muy difícil pasar al otro lado una vez que estás arriba, está muy alto y se tambalea.» Vio cómo la gente caía muerta. «Di media vuelta y bajé. Mira, tengo cicatrices en la cabeza, la cara y los brazos. También me queda la cojera de recuerdo.»

Se fue a vivir al sur de Marruecos, donde un tal Mohamed lo tuvo trabajando en el campo. «Trabajaba de 6 de la mañana a 8 de la tarde a cambio de comida y un lugar para dormir.» Entonces, conoció a uno que le cobró 200 euros por pasarlo en patera. «Fui la noche que pactamos a la playa. Recuerdo el viento frío, muy frío. Esperé durante horas, casi hasta el amanecer. Nunca apareció nadie.» Volvió directamente con Mohamed y siguió trabajando con él hasta que consiguió una patera para pasar a Canarias. «Éramos cuarenta y pico en la patera. Me quedaba dormido y los demás me despertaban. No pensaba en nada porque estaba agotado. Fueron dos días de viaje. El mar estaba muy agitado y las olas eran enormes.»

Llegaron a un pueblecito de Fuerteventura, no recuerda el nombre. «Estaba muy enfermo, casi inconsciente, y me llevaron al hospital. Pasé cinco días allí, sin saber dónde estaba, y al final me recuperé. La policía me interrogó. No tenía ningún documento y dije que era de Ruanda, porque este país estaba en guerra así que nunca me enviarían allí. Les dije que me llamaba *Roc*, que significa «loco» en wolof, y que mi idioma era el *dolf*, que significa «pala». Empezaron a hablarme en wolof: «*Nanga def?*» [«¿cómo estás?», en wolof]. Yo hacía como si no entendiera nada.»

Después de los cuarenta días en el centro de internamiento, pasó una temporada en la Cruz Roja. «Me enseñaron jardinería, trabajé y me pagaron por ello. Conocí a dos senegaleses. Les dije que quería ir a la península. Todo fue muy fácil, me prestaron su pasaporte y me llevaron al barco. Llegué a Almería y comencé a trabajar en los invernaderos. Pero el trabajo era muy duro y no pude aguantarlo. Dormía en la calle entre las cajas, hacía mucho frío.» Al cabo de unos días, tomó un autobús y se fue a Valencia. Durmió dos días en la estación, recuerda cómo se le acercó la policía. Les mostró el papel que le habían dado en Canarias: «Lo cogieron, me miraron y dijeron "pobrecito".» Luego fue a Madrid en autobús. No conocía a nadie, no puede explicar con palabras lo que le pareció la ciudad. Todo era tan grande: el tráfico de automóviles, los semáforos... Comenzó a caminar por las calles hasta que rápidamente se encontró con un senegalés que le dio un lugar donde dormir. «Es la manera de ser senegalesa, muy diferente de Europa. Tenemos un principio de solidaridad, le decimos *teranga*. Empecé a vender gafas de sol por la calle.»

Desde que se fue de Saint-Louis a los diecisiete años no había dicho nada en su casa, su madre no sabía nada de él. «No sabía si iba a vivir. No quería dar señales de vida. Durante todo ese tiempo, mi madre había enfermado de la preocupación.» Sus amigos en Madrid le empezaron a decir que habían visto su foto en la televisión senegalesa. Su madre lo estaba buscando y sus amigos le pidieron que la llamara. «Me negué, les dije que no me acordaba del número. Pero Abdoulaye, uno de los compañeros con los que vivo, llamó a la radio senegalesa y consiguieron el número de mi casa.» Cuando llamó, su madre no lo reconoció. «No, tú no eres mi hijo.» Habló con su padre, quien sí que lo reconoció. «Mi madre seguía desconfiada y me comenzó a preguntar el nombre de mi abuela y de mis hermanas, quería estar segura de que era yo.»

Todos estos años ha estado vendiendo en la calle, ahora sólo quiere conseguir papeles. Ya tiene los tres años de permanencia para el arraigo. «Para el permiso de residencia sólo me hace falta el contrato. Me venden un contrato por 1.500 euros o por 2.000 euros. Es demasiado dinero. Vivo con siete senegaleses más, cada uno paga 150 euros.»

Trabaja para sobrevivir y evita problemas. Sale a la calle con la mercancía y mira. Si hay policías de civil vuelve a casa. «Se les reconoce fácil, en la mirada. Sólo con mirar a alguien a los ojos sé si es buena persona. Si te detienen te pueden devolver y puedes tener problemas para conseguir los papeles. Si estás vendiendo en la calle y aparece la policía de repente hay que salir corriendo y si con la prisa te chocas con alguien también puede ser un problema para conseguir el permiso de residencia.»

No entiende a la gente que está pidiendo y duerme en la calle. «Tienen papeles y en lugar de trabajar fuman marihuana y se drogan, realmente no lo entiendo. Yo sólo pienso en los papeles, en poder trabajar.» Envía 150 euros a su madre todos los meses. Con esta cantidad su madre puede vivir. «La vida para ella es muy dura, es la cuarta esposa de mi padre y trabaja como lavandera. Siempre ha estado preocupada por nosotros.» Moussa sentencia: «En África no hay futuro, por eso vine.» El español que habla lo ha aprendido en la calle. No tiene tiempo para ir a clase. «Sí, aquí hay racismo. Si pregunto por la calle algo, hay gente que no me contesta o se aparta asustada porque soy negro, pero todos tenemos la sangre roja. Creo que quien ha salido de su país sabe mucho. El que viaja no puede ser racista.»

Íbamos a hablar de Senegal y cuenta su vida. Me mira sonriente, me invita a una mandarina y me pregunta mi profesión. Le confieso que soy periodista. «Ya lo sabía», dice. «¿Por qué?», le pregunto. «Porque ningún blanco se me ha acercado nunca.» Mañana va a Aranda del Duero a por fresas. Le pagarán 25 o 30 euros por jornada.

MENOS QUE UN ANIMAL

Omar Diatta es un senegalés de la Casamance, que trabaja como secretario de la Asociación Catalana de Residentes Senegaleses, ubicada en Barcelona. También hace la labor de mediador intercultural en un centro de menores. Vino a España con visado de estudiante y empezó la carrera de administración y finanzas, pero la dejó para estudiar cine. Le interesa el mundo de los documentales, porque es «donde puedo expresarme con más libertad y aportar algo para dar a conocer las realidades de otros lugares». Denuncia que los gobernantes senegaleses no están gestionando el país como deberían y se lamenta por las condiciones en las que viven sus compatriotas en España.

Para Omar todos los que vienen en cayuco han perdido la esperanza. Pone como ejemplo la Casamance, su región, donde muchos jóvenes luchan por la independencia de ese territorio. «Están luchando y muriendo. Muchos tienen estudios, pero no tienen trabajo ni nada que hacer, entonces toman las armas. Una persona que ha perdido la esperanza no piensa en su futuro. De alguna manera la lucha armada y el cayuco están unidos, porque están relacionados con la falta de esperanza.» Omar no cree que el fin de la independencia justifique la violencia, «creo que se puede negociar». De la misma manera, tampoco defiende la inmigración clandestina, cree en otras vías para intentarlo. «Me parece normal que los que vienen con visado de turista se queden. Pero en cayuco no. Hay miles de personas que se han quedado en el mar. Estas personas no tienen posibilidad de pagar el visado. Los hijos de las personas más pobres están muriendo en el mar.»

La idea de que van a encontrar el Dorado en España está alimentada, según Omar, por los propios senegaleses que han emigrado a Europa. «No cuentan la verdad. Quizá no tienen nada y se muestran como personas que tienen mucho dinero. Cuando van a Senegal piden ropa prestada. No cuentan las dificultades que han pasado. Les da vergüenza asumir que han fracasado.» Son muchos los casos en los que los senegaleses vienen animados por amigos radicados en España que les dicen que la vida es maravillosa. Pero cuando llegan y les llaman, no contestan el teléfono o no les van a buscar porque no quieren que sepan el tipo de vida que están llevando. «No tienen ni dónde alojarlos. Han mentido tanto que la imagen que dieron no es la real. Se genera una cadena de mentiras, porque cuando van de vacaciones a Senegal invitan a todos con cerveza o *Fanta* para que crean que han triunfado, pero en realidad no tienen un duro.»

Por eso Omar quiere mostrar a través del cine la vida de los emigrantes. «Hay gente que está currando en la calle. Aunque a sus familias les dicen que están trabajando muy bien. Si vas a las Ramblas cualquier noche, verás a la gente vendiendo droga o en la prostitución masculina. La policía les persigue. Hay quien vive de okupa, o en la calle, y come basura. Otros están en albergues sociales del ayuntamiento.» En muchas ocasiones la marginación social profundiza, multiplica comportamientos marginales.

Incluso son muchas las personas con los papeles en regla desempleadas. «Cuando uno no tiene nada, pierde su dignidad y acepta cualquier cosa, como la prostitución. En África somos responsables de lo que está pasando porque nos matamos entre nosotros.» Omar critica el sistema y la corrupción en el tráfico de visados. «Hay músicos o comerciantes que tienen facilidades para venir y colaboran con los consulados. Hay una mafia enorme. Quizás un músico venga con diez chicos y vuelven dos o tres. La mayoría no son miembros del grupo. Un visado puede salir por más de 5.000 euros. Hay quien vive de eso, de traer gente ilegalmente. Muchos no abren los ojos. El viaje en cayuco ha costado un máximo de 3.000 euros, aunque ahora se puede conseguir por mil euros o menos. Todo es negocio.»

Quizá lo más duro de este proceso sea la soledad. La ruptura cultural para los que vienen en cayuco es muy fuerte. «Muchos se pierden. No entienden el idioma, las costumbres ni el ritmo de vida. La gente te come. Muchos se quedan encerrados en la casa, no duermen bien. Hay personas que no están preparadas. Creen que en tres meses tendrán dinero y podrán volver. Yo sabía más o menos cómo iba a ser la vida en España. Sabía que iba a ser difícil y que me iba a faltar mi familia. Pero una persona que llega sin conocer a nadie y desde el primer día enfrenta problemas —dormir, comer, ducharse— se puede volver loca. Hay gente en la calle, enferma de la cabeza.» Omar recibe a muchísimos senegaleses en la asociación cada día. Termina agotado cada jornada laboral, se queda hasta las tres de la mañana, tratando de ayudar a sus compatriotas a encontrar albergue, o contactando con alguien que pueda echar una mano. «Tengo la obligación moral de ayudarles. El año pasado llevé a mucha gente a dormir a mi casa. Pero en un momento mis compañeros de piso me dijeron que no era un hotel, les decía que eran mis primos, pero era evidente que no lo eran.»

En opinión de Omar los gobiernos africanos tienen que parar este fenómeno, porque la migración en cayuco no es una solución. «Los españoles no lo ven bien. Sólo una minoría acepta este sistema porque dicen que de España emigraron muchas personas. Pero observemos la situación de quien vive en la calle, ¿cómo se va a comportar de manera cívica? Quien está en la calle tiene que robar para vivir. Primero los meten en los centros de internamiento. Luego los dispersan por las provincias de España y los dejan en la calle. ¿Qué van a hacer? No pueden trabajar. Según la ley tienen derecho a vivir acá, entre comillas, porque no los pueden devolver. Preferiría que los devolvieran a que los dejaran sin posibilidad de trabajar. ¿Dónde está la ley? Esta persona no es un ciudadano, es un animal. Pero los animales no andan por la calle. Estas personas son menos que un animal. No tienen dónde dormir. Aquí los animales están en casa.»

Tender puentes y hablar del fenómeno en profundidad, es así como Omar ve la solución. «Me gustaría que la gente hablara, que tuviera un discurso verdadero para resolver este problema. Si realmente se supiera la verdad no vendrían tantas personas, aunque la verdad es complicada. Tengo familiares que quieren venir pero les digo que no cuenten conmigo, si piensan venir ilegalmente. Les digo que no hay trabajo.» Cuando Omar vino a España estuvo a punto de dejarlo todo y regresar. Le daban la residencia, pero no podía trabajar. Recién después de tres años ha podido conseguir el permiso para trabajar. «Por suerte recibí becas y un amigo español me pagó los estudios de cine, si no habría sido imposible.»

Omar se siente un iluminado, ha abierto los ojos y con cierto estoicismo dice que para conocer la vida hay que sufrir. «Para los senegaleses desarrollarse y viajar es como un deber. Eso nos han enseñado los ancianos. Si no funcionas en tu lugar, debes buscarte la vida en otro sitio. Pero creo que el futuro de los africanos no está aquí sino en África. Tenemos que luchar para defender a África, porque ni Europa ni nadie van a defenderla. De todo lo que se habla de cooperación internacional, no creo en nada. Porque Europa tiene miedo de que África se desarrolle y meten barreras y la condicionan con la cooperación. La orientan a su antojo.»

Racismo, a Omar no le gusta esa palabra. Aunque percibe actitudes agresivas. «Muchas veces voy a discotecas y no me dejan entrar porque no estoy en la lista, pero los blancos tampoco están en la lista y pasan. En otra ocasión un portero me pegó. Puse una denuncia hace nueve meses, pero no ha pasado nada. Una vez en una discoteca en Diagonal no me dejaron entrar y me dijeron "vete a tu país, negro de mierda". Es una injusticia en este mundo. Me afecta mucho cuando le pegan a alguien. Se habla de derechos humanos, pero no existen. Se hacen cosas que no se dicen y a nadie le interesan. Muchas veces cuando la policía coge a un chico le exige dinero. No puedo inculpar a todos los blancos, no los voy a insultar a todos por culpa de un blanco ignorante. Simplemente, hemos tenido la mala suerte de tener un color diferente. El negro no está bien considerado. Muchos lo consideran inferior. Qué tenemos que hacer: luchar para demostrar lo contrario, demostrar que somos capaces. Siempre se habla de África de manera negativa. Si te hablan así desde niño creces con esa idea y no es tu culpa. Quizá nosotros tenemos una idea negativa de los blancos. Hay que buscar la manera de cambiar este mundo. El cambio positivo lo debe hacer la población, porque los políticos se llenan la boca de palabras y nada dicen porque siguen sus intereses.»

SÍNDROME DE ULISES

Joseba Achotegui nació en Durango, Vizcaya, pero fue a Barcelona a estudiar Medicina y a especializarse en Psiquiatría. Es profesor en la Universidad de Barcelona y director del Servicio de Atención Psicopatológica y Psicosocial a Inmigrantes y Refugiados (SAPPIR), dedicado al tratamiento de enfermedades mentales en personas procedentes de otras culturas. Fue el primero en hacer una tipología de los trastornos propios de los inmigrantes y en hablar del «síndrome de Ulises».

Trabaja desde los años ochenta en temas de migración y salud mental. «En la experiencia que he tenido me encontré a principios del 2000 con un cambio importante en la problemática de los inmigrantes.» Frente a los problemas clásicos que siempre había visto de psicosis y depresiones —que también padece la población autóctona— o de problemas de adaptación en personas que no se integraban al nuevo país, comenzó a ver que había una situación muy diferente. «El contexto social se había hecho tan hostil que la gente ya no se podía adaptar.» Entonces fue cuando salió esta idea del síndrome de Ulises. Estaban ante una migración con tales adversidades, peligros y rupturas familiares que en un momento le evocó la imagen de *La Odisea*, con soledades y naufragios. «Además era evidente que la mayoría de estas personas no estaban enfermas, sino que eran personas sanas en crisis. No todas enferman por la crisis, pero sí todas la notan.»

Las situaciones extremas han aumentado y son mucho peores a las que se veían hace diez o veinte años. Las características del síndrome son las mismas que suelen darse en las situaciones de estrés crónico: «Los que lo padecen tienen problemas de sueño, cefaleas, están irritables, tristes, nerviosos, a veces un poco desorientados. Pero no tienen los síntomas definitorios de una enfermedad mental, como la ansiedad de muerte o la pérdida de actividad.» Para que haya una enfermedad mental tiene que haber una alteración estructural en la persona, no reactiva. Por eso, el doctor Achotegui habla de un síndrome y no de una enfermedad mental.

El porcentaje objetivo de africanos emigrados es muy bajo, pero para Achotegui la patera posee un gran valor mediático, porque es el único momento de visibilidad de la llegada de los inmigrantes. «Esto hace que sea un símbolo. Además de que el barco es un símbolo de la migración.» La experiencia de este psiquiatra dicta que son innumerables los casos de personas que han llegado por este medio y se encuentran sin trabajo, sin su familia, sin papeles y sin poder salir adelante. «Tienen los síntomas habituales de tristeza, dolores de cabeza. Los africanos suelen tener problemas digestivos e insomnio. Recuerdo a una mujer que venía de Guinea y ya había sufrido malos tratos en su país. Vino con su marido, pero se separó. Había dejado varios hijos en Guinea. Estuvo un tiempo en una residencia, pero la echaron. Se encontraba muy triste y afectada, pero aun así tenía entereza para salir adelante, aunque no sabía cómo.»

Según el doctor Achotegui hay cuatro grandes estresores que afectan a los inmigrantes: uno es el afectivo, la ruptura familiar. En segundo lugar la incapacidad de salir adelante. En tercer lugar la lucha por la supervivencia y en cuarto los peligros para la integridad física, desde el viaje, vivir en la calle, el miedo a ser expulsados, hasta la indefensión jurídica. «Todo eso acaba pasando factura. Además, lo viven de modo crónico durante muchísimo tiempo y todo junto se potencia. Tienen muy poco apoyo social y muchas veces los servicios sanitarios no actúan adecuadamente. Les tratan como enfermos y pueden provocar efectos secundarios. Es un problema reactivo de estrés en personas que están desbordadas.»

La clandestinidad es un gran estresor. El miedo y la imposibilidad de relacionarse y entrar en contacto con la sociedad son palos en la rueda. Habitualmente, los inmigrantes son conscientes de que van a tener que afrontar adversidades, creen que lo van a poder superar, «pero no es lo mismo imaginarse una cosa que vivirla. Sabían que sería duro, pero al vivirlo les afecta más».

El equipo de Achotegui suele actuar sobre dos pilares fundamentales: los estresores y los síntomas. «En cuanto a los estresores, les ayudamos a que incrementen la red de apoyo social. Que no se sientan aislados, que establezcan vínculos. También podemos buscarles asesoramiento legal. Con los síntomas hacemos una intervención de apoyo. Podemos enseñarles técnicas del sueño, técnicas de relajación, darles contención a través de entrevistas y reorganizar sus capacidades. Desgraciadamente, no podemos cambiar la causa de todo esto, pero podemos ayudarles a soportarlo y sobre todo a evitar que enfermen de verdad. Porque no están enfermos, están mal. Pero claro, todo el mundo tiene un límite y esa frontera para pasar al otro lado es muy delgada.»

Tienen muy presente cómo la persona interpreta el sufrimiento desde su cultura. Respetarla es una manera de reconocerla y no desvalorizarla. Trabajan cerca del puerto, en los barrios adonde llegan los inmigrantes. «Hemos visto cómo cambian los paisajes y las personas. Es una experiencia muy impactante y enriquecedora ver a personas tan diferentes. Haber podido definir esta problemática nos ha dado reconocimiento. El concepto de síndrome de Ulises es utilizado en muchos lugares, hasta en Japón. Esto nos ha supuesto un estímulo, el trabajo está valiendo la pena.»

Mayo de 1953

Marichu apenas tiene cinco años y está sentada en el pequeño balcón del número 12 de la calle Baltasar Bachero. Esta calle antes se había llamado Salitre, pero en este momento de la historia le hace honor a un héroe, un vecino que murió por salvar la vida a unos niños cuando una mula desbocada iba contra ellos. Al pobre Bachero no le duró mucho tiempo la calle, porque poco después volvió a llamarse Salitre.

Marichu observa la vida desde su ventanita. Sentada en un sillón de mimbre, tiene una muñeca en su regazo. Los niños juegan en la calle porque no hay automóviles. De pronto se oye uno que viene por Santa Isabel y los niños gritan: «¡Un coche, un coche!» A Marichu su madre no le deja bajar a jugar, porque «esos niños son unos ordinarios y unos malhablados». Así que se dedica a escudriñar a cada uno de los personajes que pasan. Los desperdicios los recoge un basurero que va con un carro y un caballo, camina renqueando y parece un temible pirata. Los miércoles pasa un colchonero que grita: «¡Se cambian colchones por ropa usada!» De cuando en cuando, también pasan los caldereros que llaman la atención de los vecinos al grito de «¡Se arreglan cazuelas y ollas, ollas y cazuelas!». Pero lo que más le gusta a Marichu es el afilador, Josiño, un gallego que pasa en bicicleta. Éste es su medio de transporte pero también de trabajo. Le da la vuelta a la bicicleta, cambia la cadena y, ahí mismo, tiene la piedra de esmeril. Va con un diapasón en la boca y, al grito de «¡el afilador!», las señoras bajan de las casas con los cuchillos. En torno al afilador se arman unos corrillos donde se habla de todo lo divino y de lo humano. A veces, pasan los botijeros que vienen con burros. Los pobres animales van tan cargados de botijos que parece que van a desfallecer. Marichu imagina que al animal le salen alas, se libera de la terrible carga y sube hasta su balcón, se monta sobre él y vuelan libres hasta La Mancha, que es de donde viene. Se imagina a las mujeres lavando en los ríos y los campos con los labradores, pero de pronto escucha «Botijos,

botijos... botijos y cántaros» y vuelve a la realidad. Son preciosos, algunos blancos, otros de color arcilla. Los más bonitos son los extremeños, que tienen muchísimos pitorros y están profusamente decorados. Pero los mejores son los rojos, a los que se les pone una pajita para que no entren los bichos. El agua sabe al anís que hay que echarle para que se conserve.

Lavapiés huele a muchas cosas, en algunos portales huele a zotal, un desinfectante para las chinches, porque en Madrid hay muchas chinches y las casas son muy viejas. También huele a humedad, a estiércol y a puchero. En todas las casas se preparan cocidos. Mezclemos todos estos olores y el resultado es el perfume de Lavapiés 1953.

En los años de 1950, los niños hacen muchos recados y, de cuando en cuando, Marichu sale a comprar el vino y el sifón que le pide su madre. Sube la calle y haciendo esquina con Santa Isabel está el mercadillo de plantas medicinales. Estrellitas de anís para los cólicos de los bebés y menta poleo para el gazpacho. A Marichu le encanta salir, la vida en la calle es entretenida porque hay mucha gente. En la esquina hay una bodega. Nada más entrar, a mano derecha, hay una especie de fuente, un surtidor para lavar la botella antes de rellenarla. Se pone la botella boca abajo, se aprieta y sale un chorro de agua. Para Marichu, y los demás niños que van a comprar vino, la gracia está en mojar al de al lado o a los señores que están allí bebiéndose un chato mientras hablan, generalmente, de fútbol. En algunas ocasiones, también se habla de política, pero con la voz baja y mirando a todos los lados. Mientras uno habla, el otro le chista para que baje la voz y rápidamente se vuelve a la conversación futbolera: «Cómo ha estado Di Stéfano.» Hay mucha contertulia con el camarero y el dueño del bar. En esta época, los bares eran mucho más sociables de lo que puedan serlo hoy.

Al salir de la bodega se encuentra con un perfumero. Va por la calle con una bandeja colgada y un vaporizador, se lo echa a las señoras.

—¡Aire de España, La Maja, París!

—¡Póngame a mí! —le dice Marichu. Le encantan estos vendedores ambulantes, quizá por eso le queda la costumbre de, cuando pasa por los aeropuertos, ponerse tantos perfumes que sube mareada al avión.

También le dejan ir a la librería, un lugar emblemático de su calle donde se cambian novelas, fundamentalmente *El Coyote* y otras de Marcial Lafuente Estefanía, para los hombres, y las de Corín Tellado para las mujeres. Las de *Hazañas Bélicas* y los tebeos los suelen leer los niños. Hay una cola inmensa para cambiar los tebeos. De cuando en cuando Marichu se hace con un tebeo completamente manoseado que se cae a trozos de las veces que ha sido leído. Su madre no le deja leer esos tebeos y cuando los ve le dice:

—No quiero verlos aquí. ¿Qué necesidad tienes tú de leer esos tebeos? Te compro yo uno nuevo. ¡Eso es una fuente de microbios!

Pero a Marichu le gustan porque está «toda la salsilla» de ir a la cola del barrio. Como le da vergüenza comprarlos nuevos porque los demás niños la miran con cara de «mira aquí la marquesa», cambia los viejos y dice, «uno nuevo para mi prima, que está enferma». Cuando su madre le da la merienda tampoco le deja salir a la calle porque en España hay hambre.

A la hora de la siesta las mujeres suelen coser a máquina. Por las tardes, cuando hace calor, las ventanas se abren de par en par y se oyen por los patios las máquinas de coser y las radios. Mientras los hombres duermen la siesta, a algunos niños les obligan a dormir y otros bajan a jugar a la calle. Las mujeres no paran, siempre están trabajando. Cosen todo: las cortinas, los pantalones, las camisas. Toda la ropa que lleva la familia la cosen las madres. Y mientras se dedican a esta labor oyen la radio. Escuchan *La intrusa* o *Ana Rosa*. Se oye la radionovela desde la casa de Marichu, porque una radio da para todo el vecindario. La historia de *Ana Rosa* es un auténtico culebrón. Un hijo no reconocido del que, por vicisitudes de la propia historia, ella había terminado siendo la criada. De vez en vez, la máquina para y se oye sollozar a las mujeres. Todas lloran. De repente irrumpe Antonio Molina con el tema de *Soy minero*.

Por las tardes, a veces, Marichu acompaña a su padre a la barbería de Nicolás, un anarquista que tiene controlados a todos los parroquianos. Se juntan allí para hablar de política, y por las noches —también abre— los contertulios van a escuchar la *Piri*, la radio Pirenaica, y Radio París. Todo se oye muy bajo para no levantar sospechas, prácticamente con la oreja pegada al altavoz. Cuando dan una noticia como que la cuenca minera está en huelga, todos dan unos gritos tremendos y cantan *Asturias patria querida*. Muchos de los que van a hablar de política se sientan como si fueran a cortarse el pelo. Nicolás mueve las tijeras haciendo muchísimo ruido en ese «como si». Cuando entra un presunto *facha*, Nicolás se pone a cortarle el pelo o a afeitar al que tenga ahí sentado. Su padre de cuando en cuando llega afeitadísimo a la casa. Y la madre le dice, «pero ¿otra vez te has cortado el pelo? En esta casa estamos todos locos».

Una de las grandes paradojas de este barrio abigarrado y populoso es que se encuentra el Real Colegio de la Asunción de Madrid. El colegio de la aristocracia y de algún que otro burgués advenedizo que quiere formar parte de la fila de la aristocracia. Las niñas se llaman Sonsoles y Almudena. Van al cole con unos sombreros impresionantes con las alas para arriba y un uniforme negro con el cuello blanco duro y una capa. Todas van en unos automóviles impresionantes, unos mercedes conducidos por chóferes uniformados con gorra y levita. Paran en la puerta del colegio, bajan y le abren la puerta a la señorita que no se alza más de dos palmos del suelo. En el colegio esperan dos hermanas colocadas en la puerta, como dos maceros del ayuntamiento, dando la bienvenida a las niñas. Justo en ese edificio hay otra puerta más pequeña, alejada de la principal: es para la sección de gratuitas. Son niñas del barrio, las pobres que no pagan. Para que se note la diferencia, entran por otra puerta, se conocen como «las gratuitas» y van vestidas con un babi blanco. Para las señoritas está terminantemente prohibido tener una amiga «gratuita».

A los siete años a Marichu le dejan salir sola y conquista la calle. Sale con amiguitas que viven en el barrio. Con sus amigas tiene dos pasatiempos favoritos: ir a ver muertos y tocar abrigos de piel. Hay que tocar el mayor número de abrigos posible, los cuentan y quien más toque gana. El ir a ver muertos para ellas es un deporte, pero a los adultos les parece bien. Un día su amiga

Conce le dice que hay un muerto en el barrio. Llaman a la puerta y les abre la madre del muerto:

—¿Qué queréis?

—Hemos venido a ver el muerto.

—Pasad, pasad.

Es un chaval joven. Se llama Agustín, un albañil que se ha caído del andamio y ha perdido la vida. Han llegado temprano, pero la madre les hace pasar. Las dos niñas se sientan a los pies de la cama mientras la madre lo lava como si fuera un bebé con una esponja que moja en una palangana. Lo lava una y otra vez. Lo viste lentamente y lo peina como si fuera para la primera comunión. Le da muchos besos. Mientras tanto en la radio se escucha la canción *Violetas imperiales* de Luis Mariano.

Los coches fúnebres son de cristal, con penachos negros y tirados por caballos. Se ve el féretro, y según pasa la gente se santigua. Cuando el que fallece es un niño, el féretro es blanco y la gente dice: «Pobrecito, un angelito que va al cielo.» Cuando un cura pasa por la calle todos los niños corren detrás para besarle la mano.

En 1950 hay muchas canciones de emigrantes. Coplas como *Adiós, España querida.* En todas las familias hay emigrantes. Los tíos de Marichu se fueron en 1939, justo al finalizar la guerra, exiliados a Francia. Su tía se refugió en un pueblo del norte de Francia, en Brienne-le-Château, mientras que su tío fue recluido en el campo de concentración en Argelès-sur-Mer. Ahora Marichu pasa todos los veranos con su tía en Marsella.

Cuando Marichu va a jugar a los jardines del Moro, suele ir a la estación del Norte para ver partir a los emigrantes. Los familiares van con pañuelos a despedirse. Los hombres se van solos a Alemania. La mujer le dice gritando mientras le caen lágrimas: «Manolo, ¡escribe! Escribe a los niños. ¡Di adiós al papa!» Y los niños, que van vestidos como hombrecitos, dicen: «Adiós, papá.» El padre se acerca al niño de ocho años y le dice: «Ahora tú te quedas de padre.»

Pero hay una migración mucho más fuerte, la de la estación de Atocha. La que viene del interior a Madrid, de Andalucía, de Extremadura y de La Mancha. Llegan con cajas de cartón atadas con cuerdas, con cestas de mimbre y gallinas vivas. Van vestidos con trajes de pana que tienen las mangas brillantes de limpiarse los mocos. En un bar que se llama El Brillante, debajo del hotel Nacional, quedan todos los que llegan de los pueblos con sus conocidos y familiares. Estos emigrantes son doblemente emigrantes. Primero vienen del interior a Madrid y si no les va bien se van a Frankfurt. A trabajar en las grandes cadenas de producción alemanas como la Mercedes o la Volkswagen. Viven en condiciones tremendas, pero su sueño es volver y comprarse un piso y un bar en su pueblo. Marichu conoce a Federico, que se fue a la Suiza alemana, luego volvió y abrió un billar. Su padre suele ir a jugar al billar de Federico. Es de Toledo, tiene dos hijos y se fueron todos a trabajar. Han pasado cinco años y les ha ido muy bien. Todo el mundo dice: «Qué bien te ha ido, Federico.» A lo que él contesta: «Pues ahí está Suiza.»

En Lavapiés la mayoría de las casas tienen un agujerito con una cuerda de la que se tira para entrar. La mayoría de las casas están abiertas. Las vecinas van de una casa a otra, por un huevo o a hablar de los maridos y de los hijos. Los hombres son muy delgados, delgadísimos. Por el hambre que se pasa. Llevan los pantalones muy altos, atados con una cuerda, y en verano van en camiseta interior de tirantes. Aunque es un barrio popular y acogedor hay gente discriminada: los gitanos. Viven en Pacífico, pero vienen a Lavapiés a vender. El mensaje social, lo que subyace en la conciencia general, es que hay que tener cuidado con ellos porque son ladrones y mala gente. Te meten en reyertas y son peligrosos. Están apestados, ni siquiera a los niños se quieren acercar porque dicen que son piojosos. Sin embargo a todo el mundo le encantan la Faraona y la Chunga. Pero claro, ésos son gitanos ricos.

Mayo de 2008

El barrio ha cambiado. Sus antiguos vecinos han envejecido, no pasan más burros, y el aire castizo, que en otra época lo invadía todo, ha ido mezclándose con nuevos aromas. Ahora, esencias del Lejano Oriente lo perfuman: el Döner Kebab de la mestiza plaza de Lavapiés nos transporta a Turquía, el pollo tandori de la esquina a India y el hachís al zoco de Tánger, a las montañas del norte de Marruecos. El eficiente servicio de limpieza municipal recoge la basura puntualmente y los pequeños camiones cisterna limpian con esmero el impecable pavimento de este nuevo y antiguo barrio. Los edificios están remozados y las jardineras llenas de flores decoran las calles. Las señalizaciones por doquier y los vecinos que limpian con civismo las cacas de sus perros vacunados nos hablan de otro Lavapiés. Pero quizá lo que ha hecho de este lugar un espacio de encuentro es todo lo que se ha escapado del ordenamiento que encorseta la libertad en pos de la «convivencia». Esa libertad, o comoquiera que se llame, ha permitido una suerte de improvisación en las relaciones entre las personas venidas de todo el mundo. Se han fundido en estas calles como en auténtico crisol.

Abdoulaye sube por la calle del Ave María. Va vestido con un *boubou* blanco y lleva un colgante con la forma de África: «Lo llevo aquí, al lado del corazón.» Le pregunto si lo puedo acompañar y me invita a tomar un té. Tiene 22 años y juega en el Villaverde. Dejó su Guinea natal para venir a jugar al fútbol. «Jugar es fácil y era mi sueño», dice mientras vamos a encontrarnos con su amigo Kaba, otro guineano de 25 años que tiene los papeles en regla y trabaja como transportista. Ninguno de los dos vive en el barrio, pero les gusta venir, tomarse un té y charlar. «Nos gusta venir aquí porque estamos, un poco, como en casa.» Hace tiempo que Lavapiés ha dejado de pertenecer únicamente a los españoles para convertirse en un lugar de encuentro, donde muchos inmigrantes se sienten libres del acoso policial. Abdoulaye asegura que lo importante en la vida es la felicidad, pero que aquí siempre está triste. Desde que se lesionó hace un año ha perdido la ilusión por el fútbol. Hace un par de meses volvió a Guinea después de dos años: «Flipé con el transporte, la falta de comodidad y todas esas cosas.» Pero echa de menos a su familia, aunque se ha casado con una española y tiene un hijo. Kaba dice que cuando habla con sus amigos de Conakry y les cuenta lo difícil que es la vida en España, «incluso con papeles», no le creen. Siempre le replican: «Si es tan duro, ¿por qué no vuelves?» No puede volver. Para venir a España vendió el negocio que tenía y se quedó a cero. «Si volviera me quedaría por debajo de los que antes tenían menos que yo. Lo único que me queda es trabajar y ahorrar para volver algún día. Guinea es precioso.»

En la tetería las luces son tenues y la música agradable. Hay una pequeña hornalla donde se calientan el té a la menta y el chai que puede servirse uno mismo. Huele a jengibre, a hierbabuena y a canela. Unos jóvenes charlan ante una mesa. Hay unas cuantas estanterías con libros y revistas. En las paredes unos letreros informan sobre diversas actividades culturales: clases de danza africana, yoga y cocina, entre otras. También hay leyendas que recuerdan a los presentes que está prohibido fumar hachís.

Kaba habla muy buen español y conoce el barrio a la perfección. Cuando llegó a España estuvo viviendo en Lavapiés. Cuenta que a finales de los ochenta la mayoría de los vecinos era gente mayor que pagaban rentas bajas y vivían en casas muy viejas y pequeñas, «las populares corralas». Muchos jóvenes del llamado movimiento okupa fueron instalándose en viviendas abandonadas y, así, Lavapiés fue convirtiéndose en uno de los epicentros de este movimiento de marcado cariz político, similar al *squatter* inglés. «Hoy día apenas quedan casas okupas, pero hay buen rollo con la gente de fuera.» El carácter juvenil, abierto y comprometido perdura en convivencia con lo rancio y castizo y, desde hace unos años también, con la inmigración que ha ido llegando y supone ya un 50 % de la población. Aunque se encuentre en el centro de la ciudad, Lavapiés siempre ha tenido un marcado carácter periférico y arrabalero. En sus orígenes fue el barrio judío, y hoy se podría decir que es el barrio de todos.

Kaba y Abdoulaye se van, «mañana tenemos que trabajar». Pero rápidamente conozco a un grupo de habituales de la tetería. Son de diversos países del África occidental. Ibrahim ha fumado tantos porros que no se tiene en la silla. Se ríe y da círculos sobre sí mismo. Cuenta que fue a Francia hace cinco años a estudiar Matemáticas con un visado desde Guinea-Conakry. Pero la vida en el país galo no le gustó. «Vine a España porque conocía a gente y porque sabía que podría salir adelante.» Vive en Lavapiés y le gusta la gente de Madrid. «No quiero estudiar más. Quiero volver a mi país a hacer negocios. El comercio es lo que funciona en África. Pero antes quiero ingresar en el ejército español.» Asegura que en Guinea hay mucha corrupción y sólo si está dentro de las filas del poder militar podrá hacer negocios. «Si salgo con rango de oficial, entro directamente con la misma graduación al ejército de Conakry.»

Bamba es de Senegal y lleva tres años en el país. Los primeros dos en Barcelona. Apenas habla español y no sabe nada de francés. Durante el tiempo que vivió en la capital catalana dormía en la calle, en Montjuïc. Ahora vive en Móstoles con un amigo, Aruna. Este mauritano es muy amable y tranquilo. Llegó en cayuco hace unos años, cuenta su vida en un susurro y con una sonrisa. En un momento dado saca una foto manoseada del bolsillo: es su familia. Echa mucho de menos a su mujer. Su hija murió cuando apenas era un bebé. «La vida es así, no hay que entristecerse.» Trabaja pintando casas. «Me gusta, es un trabajo bonito y pagan bien.» Aunque se lamenta de que, en más de una ocasión, le han dejado de pagar y no puede hacer nada porque no tiene papeles.

La noche sigue en Lavapiés y con mis nuevos amigos vamos callejeando. En un momento dado llega Sidney. Tiene unos 40 años y es de Guinea-Bissau. Lleva más de veinte años en Europa y tiene nacionalidad portuguesa. Habla mucho y asegura que en África todo es dinero. «Mi padre tuvo cuatro esposas porque era rico. Tengo 28 hermanos.» Su madre y su tío viven en Cascais, Portugal. Su historia es increíble. Atravesó África hasta Mauritania y allí se embarcó en un cayuco hasta Portugal. «Entonces no era como ahora.» Le gustaría hacer como su padre y casarse con varias mujeres. «Primero una, hasta que sea indeseable para los hombres, y luego con otra. Funciona así, es otra cultura. La mujer de mi padre convenció a mi madre para que se casara con él.» Ha vivido mucho. Dice que estuvo en Nanclares de Oca, «en la cárcel». Como quien no quiere la cosa confiesa que trafica con cocaína desde África. Una ruta que va desde Colombia a Guinea-Bissau. «Luego la subo a España.»

Unos días más tarde en el barrio conozco a Amstrong. Es

alto y va vestido de blanco. Lleva un colgante de Haile Selassie. «Muchos creen que ser rastafari es llevar *dreadlocks*, pero es mucho más que eso. *One heart, one love, one destiny.*» Está en la calle hablando con unos amigos. Todos son de Banjul, Gambia. Uno de los amigos se llama Amadou y se parte de risa. «Hoy estaba en el supermercado y cuando una chica estaba saliendo ha empezado a pitar.» Al parecer, había robado un perfume. «Me ha recordado a una vez que estaba en Banjul con un amigo. Estaba entrando a un *sept-place* cuando a mi amigo se le cayó el móvil.» Lo buscaron por todas partes, pero había desaparecido. «Al chófer se le ocurrió llamar al número de mi amigo. ¡Una chica se lo había guardado en las bragas!»

De pronto llega Yamil, otro gambiano. Está muy preocupado. Está casado con una española y dice que la familia de su esposa le odia porque «son racistas y han conseguido poner a mi mujer en mi contra». Su cuñada le ha denunciado por malos tratos y tiene miedo de perder los papeles que estaba tramitando. Hoy ha estado en el juzgado. «Estoy jodido.»

Las realidades son diversas. A escasos metros está la calle Olivares, donde vive Moussa, que a estas horas estará durmiendo y a quien no se le cruzaría por la cabeza salir a gastar dinero y exponerse a que lo detuvieran. Aunque Lavapiés es un barrio en el que los inmigrantes se sienten a salvo, de cuando en cuando la policía nacional irrumpe y hace redadas para detener a los irregulares. Tanto aquí como en otros lugares los *manteros* se han organizado para pedir cambios sociales y «que los dejen vivir en paz».

Presente y pasado conviven en un mismo espacio. El cocido madrileño sabe hoy a curry y jengibre, cuando lo castizo se convierte, insospechadamente, en universal. En pleno corazón de Madrid, este barrio es el hogar de muchos inmigrantes. Un mundo abigarrado y laberíntico donde la diversidad nos permite imaginar el futuro del planeta: el mestizaje.

BRILLAR EN LA OSCURIDAD

Mujer desnuda, mujer negra,
yo canto tu belleza que pasa, forma que yo
fijo en la Eternidad,
antes de que el destino celoso te reduzca a ce-
nizas para alimentar las raíces de la vida.

LÉOPOLD SENGHOR

Salimos de la estación del tren de Fuenlabrada y cruzamos un puente que se alza sobre la autopista; del otro lado, en una zona industrial hay una iglesia evangélica africana. Sentada y con su hija en el regazo, nos espera Ángela Fadlu, en el templo del que su marido es pastor. Esta mujer, como muchas otras africanas, ha tenido que hacer frente a las vicisitudes propias de la inmigración. Su padre es de Sierra Leona y su madre de Gambia. Vino hace 19 años y las circunstancias la llevaron al submundo de la delincuencia organizada. Embarazada de su tercer hijo, nos recibe en la sala principal del templo: «Dios me salvó», dice emocionada. Ahora ella también intenta salvar a otras «mujeres perdidas».

Llegó a esta iglesia hace cuatro años. Aquí encontró el camino y ahora se dedica a ayudar a otras mujeres. La mayoría son de Nigeria, de Senegal o Guinea. «Sobre todo se ven nigerianas.» Ángela vino a España por curiosidad, porque le apetecía viajar. Era joven y todos sus amigos eran varones y mayores que ella. «Pero yo era la más testaruda y, como una especie de apuesta, les dije que iba a viajar antes que todos ellos.» Engañó a sus padres, les dijo que iba a España a estudiar. Logró que le compraran el billete. Para ello les mostró papeles falsificados que le habían hecho unos amigos. Eran cartas de un colegio al que supuestamente la habían invitado. «Tenía quince años, pero mentí sobre mi edad, creo que puse 18 o 19 años para que me dejaran viajar sola.» El visado de turista que le concedieron era por siete días. Compró el billete a Canarias y allí se le acabó el visado. «En Canarias conocí una chica que, creo, era de Guinea. Nos hicimos amigas y con el poco dinero que teníamos cogimos un ferry a

Cádiz. Allí la policía nos paró y nos pidió el visado.» Dijeron que eran de Sudáfrica. Las detuvieron durante 40 días y después las dejaron ir.

El comisario les dio un poco de dinero para viajar a Madrid. Allí unos jóvenes les dijeron que fueran a Cruz Roja. «Dijimos que éramos menores y nos acogieron.» Les daban de comer y treinta euros al mes. Estuvo así más de un año. En ese lapso conoció a un hombre de Ghana con el que empezó a salir. Resultó ser un traficante de droga y Ángela se metió en ese universo. «No me obligaba, pero me metí. No sé si estaba enamorada, era una niña. Ese mundo me llamaba la atención, no sé por qué. Un día llegó la policía a nuestra casa, él no estaba y me llevaron.» Pasó cuatro años y dos semanas presa. Cuando salió de la cárcel volvió de nuevo a ese mismo circuito. «No sabía hacer nada más. Gracias a Dios, un amigo me trajo a la iglesia y conocí al Señor.»

En la iglesia, sabían que Ángela era una «pecadora», pero no les importó. «Me dieron mucho cariño y apoyo, me acogieron y me hablaron de Dios.» Escuchó testimonios de otras personas y vio una salida, una solución. Poco a poco fue cambiando y vio que había una vida mejor, «quizás una vida de menos dinero, pero más tranquila, más placentera y más bonita». Parece que estas confesiones le han ganado la partida a la psicología. Además, fue en esta iglesia donde conoció a su marido. «Me enamoró y ésta es nuestra hija. Tengo otra que está en África.»

Ahora van a la calle, abordan a las prostitutas, a la gente que está en la droga, y les hablan del Señor. «Como yo estuve en cosas parecidas, puedo contarles mi historia. Aquí predicamos, cantamos y alabamos. Como dice la Biblia, llevamos la luz. Tenemos que brillar.» Ángela dice que la realidad de las mujeres africanas es muy dura, porque a muchas las obligan a prostituirse. «Hay muchas chicas que no tienen otra opción que estar ahí. Es lo que veo cuando salimos a la calle a evangelizar y hablarles del Señor. La mayoría ha firmado un papel donde dice que viene a trabajar. Creen que van a trabajar de camareras, o en una fábrica, pero al final les meten en ese sitio tan horrible. Dios mío, cuánto sufrimiento. Nosotros las sacamos de ahí y escuchamos muchas historias tristes y difíciles. A muchas las amenazan con que van a matar a los familiares. Son auténticas redes mafiosas.» Si bien la mayoría viene engañada, no todas desconocen lo que les espera.

Como tantos otros entrevistados, Ángela dice que la mayoría de las mujeres africanas que ejercen la prostitución son nigerianas. «¿Cómo van a tratar a una persona como una mercancía? Gracias a Dios, hemos podido sacar a muchas de la calle y la droga.» Muchas piensan que no tienen escapatoria y que sólo pueden sobrevivir de trabajos ilegales. Ángela les cuenta su historia, y les dice que así como ella pudo cambiar ellas también pueden. «Muchas creen que es imposible salir. Yo tenía basura en la cabeza. Ni me acordaba de cuántos años hacía que llevaba una mala vida. Cuando estás en ese mundo no ves salida. Pero gracias a Dios alguien me trajo aquí y conocí a mi marido. Puedo decir que ése es un camino absurdo, un camino sin final. El Señor me salvó, si no hubiera sido por él no sé dónde estaría ahora; seguramente, muerta.»

Las historias de prostitución que asiste Ángela son de mujeres que vinieron engañadas y que no quieren prostituirse pero que si lo dejan sus proxenetas las amenazan con matar a sus familiares. Muchas veces, Ángela trata de saber quién es el proxeneta y negocia con él. «No con dinero porque no tenemos, pero les hablamos de la palabra de Dios. Tememos y amamos mucho a Dios. Y hay momentos en que esta gente se ablanda.» Aunque asegura que esto ha pasado pocas veces. En alguna ocasión, los proxenetas han accedido a que dejen la prostitución siempre y cuando salden la deuda que tienen con ellos, que muchas veces han adquirido para costearse el viaje. «Nosotros no denunciamos a nadie, somos una iglesia, queremos que la gente cambie. A veces el traficante viene al templo. Si no les gusta se van y no vuelven. Otros se quedan y tardan un poco, pero tarde o temprano te dicen que lo que has predicado les ha tocado y que quieren cambiar de vida: no quieren vender más droga ni prostituir chicas. Cuando pasa eso siento que he ganado la lotería.» Ángela dice que éste es un mundo de gente sin corazón y relacionarse con ellos es peligroso. Han recibido amenazas, pero no les asusta. «Lo importante son esas vidas que están ahí, arruinándose. Porque la mayoría de las chicas pierden la autoestima. Pasan por tantas cosas que se ven a sí mismas como basura.» Cuando van a la iglesia, uno de los objetivos es que se quieran a sí mismas, que se acepten y dejen de culparse. «Es un trabajo un poco de psicología también. Cuando se acercan las acogemos, somos como una familia. Estamos trabajando con la Cruz Roja. Esto requiere mucha paciencia y sobre todo mucho cariño. Hay muchas que han salido. Es un trabajo lento, pero están mucho mejor que antes. Les buscamos trabajo a las que tienen papeles y a las que no los tienen las ayudamos a pagar sus habitaciones. Una persona que quiere dejar de prostituirse si no tiene papeles se siente frustrada, porque son muy pocas las posibilidades que tienen. Cuando veo que no puedes hacer nada siento un profundo pesar. Pero tenemos que dar ánimos. Algunos hermanos tienen comercios legales y tratan de ayudar a estas personas.»

Para los africanos es difícil abrirse, y cuando ven un blanco piensan que son policías o periodistas. «Les da desconfianza, considerando todo lo que han pasado. Tratamos de que vayan a la asistente social, porque tienen miedo y no conocen sus derechos.» La iglesia llega a lugares donde las ONG españolas no llegan. «Queremos que se integren más, porque es muy importante. Si vienes a un país tan distinto la prioridad pasa por la integración. Queremos que aprendan el idioma, que vayan a la escuela, que la vida no sea tan difícil.» Una de las circunstancias que va en su contra es el aislamiento al que se ven sometidas. Ángela dice que si una mujer prostituida conoce sus derechos puede denunciarlo. «Pero como no los conocen están asustadas y no se atreven. Al ser africanos entendemos lo que les pasa.» Aunque Amnistía Internacional ha expresado una preocupación especial ante la situación de vulnerabilidad en la que se encuentran las mujeres inmigrantes. En recursos y acceso a protección. A pesar de que la ley integral sí que incluye protección a las mujeres independientemente de su situación administrativa. Una instrucción del Ministerio del Interior dice que además de darle protección a esa mujer hay que averiguar su situación administrativa y hay que iniciar un expediente de expulsión. «Se está negando la protección a esas mujeres, porque lo primero de todo para que una mujer acuda, teniendo en cuenta todas las dificultades que tienen para acudir a canales normalizados, es darle todas las garantías. En el momento en el que se la está amenazando con que se va a ver si está en situación regular o no, está clarísimo que por el miedo, a su maltratador y a ser expulsada, no va a denunciar», dice Virginia Álvarez, portavoz de Amnistía Internacional.

En España la mayoría de las víctimas son mujeres y se dedican a la prostitución. Pero la trata no es sólo prostitución, hay otras formas de trata con fines de explotación laboral. Tampoco son sólo mujeres, hay también niños y hombres, aunque se visualice menos. «El principal problema que vemos aquí es que el gobierno le da un enfoque de control migratorio. La ley de Extranjería establece, en su artículo 59, que la persona que colabore desarticulando una red va a optar a un permiso por circunstancias excepcionales. Pero si analizamos este artículo vemos que tiene mucha trampa para que la víctima realmente acceda a la protección», dice Álvarez. Según la ley, la víctima tiene que proporcionar información sustancial para desarticular una red. Pero ¿qué se considera información sustancial? ¿Cómo va la víctima a saber que su testimonio es suficiente? La ley contempla la desarticulación de una red compuesta por un mínimo de tres personas. «¿Qué pasa con todas aquellas mujeres que son víctimas de una sola persona?» La mayoría de las mujeres se están enfrentando a expulsiones, prácticamente, inmediatas. No se analiza el riesgo de victimización, el riesgo que corren sus familias. Tanto la Unión Europea como el Consejo de Europa están recomendando que las víctimas de trata tengan un periodo de reflexión. «No sirve de nada luchar contra redes criminales si no proteges a la parte más débil», dice Álvarez.

A muchas mujeres cuando llegan a España las violan. En Marruecos hay grupos que eligen a las chicas. «Esto me encoge el corazón.» Ángela dice, con su hija de un año en los brazos, que a las elegidas primero las violan. «Vienen embarazadas y no saben quién es el padre del niño. Esas cosas me entristecen. Vienen con marcas en sus cuerpos, heridas del campo de batalla, como dicen. Tienen que sobrevivir como sea. Es la ley del más fuerte. Para las mujeres es más duro, pero los hombres también sufren lo suyo.

Escucho sus historias de cómo los apuñalan, les roban el dinero y si se dan cuenta de que tienen algún contacto en Europa los secuestran para pedirles dinero a los que están aquí, si no los matan. Pero todo en la vida se puede superar si se pone empeño. Uno tiene que tener la mentalidad de superarse a sí mismo siempre, no quedarse en el pasado. Había una chica con la autoestima por el suelo, pero ahora tiene su propio negocio y ayuda a otras personas a salir de ese mundo. Hay muchas historias de superación. No es un camino de rosas, pero se puede salir.»

Ángela asegura que con la sociedad española conviven bien, aunque la integración es difícil. Pone como ejemplo que en África la gente habla muy alto, o festejan con la música a todo volumen hasta cualquier hora. «Es importante conocer las costumbres y las leyes del lugar al que llegas.» En opinión de Ángela España da muchas posibilidades a los extranjeros, sobre todo en cuestión de papeles. «Si uno aprende a integrarse y a superarse, no tiene que ser tan difícil. No olvidemos que Dios ama a todo el mundo. No importa lo que hayas hecho antes. Si tú amas al Señor, Él te da una oportunidad. No le importa tu religión ni tu país. Es un Dios del amor, no un dios que te va a matar o que te manda a vender droga. A Él no le gustan esas cosas, le gustan las personas, porque siempre hay un camino hacia una vida mejor con la ayuda de Dios.»

LAS GRANDES VÍCTIMAS

Nélida Suárez es trabajadora social y dirige un centro de menores para extranjeros en Gran Canaria. Además, forma parte de una investigación conjunta del gobierno canario y la Universidad de Tenerife para conocer la situación de los menores extranjeros en los centros de internamiento.

Los que vienen en las pateras y los cayucos son una constante en aumento. Cuando llegan a la costa la policía los separe de los mayores de 18 años. Entre los menores, evidentemente están los reconocibles a simple vista y los que se declaran como tales. La prueba para determinar la mayoría de edad es conocida como la prueba ósea. Si son menores entran en el sistema de protección. Si se determina que son mayores son encerrados en un centro de internamiento.

«La semana pasada tuvimos una patera que llegó con quince personas que se declararon menores, pero según la prueba ósea únicamente siete resultaron serlo.» Aunque esta prueba es la más científica no es del todo fiable. Apenas es una aproximación. Tiene un margen de error de dos o tres años de edad. «Además muchas veces la edad del pasaporte no coincide con la edad real.» A pesar de tragedias conocidas, como la de Lanzarote cuando en febrero de 2009 murieron 24 personas de las que 15 eran menores magrebíes, éstos suelen llegar bien dada la cercanía. «Los subsaharianos llegan muy mal, el viaje dura muchos días. Cansados, con abscesos y heridas infectadas. Incluso han tenido que amputarles miembros», dice Nélida Suárez.

Algunos tienen traumas psicológicos porque han visto morir a sus compañeros en la travesía. «Uno al principio no lo detecta, porque el niño no conoce el idioma. Lo ves cansado y con la cabeza gacha, pero supones que es normal.» Con el paso del tiempo, y gracias a la intervención de traductores, detectan los problemas psicológicos. Hay niños viven con mucha frustración la estancia en el centro. Imaginemos la vida en un centro donde hay, de media, 120 menores compartiendo la habitación con otros diez compañeros. Los centros están saturadísimos e inmigrantes de diferentes edades y nacionalidades afrontan diferencias culturales mayores. «Sobre todo entre senegaleses y marroquíes.»

Nélida recuerda el caso de un adolescente marroquí que siempre se mostraba triste y con una actitud muy arisca. Apenas tenía quince años y averiguaron que su patera había volcado en medio del mar y murieron muchos. Tenía pesadillas en las que veía zozobrar la patera. «Estaba muy tocado y no se relacionaba, trabajamos con el psicólogo del centro y se fue abriendo.»

Nélida reconoce que el trato con menores es duro, que lo hace por vocación. En ocasiones los recursos son insuficientes, no hay respuesta de la atención pública y Nélida responsabiliza a la dirigencia política de la situación actual. «Esta mecánica de llevarlos a la península y que una comunidad quiera acogerlos y otra no ha provocado que los centros se saturen.» En su momento se promulgó la Ley del Menor para acabar con los macrocentros de antaño, una situación que se observa como indeseable pero que sigue existiendo. Hoy en día hay centros que albergan hasta 135 niños. «Un goteo incesante al que no te puedes negar, pero no hay espacio físico para todos. Ellos no tienen la culpa. No entienden que hay una ley que dice que los menores de 16 años no puedan trabajar.»

Los menores se encuentran con una nueva realidad que desconocen. «No entienden nuestras leyes, nuestro idioma ni nuestro sistema educativo. Hay chicos de quince años que trabajan en sus países desde los diez y dicen: «"Cómo que no puedo trabajar? Si llevo trabajando toda la vida. ¿Qué voy a estudiar? No quiero leer, no quiero escribir, ¡lo que quiero es trabajar!"» A esto hay que sumarle la presión que ejercen los padres para que trabajen. «Hay niños de doce años llorando porque los progenitores les piden dinero.» Nélida Suárez resalta la labor de los traductores. «Hacen de mediadores culturales. Muchas veces hay que explicarles que los niños aquí no podrán trabajar. Muchos sufren una gran frustración porque no pueden trabajar. En su país llevaban vida de adultos y aquí son menores.»

Nélida no lo duda dos veces y asegura que a pesar de las dificultades su comportamiento es el esperado. «Si pusieras a cuarenta niños de los nuestros, el centro explotaría. Se habla mucho de la conflictividad y la delincuencia de los inmigrantes, pero la verdad es que conviven bien. A pesar del hacinamiento, tienden a agruparse por nacionalidades, y dentro de las nacionalidades por ciudades de origen y por etnias. Los bereberes con los bereberes, los saharauis con los saharauis.»

Existen casos de menores que se escapan. Los grupos conflictivos para los educadores y trabajadores sociales son aquellos que no se adaptan a la vida del centro. «Suelen repetir los modelos que tienen en sus países. Por ejemplo, si allá fuman hachís, aquí también lo harán. Tenemos chicos que se fugan por la noche. Chicos que en sus países no tenían horarios ni límites. Tratamos de tomar medidas específicas con los menores que consumen, pero estamos ubicados en un polígono donde se vende droga.»

El primer objetivo del centro es proporcionar asistencia básica: el menor duerme, come, se le provee de ropa y de un techo. También tratan de orientar su formación. Existen clases de alfabetización y de español. El procedimiento es simple: cuando llega uno nuevo se le muestra su cama y se le asigna un compañero que hable su mismo idioma para que conozca el centro. Asisten durante un mes a clase en el mismo centro. Si son menores de quince años se los incorpora al sistema educativo. «A los menores de entre ocho a trece años los mandamos a Tenerife, para que no haya tanta disparidad de edades.»

Las niñas entran en las redes nacionales. «Son musulmanes y por su cultura y sus costumbres es prudente que vayan a otros lugares, aunque no es muy común que lleguen niñas en pateras.» En cambio, cada vez llegan más niños. Los mandan por los papeles, la minoría de edad les asegura la permanencia en el país porque les asiste la ley del menor. «Hay muchos hermanos, primos, parientes que van llegando. A veces uno te dice "la semana que viene va a llegar mi primo". Y llega.»

Los mayores de 16 años disponen de formación laboral. «Hay un taller de ingeniería y otro de carpintería mecánica. Aquellos que tienen habilidades especiales y hablan idiomas hacen prácticas en empresas. Reciben una pequeña remuneración simbólica y les abrimos una cuenta para que tengan un dinerito. Cuando cumplen dieciocho años se quedan en la calle.»

No son pocas las resistencias sociales con las que se encuentran los menores inmigrantes. Nélida asegura que han tenido problemas a la hora de escolarizarlos. «En los colegios disponen de escasos recursos para facilitar una buena integración y, al principio de este fenómeno, desde la dirección de los colegios había algunas reticencias a la hora de aceptarlos. El caso es el siguiente: llega el niño y lo meten en una clase de español con chicos de su edad, sin más apoyo. Va a tercero de la ESO, directamente a la clase de matemáticas aunque no se entere de nada. No tiene otra alternativa, a pesar de que la legislación le otorga el derecho a una atención específica acorde a sus necesidades.» En

Gran Canaria, desde marzo de 2006 hasta septiembre de 2007 Nélida no pudo matricular a un solo menor. Imperó el espíritu provisional y se pensó que los dispositivos iban a ser puntuales, de emergencia, porque luego los menores serían derivados a la península. «A pesar de las dificultades, los muchachos tienen una capacidad de adaptación sorprendente, y la experiencia de integración en los centros es fantástica. Entran en los equipos de fútbol y los subsaharianos tienen muchísimo éxito entre las chicas.»

Nélida exige más conciencia y sensibilidad a la clase política para darle una mejor respuesta al fenómeno. «La saturación se podría solucionar si se pusieran de acuerdo en cada municipio para crear casas con diez menores. Estos niños son como todos, con sus expectativas, sus miedos y sus alegrías. Además, hacen un gran esfuerzo por adaptarse. Enseguida se cortan el pelo, se ponen un pendiente, o hacen lo que hagan los otros chicos de aquí. Pero el imaginario pone el acento sobre el aspecto negativo. Debemos realizar un esfuerzo para superar los prejuicios e intentar suplir las carencias: no lo tienen fácil.»

Uno de los principales problemas que afrontan los menores viene con el paso a la mayoría de edad. De un día para otro pierden todo. «Hasta ayer tenías casa, comida, un apoyo. Hoy tienes dieciocho años, te quedas en la calle. Por ahora hemos tenido suerte con los centros de mayores. Y las propias familias de los amigos de los chicos los acogen. Todavía no hemos dejado a ninguno en la calle.» Pero esto puede suceder. El año 2008 ha sido preocupante porque tienen un grupo numeroso, hasta 30 chicos cumplen dieciocho años y no hay recursos para todos. Incluso la documentación caduca. Para renovar la residencia necesitan justificar medios de vida. «Con los mayores inmigrantes es difícil, pero con los menores creo que lo es aún más. Llegan y se les crean expectativas y a los dieciocho años se les arrebatan.»

La calle es muy dura y un menor extranjero es especialmente vulnerable. Para ganarse la vida es fácil que caiga en circuitos relacionados con la droga y la prostitución. «Hemos tenido nuestras sospechas. Cuando se enfadan entre ellos se acusan indirectamente, o cuando ves que aparecen con dinero, también sospechas. A veces escuchas que se acusan de haber ido al parque Doramas, un parque de Las Palmas, conocido por ser un lugar de prostitución de menores. Van chicos que se prostituyen con hombres. Es muy difícil controlarlos porque se fugan. Me da muchísimo coraje que un señor hecho y derecho se aproveche de un menor. La prostitución infantil me indigna profundamente. Más allá de los prejuicios morales, por los propios riesgos para la salud del menor. No me entra en la cabeza.» Se fugan de los centros y desaparecen por un tiempo. «Quizá se pasan un par de meses desaparecidos y vuelven en muy malas condiciones: sucios y delgados. Cuando se recuperan se vuelven a ir. Suelen ser niños de la calle que ya lo eran en sus lugares de origen.»

Nélida recuerda el caso de repatriación de un menor. Se trataba de un chico de catorce años marroquí. Fue hacia 2001, en una época en la que no había tanta inmigración. «Apareció la policía nacional a las cuatro de la mañana, levantaron al niño de la cama y se lo llevaron sin previo aviso. Las educadoras rompieron a llorar, los otros niños estaban muy nerviosos. Fue muy traumático. Supuestamente, lo iban a repatriar con la familia, pero luego supimos que había estado en una cárcel en Marruecos, donde fue maltratado antes de que lo enviaran con su familia.»

Para Nélida los menores están en una situación de vulnerabilidad absoluta: son víctimas de la inmigración irregular, de los que trafican con menores. Además, cuando llegan a España son víctimas del propio sistema de protección de menores. «Son las grandes víctimas de este drama.»

9

La cooperación

Si las principales motivaciones que esgrimen los inmigrantes para partir son la pobreza y la inseguridad, el desarrollo en su territorio se perfila como la manera más justa para que no tengan la necesidad de arriesgar sus vidas tratando de llegar a Europa. En teoría, la cooperación para el desarrollo es un mandato de solidaridad que está en el preámbulo de la Constitución española. Se articula a través de la ley de Cooperación de 1998, aprobada por unanimidad en el Congreso. Es una política pública que se gestiona con dinero de los presupuestos generales del Estado para ayudar al desarrollo de los países menos adelantados: luchar contra la pobreza y contribuir a la integración de los países más pobres en el contexto internacional. La partida presupuestaria aprobada en el Congreso para el año 2009 fue de 2.757 millones de euros, la más alta de su historia.

España fue un país receptor de ayuda hasta el año 1977, y a partir de 1982 empezó a ser donante neto. En 1991 entró en el Comité de Ayuda al Desarrollo, que es el club de los donantes homologados. Desde hace cuatro años es el sexto donante mundial, luego de que el gobierno asumiera un incremento en las cantidades de la cooperación. Tradicionalmente, la cooperación española ha estado ligada a América Latina, por facilidades, por vínculos históricos, lingüísticos, por proximidad y porque se han generado intereses comerciales. También ha estado ligada al mundo árabe, sobre todo el Magreb, y como excepciones alejadas Guinea y Filipinas, por ser antiguas colonias.

A finales de los años noventa se da un punto de inflexión. En el año 2000, con la Cumbre del Milenio, los países ricos y los pobres coinciden en que en los treinta años de cooperación existente no sólo no se había cumplido su cometido, sino que, por el contrario, la distancia entre ricos y pobres se había incrementado. Entonces se fijaron unos objetivos mínimos, apenas para salvar la cara de los países ricos. Se planteó el tema en el ámbito internacional y por lo tanto todos los activistas y actores de la cooperación empezaron a darse cuenta de que o se producía un cambio radical o los países pobres serían cada vez más pobres.

A partir de este suceso se abre un debate que sigue en la Conferencia de Monterrey en 2002, en la que los países ricos se comprometieron a ir subiendo los porcentajes destinados a la cooperación. La Unión Europea, en aquel momento presidida por José María Aznar, lo hizo. En 2005 se constató que los objetivos mínimos no se habían cumplido. Éstos eran reducir la mortalidad infantil y materno-infantil a la mitad, conseguir agua potable y alimento para los niños malnutridos, escolarizar en educación primaria a la mitad de los niños del mundo, luchar contra el sida, la malaria y la tuberculosis.

En aquel momento el G-8 lanzó el Pacto por África, y la Comisión Europea también lanzó una nueva estrategia para el continente, que algunas posiciones críticas han calificado de mera fachada. Cuando José Luis Rodríguez Zapatero gana las elecciones también se propone la lucha contra la pobreza, concentrada en África.

La cooperación para el desarrollo genera debates controvertidos. Mientras que algunos defienden esta metodología como la indicada para generar desarrollo en los países afectados, desde otras posiciones se critica que los objetivos sean mínimos, una especie de «beneficencia» insuficiente que sirve para «expiar culpas» en los países desarrollados y que jamás conseguirá acabar con la situación de desigualdad que asola el planeta. Como nos dijo la antropóloga alemana Cornelia Gissengs en una ocasión, «la cooperación mata las iniciativas locales y perpetúa sistemas corruptos».

Después de los acontecimientos de las vallas de Ceuta y Melilla los jefes de Estado de la Unión Europea plantean una mirada especial hacia el África subsahariana, no tanto por la cantidad de inmigrantes como por la manera de migrar. Esto se plasma en lo que se conoce como el Enfoque Global, que surgió después de la cumbre de jefes de gobierno de Hampton Court en 2005 y trata de manera integral la migración legal, irregular y el desarrollo. Un tratamiento integral que plantea una división de responsabilidades en pie de igualdad entre los estados miembro y terceros países.

Paradójicamente, la externalización de fronteras, como política comunitaria, comienza así su andadura en el contexto de diversos planes que tienen por objetivo fomentar la justicia, el empleo y la libertad, siempre en plano de igualdad. Según Marta Carballo, investigadora del Instituto Universitario de Cooperación y Desarrollo, «el gran talón de Aquiles está en la coherencia política».

Muchas de las críticas, tanto de la cumbre euroafricana como del posterior Plan África, se han centrado en la incoherencia a la hora de desarrollar los diferentes aspectos de este enfoque global. Mientras que los aspectos relacionados con el desarrollo, la promoción de la democracia y de los derechos humanos se han reducido a una declaración de intenciones, lo relacionado con la seguridad y el control de fronteras se ha planteado de una manera más concreta y se ha desarrollado de una manera rápida y plena.

Intereses estratégicos se ciernen sobre África. La pugna entre las diferentes potencias por tener una presencia preferencial sobre sus recursos naturales ha llevado a que se denuncien intereses ocultos tras los tratados de cooperación. Estados Unidos, China y Europa occidental se cuestionan entre sí, mientras se presentan a sí mismos como auténticos precursores del desarrollo desinteresado en la región. En nombre de la seguridad, la lucha contra el narcotráfico o el control migratorio —aun siendo mínimo en el computo general—, fuerzas fácticas exógenas operan hoy en territorios soberanos pero débiles y fácilmente corruptibles. El doble discurso es moneda de cambio habitual en la clase política, las potencias extranjeras controlan militarmente países subdesarrollados y extraen sus recursos estratégicos en condiciones muy ventajosas. El activista y presidente de Actionaid Senegal, Moussa Faye, denuncia que los recursos pesqueros senegaleses se los lleva España, dejando al país sin su principal recurso y aporte proteico. Las voces más críticas se alzan para decir que la única vía soberana y genuina que tienen los pueblos para su desarrollo no es la cooperación, sino la buena administración de sus recursos naturales.

ESTO NO ES «YO TE DOY COOPERACIÓN A CAMBIO DE TAL COSA»

La sede principal de la Agencia Española de Cooperación Internacional para el Desarrollo (AECID) se encuentra en un gran edifico neoherreriano, sobre el número cuatro de la calle Reyes Católicos, en el madrileño barrio de Argüelles. En el pórtico se leen el nombre y el logo distintivo de la cooperación española que hemos visto en tantos proyectos que financia la institución. Vamos a hablar con Ricardo Martínez Vázquez, director general para África, Asia y Europa oriental. Responsable de la gestión y ejecución de la política pública en cooperación española para todo el mundo excepto América Latina. La encargada de prensa me lleva a una gran terraza desde donde se puede contemplar una panorámica de la ciudad. Pasamos por unos pasillos hasta que llegamos al despacho de Ricardo Martínez. Parece la oficina de un ministro. El director general tiene una barba cana y los ojos azules. Tratamos de analizar con él la labor de esta agencia, las luces y las sombras que se ciernen sobre ella en un ámbito dónde hay tantos intereses en juego.

Cayuco y cooperación

«África era invisible hasta que de pronto empezaron a llegar los cayucos», afirma Ricardo Martínez, quien también reconoce que la llegada de inmigrantes desde el África occidental en 2006 ha afectado la visibilidad de la cooperación y ha hecho que otros actores, como los ministerios del Interior y Trabajo, también la miren directamente. «Todos coinciden en que el origen de esta inmigración no deseada —o deseada en algunos casos, por motivos económicos— es la miseria.» Teóricamente, la cooperación se dirige a las causas profundas, a las raíces del problema, pero la mediatización del fenómeno ha mezclado algunos aspectos. «Ver a estas personas que pierden la vida de manera dramática por alcanzar su paraíso exige una respuesta a corto plazo. Y ahí entramos en conflicto, porque nosotros no trabajamos a corto plazo, salvo la ayuda humanitaria de emergencia, como ante un tsunami o un terremoto.» Normalmente se trata de un trabajo a medio y largo plazo, un compromiso serio, destinado a cambiar las estructuras e ir empoderando a la propia sociedad civil para que ellos mismos vayan desarrollándose. La crisis de los cayucos ha provocado que algunos sectores políticos hayan querido respuestas inmediatas por parte de la cooperación. Pero, dice Martínez, ésta tiene su coherencia, su lógica, y ya estaba comprometida con África desde antes, desde el discurso de Zapatero de 2004, cuando se crea la Alianza contra el Hambre y la Pobreza.

Moneda de cambio

Se ha extendido la idea de que la cooperación actúa de manera más enérgica en aquellos países de tránsito y origen de la emigración. Esto ha simplificado la ecuación de cooperación a cambio de control de fronteras. Ricardo Martínez insta a buscar el matiz y acusa a los medios de comunicación que «no con el objetivo de informar sino de defender políticas preestablecidas, han tergiversado esos matices. La mejor inversión para reducir los flujos de inmigración no deseados es reducir la pobreza de esos países y fomentar el desarrollo. La cooperación tiene sus propios principios, e incluso tiene su propia ley que la regula, algo que no ocurre en otros organismos del sector exterior. No cabe duda de que es un instrumento de la política exterior autónomo y con valores propios, como lo es el elemento de defensa, el económico, cultural y político. La cooperación no se hace para decir "yo te ayudo pero si tú me aceptas repatriados, control de las fronteras y tal"».

La idea que oficialmente sigue la AECID es que éste no es un proceso bilateral. No es un problema de España con Senegal, con Mali o Gambia, sino un problema de toda Europa y de toda África: de los países de origen, de los países de tránsito del Magreb y de los países de destino en Europa. «Es un problema global, al que tenemos que responder globalmente y con coherencia.» La aproximación al fenómeno, entonces, trata de hacerse desde el multilateralismo.

La Conferencia de Rabat

En este contexto se planteó la Conferencia de Rabat. «Identificamos tres patas del problema, cada una de las cuales corresponde a países de origen, tránsito y destino. La inmigración ilegal, la legal y el desarrollo. Lucha contra todo tipo de tráficos ilegales, contra las mafias que trafican con personas y que suponen pérdida de vidas.» Para ello la cooperación ha trabajado desincentivando en origen y ayudando a crear empleos. «Querría crear empleos en toda África, pero si tiene más valor crearlos en un país donde voy a ayudar a desincentivar la migración, eso es legítimo. Y no es comprando una cosa por otra. Es dirigir los intereses de la política exterior de España a unos países más que a otros. Es decirles "no te tienes que ir y jugar la vida, trataremos de darte un empleo, de crear escuelas taller, programas de empleo para jóvenes y mujeres, de dar microcréditos". Que las propias autoridades puedan decirles a sus mejores hijos, a los más jóvenes: «"No os vayáis."»

En la conferencia también se establecieron acuerdos, medidas policiales para luchar contra el tráfico ilegal y contra las mafias «sin perdón». «Controlar las fronteras, donde también hay tráfico de armas y de drogas.» Esta lucha la lideran el Ministerio del Interior, el aparato Frontex y la Unión Europea.

Otra área en la que se trabaja es la migración legal. «Para ayudar a desalentar la migración ilegal, con cada uno de los países negociamos cupos de contrataciones para que puedan venir con un contrato y con un visado legal a nuestro país por seis meses de temporada —como para la fresa— y con eso poder vivir allí el resto del año y sacar adelante a sus familias.» Se trata de abrir cupos en los sectores donde puedan ser más expertos, como la agricultura o la pesca. «A veces se los contrata desde aquí para que vengan en barcos españoles, pasen seis meses faenando y luego vuelvan a vivir con dignidad con su familia otros seis meses.»

En síntesis, para Ricardo Martínez la Conferencia de Rabat se tradujo en: «No a las mafias, posibilidades para los que quieran emigrar y en tercer caso expectativas que desanimen a los que se quieran ir, para que no se jueguen la vida. Porque el problema que hay es que los que se van son los mejores, los más capacitados. Entonces los países se descapitalizan en sentido humano.»

«Hay una responsabilidad gubernamental, en el sentido de que es un fenómeno no deseado, dramático, y hay que pararlo. Interior tiene unas medidas, la comunidades autónomas otras, como la acogida. Lo que la cooperación hace es concentrar más ayuda en países donde la miseria es tal que está provocando el éxodo no deseado.»

Impacto real

Pero ¿cuál es el impacto real de la cooperación en este fenómeno? «Todavía es prematuro hacer una evaluación seria de los resultados. La huella la iremos viendo en diez o quince años, implica generaciones.» Se está invirtiendo en creación de empleo, en formación profesional, en creación de expectativas, en programas de microcrédito, que apenas están empezando a dar frutos. El funcionario de la AECID asegura que la cooperación está creando un ambiente diferente, en el sentido de que se empiezan a ofrecer alternativas a la huida. «Incluso a los que quieren emigrar a toda costa se les ofrecen contratos. Esto está permitiendo que las autoridades de esos países entiendan que también deben luchar por retener a su gente y darles oportunidades en vez de hacer la vista gorda y dejarlos en manos de las mafias de los cayucos. En ese sentido, creo que la evolución es lenta pero por lo menos hay una percepción más positiva.» Ricardo Martínez resalta, de manera entusiasta, el caso de países como Senegal, donde el presidente Wade elogia la actitud de España frente a la de Francia, su antigua potencia colonial. «España está yendo allí, tratándoles con el respeto de igualdad de un Estado con otro, escuchándoles cuáles son sus problemas. Wade elogia que España ha ido a escucharle y a saber cuáles son sus prioridades y qué necesitan. Quieren oportunidades para los jóvenes: empleos reales para que puedan ganar dinero y vivir como quieran, como ellos ven en internet que se vive por ahí. Quieren tener una moto, un coche, salir a la discoteca, tener internet. No son tan distintos de los nuestros. Estamos trabajando en buscar empleos con más valor añadido.»

El Plan REVA

«Está todavía en una fase inicial, y lo estamos complementando.» Este plan de vuelta a la agricultura (que luego veremos en mayor profundidad) lo pidió el presidente Wade, y le han dado gran apoyo. Ya se han implantado modelos piloto de granja agrícola, ganadera, de piscicultura, de riego, de cooperativa para producción, organización y distribución. «En estos modelos formamos a los senegaleses para que luego los reproduzcan por el resto del país. Nuestra parte está funcionando mucho. El primer objetivo es la seguridad alimentaria propia, pero inmediatamente después la idea es poder producir excedentes para exportar. Ahí tendremos que trabajar con las reglas comerciales de la Unión Europea y los países ricos, que se blindaron al comercio y bloquearon otras vías de desarrollo de los países subdesarrollados. Queremos invertir allí pero también permitirles a ellos exportar hacia aquí.»

Se está complementando el Plan REVA con escuelas taller

para generar empleo urbano, cultura y desarrollo. Éste es otro sector que quiere ofrecer mucho a los jóvenes en materia de música y cine. «Todas las industrias culturales puestas en valor para ellos, sin intermediarios, teniendo en cuenta la riqueza que tiene esta gente y que se puede vender. Estamos trabajando en todas las áreas posibles que den empleo, para que realmente sólo se vaya de su país el que de verdad quiera irse y no el que esté expulsado por la miseria.»

A cualquier gobierno le es impopular aceptar repatriaciones, porque para ellos los que ya han llegado a España, al paraíso, están empezando a mandar divisas. «Pero saben que por coherencia tienen que hacerlo para desincentivar el fenómeno migratorio irregular que provoca tantas pérdidas y muertes. Por eso quieren ofrecer alguna fórmula a los que vuelven. Nosotros no podemos interferir en eso. Lo que es verdad es que los que han sido repatriados por emigrar de manera ilegal después no pueden obtener un visado para entrar a España por la vía legal. Por eso el gobierno trata de absorberlos de alguna manera. Pero eso es una decisión de ellos, eso no está pactado con nosotros ni nos afecta. Si quieren pueden imitar el modelo de nuestro plan, nosotros les damos el *know how* y ellos luego lo aplican cómo y dónde quieran. Aunque todavía no hemos tenido tiempo para hacer las evaluaciones.»

El Plan África

En Plan África es un plan de política exterior global que se estructura en siete temas o campos de acción, entre los que figuran la lucha contra la pobreza y la cultura para el desarrollo. Los demás son estratégicos, políticos, económicos, comerciales y migratorios. Para Ricardo Martínez este plan es muy importante porque la cooperación no lo es todo, «también hay que tener en cuenta temas estratégicos de seguridad como el terrorismo, que se están concentrando en el Sahel. Además del tema migratorio, que es el reflejo de una injusticia que se está produciendo entre ricos y pobres, existen intereses comerciales, productos naturales, materias primas, el petróleo, que también se están concentrando en la región. Existen intereses de muchos tipos y todos ellos son legítimos. El Plan África pretende coordinar todos los instrumentos de la acción exterior del Estado para que sirvan al objetivo común de los intereses globales de España. A veces hay contradicciones.» Los que trabajan en el ámbito del Desarrollo quieren que se abran las barreras comerciales de España para que entren productos de los países en desarrollo. «Están los agricultores de España, que pueden ser muy solidarios en sus corazones pero no quieren que se abran las fronteras para que entren los cítricos, las flores cortadas o las fresas de Marruecos. Hay que buscar equilibrios.»

Ricardo Martínez valora el Plan África muy positivamente «porque es un ejercicio del gobierno, de su responsabilidad de gobernar y repartir el peso de cada tema respecto a África. Es el primer plan que hacemos, no somos grandes conocedores de África a pesar de que la hemos tenido siempre al lado, a 14 kilómetros. España desconoce a África. Pero la idea es aproximarnos mucho y trabajar para que se vea todo lo positivo del continente vecino, no sólo el aspecto victimista que muestran los medios de comunicación de la hambruna, las guerras y las salvajadas que allí se cometen. La actualización del Plan África será cada vez más rica porque cada vez conoceremos mejor a África y África nos conocerá mejor a nosotros.»

Las críticas apuntan a la falta de concreción. «Falta más detalle, porque las líneas generales están bien planteadas, pero todavía no conocemos tanto a África. Se han abierto una docena de embajadas en los últimos dos años y también varias oficinas de cooperación. Creo que falta más conocimiento, sobre todo porque queremos consensuar con ellos y escucharlos. Ésa es la diferencia que perciben ellos con otros países. No hay una visión neocolonial.»

¿Cooperación enmascarada?

—Pero desde diferentes posiciones se critica el hecho de que detrás de la cooperación va enmascarado un interés económico de implantación de inversiones españolas. ¿No es esto una suerte de neocolonialismo?

—Ésa es una realidad que ocurre en algunos países y fue básicamente el planteamiento de la cooperación durante los ocho años del gobierno de Aznar. En América Latina fue muy claro el apoyo a las inversiones de las grandes empresas españolas. Ese enfoque del desarrollo puede ser tan legítimo como otros y puede discutirse como todos. Es decir, se ayuda a que entren las empresas españolas para hacer grandes inversiones y el mercado sólo va a crear empleo y riqueza y eso beneficiará a todos. Es una opción, pero no la nuestra.

En estos cuatro años hemos estado desligando al máximo posible la cooperación de los intereses de las empresas españolas e intentando favorecer las políticas públicas que redistribuyan y generen riqueza y ayudan al desarrollo. Políticas de educación —sin educación no puede haber desarrollo—, de salud —si se muere la gente tampoco puede haber desarrollo—, de agua, electricidad, de infraestructuras básicas. Y esto desde políticas públicas para que llegue a todos, no desde la inversión privada. Son visiones diferentes, todas ellas amparadas por la Constitución española. Hay países que lo hacen y no lo ocultan, como China, y otros que lo ocultan un poco más, como Estados Unidos y Japón, que sí tienen la cooperación al servicio de intereses más estratégicos o comerciales. En el caso español, no es así. Dicho esto, así como es legítimo que se juegue a favor de intereses españoles, tampoco jugamos contra los intereses de nuestro país. Por poner un ejemplo, nosotros ahora sí vamos a hacer una licitación en Senegal y hay interesada una empresa de Senegal, Mali, Mauritania, Marruecos u otro país en desarrollo que lo pueda hacer, se la damos, porque eso favorecerá el desarrollo. Pero antes de que entre una empresa americana u holandesa preferimos una española. Lo que ayude al desarrollo sí, pero sin perjudicar a nuestras empresas. Tampoco hay que escandalizarse. Se puede trabajar en un partenariado público y privado con transparencia y dejando las cosas claras y sin complejos. Pero insisto con que la cooperación española está casi desligada de los intereses económicos privados. Quedan pocos casos en que los créditos estén ligados a empresas españolas.

Flujos migratorios

En los temas de control de flujos migratorios la cooperación tiene muy poco que hacer, porque la migración se coordina desde los ministerios de Justicia, Interior y Trabajo. La única parte en la que la cooperación puede participar es en el tema de formación. «Por ejemplo, formación de funcionarios de aduanas, expertos en empleo u otros temas que tengan que ver con lo que hacen otros ministerios. No solamente vamos a formar maestros, o médicos, también podemos formar a policías para que actúen de manera democrática. Lo hemos hecho tradicionalmente en casi todos los países del mundo. Todo lo que sirva para fortalecer las políticas públicas forma parte de la cooperación.»

—¿Cómo contempla lo sucedido en las vallas de Ceuta y Melilla en 2005?

—Fue un momento crítico, aunque la gente lo ha sobredimensionado mucho. A los pocos meses estábamos poniendo en marcha desde la AECID un programa con la Cruz Roja y Media Luna Roja, diseñado por ellos y financiado por nosotros, con unos ocho millones de euros para fortalecer las sociedades nacionales de Cruz Roja y Media Luna Roja de cada uno de estos países para que cada vez que se produzca alguna crisis humanitaria tengan expertos humanitarios de Cruz Roja. Son los que tienen el mandato humanitario y capacidad de movilizar voluntarios suficientemente formados en derechos humanos, para que sean ellos quienes gestionen esas crisis. Sea una hambruna, una oleada de irregulares o lo que fuera. Ahora mismo, en todos los países del África occidental, la federación internacional de la Cruz Roja ha formado personas en temas humanitarios y se les ha dado stocks de elementos necesarios, como mantas, kits de primera urgencia, etcétera, para que estos países tengan sus propios mecanismos de respuesta y no tenga que ocuparse de ello ni la gendarmería, ni la policía, ni los ejércitos, que no están para eso. Esto ha tenido tanto éxito que ahora lo estamos extendiendo por África central y otros territorios donde, por cierto, no hay cayucos.

Ricardo Martínez es taxativo: «Las actuaciones contrarias a los principios humanitarios nunca estarán financiadas por nosotros. Cada gobierno es responsable de sus actos. En tal caso hay que ir al Comité de los Derechos Humanos en Ginebra y denunciarlo. Cuando se ve que algún gobierno se equivoca y trata de manera policial o represiva algo que debe ser tratado de manera humanitaria o asistencial hay que reforzar esa capacidad y ayudarle para que no cometa ese error. Yo creo que ésos son errores, y no una política deliberada. Ahí está siempre el miedo de que la asistencia humanitaria es muy cara.»

Asegura que las propias comunidades autónomas, sobre todo en Canarias, tienen problemas con la cantidad de personas que tienen que atender. La solución que plantea pasa por el diálogo entre los gobiernos central y local y las instituciones. «Y esto por supuesto es mucho más grave en los países africanos como Marruecos, Argelia, Túnez o Mauritania. Hay que ayudarles para que no perciban esa capacidad como un coste adicional y no se la quieran sacar de encima. Tenemos la suerte de que ha habido una respuesta muy buena en Ginebra y que hay varios países europeos secundando ese modelo nuestro.»

Futuro

Ricardo Martínez ve el futuro de África «más oscuro que claro», pues no ve que se haya logrado movilizar a la opinión pública mundial, ni siquiera a la española. «Hace falta mucha más movilización para que el mundo político y los poderes reales se tomen en serio que la situación tiene que cambiar. La miseria en África es la mayor injusticia que se está produciendo en el planeta. Tendría que haber todos los meses un concierto por África o cosas así para que los gobiernos metan en su agenda el tema, que las empresas tengan que meter en su agenda la responsabilidad social.» Vamos por buen camino, dice el director de la agencia española, pero hoy por hoy África sigue siendo un exportador neto de capitales y continúa distanciándose de los países ricos. Aunque «Leire Pajín o José Luis Rodríguez Zapatero sí se toman en serio el tema de la pobreza en África.» En el mundo político va existiendo esta sensibilidad, «pero queda mucho más por hacer. En los sectores económicos y en el equipo del Ministerio de Economía todavía no la hay. Las mentalidades aún no han cambiado. Pero con este gobierno está habiendo un cambio bestial con respecto a lo que había antes. Lo importante es que no haya marcha atrás y que cuando vuelva el PP al gobierno no cuestione la ayuda a África ni la lucha contra la pobreza». Hoy los temas de cooperación no generan muchas mociones de censura ni cambian muchos votos. Martínez dice que espera que algún día sí lo hagan, que haya un mayor compromiso con el desarrollo y que «dejemos de percibir la inmigración con miedo».

Salimos juntos de la sede de la cooperación. A Martínez le espera su chófer en la puerta y antes de irse dice: «Debemos conocer mejor a los demás. La gente es igual de buena o de mala en todas partes. Es interesantísimo todo lo que puede aportarnos su cultura. Si tuviéramos más música africana nos olvidaríamos de los ordenadores y los cuarenta principales. La de cosas que se pueden hacer, y la de dinero que puede generarles a ellos. La cantidad de inmigrantes que están aquí cuidando a personas mayores, o a mis hijos. Son gente buena, que vienen a ayudarnos.»

«SI ÁFRICA NECESITA ALGO ES QUE LA DEJEN EN PAZ»

Jaime Mira es un joven murciano, cooperante de la AECID, que está en Dakar por dos meses. Empezó a relacionarse con la cooperación a raíz de la primera vez que fue a Mali, a la edad de 18 años. Fue con la ONG murciana Proyecto África Amigos de Mali, como traductor y para ayudar con el material sanitario. Pasó cuarenta días visitando hospitales y centros de salud por todo el país. Asegura que el regreso fue duro y que le costó bastante volver a aclimatarse a la sociedad y encontrar su sitio. Siguió colaborando en diferentes proyectos de esta ONG, organizando conciertos, teatro solidario y una maratón para recaudar fondos. Después estudió Derecho y Administración de Empresas e hizo un máster de Cooperación para el Desarrollo y Ayuda Humanitaria. Ha trabajado en Médicos del Mundo y actualmente está en la AECID, en un programa de becas de formación. En el patio de su casa en Dakar, donde vive con otros cooperantes españoles, este joven de rastas y ojos claros cuenta sus experiencias con pasión y sin rodeos mientras arma cigarrillos de tabaco.

El juego de la política

Jaime asegura que trabajar en la agencia de cooperación en Senegal es una experiencia muy positiva. «Pero no deja de ser un organismo público, en el que existen muchas tensiones entre su personal. Además, hay distintos intereses en juego, intereses de política interior y exterior e intereses puramente de cooperación. Esto hace que sea interesante en muchos aspectos, se puede aprender mucho.» En el ámbito de la cooperación, dice, se realiza un trabajo muy vasto, que en muchos casos se lleva a cabo de manera efectiva, pero que en «otros no tanto, porque está muy vinculado a compromisos que se toman en un ámbito político y luego ejecutarlos es difícil». Jaime define estos compromisos como «verdaderos marrones y cagadas», sobre todo cuando se refiere a la migración subsahariana. En este terreno, Jaime no duda en admitir que existen intercambios del tipo «vigila nuestra frontera y yo a cambio invierto cinco millones en proyectos en tu territorio. Estos compromisos se asumen de manera poco valorada y poco estudiada. Así es la política y hay que hacerlo».

Pone como ejemplo varias giras de políticos españoles, como la de Jesús Caldera, que hizo una en 2007 por África occidental como ministro de Trabajo y Asuntos Sociales. En el curso de ésta asumió compromisos con diversos países como Senegal y Mali. Estos compromisos políticos han derivado en situaciones que asume la cooperación. «No están muy planificadas porque fueron hechas a salto de mata.» Es claro el caso de las escuelas-taller: España se ha comprometido a implementar en África occidental estas escuelas siguiendo un modelo copiado de América Latina que no ha sido testeado en África ni adaptado a la realidad de este continente. En Senegal se ha comprometido a hacer cinco. «Ni siquiera se han estudiado las verdaderas necesidades de esas escuelas. Veremos qué pasa», dice Jaime mientras apaga su cigarro.

Conferencia de Rabat

La beca que le han concedido a Jaime Mira consiste en doce meses en la sede de la agencia y dos meses en el terreno. Los primeros seis meses hizo un seguimiento de la Conferencia de Rabat, la cumbre que se realizó entre los países europeos y del Mediterráneo en materia de migraciones y desarrollo, «entendido en muchos casos como el control de fronteras y la lucha contra la inmigración ilegal». Jaime asegura que el contexto fue cuando menos curioso, porque en materia migratoria «la cosa en España está muy atomizada y diversificada. Hay muchísimos organismos y ministerios en competencia, y obviamente hay muchos intereses». Se planteó un panorama de alta complejidad en el que estaban presentes diversas instituciones: el Ministerio del Interior, el de Trabajo, el de Asuntos Exteriores y la Secretaría de Inmigración.

La Conferencia de Rabat se basaba en el principio de multilateralismo, un compromiso en el plano de la igualdad. En opinión de Jaime este plano no existe: «La capacidad de imponer criterios que tiene la Unión Europea respecto de los países africanos es obvia. Cuando las negociaciones no llegan a un plan concreto quedan en una declaración de intenciones, que como tal es muy interesante, pero no deja de ser un documento más.» Aunque el ámbito de acción del co-desarrollo se ha asumido como línea de trabajo y figura en el plan director de la cooperación, «no sé hasta qué punto se están poniendo los medios para que ese ámbito se plasme en proyectos e iniciativas concretas. Es un ámbito muy teórico, de grandes palabras y declaraciones de países que muchas veces quedan en papel mojado».

Migrance 2007

Los segundos seis meses Jaime trabajó en ayuda humanitaria para once países de África, desde el interior del continente, pasando por Botswana, hasta lo que se conoce como «el gran cuerno de África».

Cuando Jaime fue a Mali conoció a una mujer que lo impactó profundamente: Aminata Traoré, una maliense ex ministra de Educación y Cultura. Una gran activista, intelectual y escritora. Trabajó como consultora de la ONU y dimitió del cargo de ministra. «Actualmente, es una de las activistas antisistema de mayor prestigio, milita contra las políticas del Banco Mundial, del Fondo Monetario Internacional y sobre todo contra la opresión y la dominación sin ocupación que ejercen los países europeos sobre África.»

Cuando fueron a abrir una oficina de cooperación en Bamako, Jaime sugirió contactar con ella. Aminata contactó con Jaime; estaba interesada en que la ayudara. A raíz de este encuentro surgió el proyecto Migrance 2007, la segunda edición de un foro de ese tipo en Bamako, cuyo objetivo era recoger testimonios y crear un foro de reflexión y debate hecho por y para africanos sobre las migraciones hacia Europa y el futuro de África. Participaron personas provenientes de Senegal, Camerún, Burkina Faso y otros países.

La primera parte consistió en los testimonios de los que habían sido expulsados o habían vuelto por propia voluntad. Jaime recuerda a una mujer camerunesa que había emigrado a Francia. Se estableció en el país galo, se casó con un francés y adquirió la nacionalidad francesa, «pero no fue capaz de adaptarse y volvió a su tierra. Ahora trata de contar su historia y hablar de las diferencias de la cultura africana y la occidental, haciendo hincapié en las debilidades de esta última, como el individualismo y el egoísmo. Todas las grandes diferencias entre este lado del charco y aquél.»

Jaime relata con especial desazón el testimonio de un joven de quince años que había quedado tetrapléjico luego de que había intentado cruzar la valla de Melilla en 2005. «La policía marroquí le disparó por la espalda. A la policía marroquí en realidad le da lo mismo que los subsaharianos crucen la valla. Si controlan es porque España presiona para que lo hagan. Es el proceso de externalización de fronteras que España está financiando en Marruecos, en Argelia, en Mauritania y de alguna forma también en Senegal.» Cuando Jaime se lo encontró, se quedó helado. «Yo iba representando a la cooperación española, y además iba como principal financiador del evento. Se había puesto mucho dinero. El primer día había unas 400 personas y éramos sólo tres blancos. Yo sentía que representaba todo lo que ellos querían y no podían tener, una mezcla rara de emociones. Cuando encontré a este chaval fui incapaz de comunicarme con él. Primero por un sentimiento de culpabilidad un poco absurdo, pero que no pude evitar, y segundo porque entablar una comunicación con una persona en una situación tan dura no me resulta fácil.» Se lo presentaron y la reacción de Jaime fue tocarlo. «En este caso ni siquiera pudo percibir el tacto porque es tetrapléjico, pero mi reacción siempre es física. Tampoco es necesario hablar, porque para decir una gilipollez mejor no decir nada.» Se sucedieron los testimonios y como broche realizaron una timbalada para despertar las conciencias.

El foro tuvo lugar en un gran centro cultural de Bamako, con capacidad para unas mil personas. Sobre el escenario había varias pancartas en las que se podía leer: «Otro Mali es posible» y proclamaba que ninguna persona es ilegal. «La timbalada fue tan potente y enérgica que duró unos diez minutos. A continuación vino una caravana de mujeres de Senegal. Habían perdido a sus esposos e hijos en la migración clandestina. Eran unas treinta mujeres todas con la misma vestimenta: un *boubou* azul y blanco. Cantaron *a capella*, muchas lloraban. Fue emotivo. Una de ellas dijo algunas palabras y luego vinieron los padres, que fueron menos.»

También hubo talleres y mesas donde se hablaba de la migración desde el punto de vista de los africanos, de la realidad de la migración ilegal, de los riesgos, de lo difícil que es conseguir trabajo en Europa y del racismo. «Intentaron mostrar que Europa no es El Dorado, aunque ya lo saben. Tratamos de hablar no sólo de lo económico, sino de lo filosófico y humano.»

En los talleres se planteó la necesidad de que los países africanos no perdieran su mano de obra ni a su gente más preparada. «Se hablaba de la necesidad de cambio en la mirada, tanto la nuestra como la de ellos, pero como era por y para africanos era algo más bien autocrítico. También se dijo que, si todo el dinero que gasta la persona se invirtiera aquí y cambiara la cultura empresarial, esto podría dar mayor bienestar en lo individual y social.» La idea que gravitó en el foro fue que el futuro de África es de los africanos, y que si los africanos se van, ¿quiénes van a asumir el rol protagónico? Los que se van son los más preparados, y se llevan el dinero de toda una familia, un barrio. «Eso genera una presión que hace que mientan sobre su situación y que si están mal no puedan volver porque saben que hay personas que han dado todo soñando con que eso revirtiera su situación y mejorara su calidad de vida.»

Para Jaime lo más positivo del encuentro fue la proclama que se lanzó para una movilización de la sociedad civil africana: «La unión del pueblo africano no por nacionalidades sino como fenómeno a todos los niveles. La necesidad de organización y de trabajo común y la necesidad de generar un proceso endógeno en África. Fue una bofetada, un "espabila, macho, es tu país, es tu gente, no huyas, porque si todos huimos el barco se hunde".»

Se suele acusar a los gobiernos africanos de corrupción y clientelismo, de que dependen de la ayuda externa y responden a intereses personales y externos, dejando de lado a la población. «Este foro supuso "movilízate y actúa", éste fue el mensaje más interesante.»

El foro tuvo una gran repercusión mediática: se emitió en la televisión nacional, en TV5 de África para toda África occidental y salió en la prensa local. «De ahí surgió un mapeo interesante de actores, de organizaciones que pueden conectarse y crear redes.»

En este proyecto Jaime corroboró muchas ideas que ya tenía, «por ejemplo, en mi papel de cooperante, la de no imponer nada a nadie. Nunca decir "sé más que tú", sino simplemente escuchar y conectar. Abrir puertas para que ellos gestionen su propio desarrollo. Que ellos hagan lo que saben hacer. Esto en el terreno es más sencillo, y en el ámbito político, obviamente, supone un largo camino por recorrer.»

El pensamiento subyacente en la mayoría de las políticas de cooperación es «desarrollemos allí para que no vengan», y hay un error de base en ese mecanismo. Dada la dificultad que existe para emigrar, la migración ilegal —la migración legal en muchos casos se ha convertido en una quimera— es cada vez más complicada y, por lo tanto, cara. Ese alto precio funciona como barrera de salida, hace una selección. Muchísimas personas que quieren emigrar ven su deseo truncado por la imposibilidad de costearse el viaje. «En ese sentido, si tú desarrollas más y permites un mayor ingreso familiar hay más dinero, y ese dinero a corto plazo no lo van a usar para mejorar su calidad de vida, sino que lo usarán para ahorrar y emigrar.» De este modo, un incremento en el ingreso no revertiría en una disminución de los flujos migratorios, sino que, al contrario, generará un incremento de la migración.

En Mali el joven murciano realizó una encuesta sobre percepción de los flujos migratorios a 400 muchachos «bastante pudientes». Prácticamente todos dijeron que aunque la situación en su país mejorara se irían de igual manera. Al cruzar respuestas se desprende que, aunque la situación en su país mejorase, no sería suficiente para satisfacer sus expectativas. «También con la encuesta cayó el mito sobre la información que ellos tienen, que es mayor de lo que creemos, aunque de todas maneras siempre es insuficiente. Saben que la adaptación en Europa es difícil, pero igual están dispuestos a emigrar a toda costa, incluso por la vía ilegal. Se están jugando la vida para un puto trabajo, aunque sea limpiando váteres.»

Lo que muestran las estadísticas es sólo la punta del iceberg. En África hay unos mil millones de personas. La brecha económica entre España y el África subsahariana es la más grande del mundo. Es mayor que la de México y Estados Unidos. Por lo tanto, por una cuestión sociológica, el flujo migratorio se va a incrementar.

«Creo que el camino es fortalecer la conciencia de unidad, porque los africanos están muy orgullosos de su tierra y de sus raíces. Las respetan por encima de todo. Aminata Traoré lo llama "la recuperación del imaginario colectivo de las personas". Recuperar sus costumbres, sus tradiciones, pero no para que vuelvan al neolítico, sino para que recuperen esa identidad cultural propia que se está destruyendo un poco por la injerencia continua del mundo occidental, especialmente a través de la televisión. La influencia de este medio es importantísima, es el diablo y ha hecho un daño tremendo.»

En una ocasión estaba Jaime navegando por el río Níger, de Mopti a Tombuctú, y como los estaban comiendo los mosquitos pararon a acampar. De repente, en medio de la noche comenzaron a oír tambores, ruidos. Caminaron entre la oscuridad hasta que de repente se oyó el sonido continuo de un motor. Vieron un resplandor y se fueron acercando. Cuando llegaron al origen del resplandor, en medio de un bosque, vieron a unas treinta personas frente a un televisor mirando *Falcon Crest*. «Fue la hostia. Ni yo había visto nunca esa serie.»

Para Jaime el trabajo de la cooperación es mejorable, aunque bien enfocada es positiva. «Cada cooperante tiene su idea feliz de cómo salvar el mundo. No pretendo salvar el mundo. Mi misión es humilde, es potenciar y escuchar, nunca imponer. Creo que muchos cooperantes reproducen e imponen modelos y esquemas que para mí no funcionan.» Jaime plantea la necesidad de que, para que algo funcione y tenga arraigo y tradición, debe ser compartido y entendido. «Creo que hay que trabajar con los propios modelos existentes, fomentando el trabajo de la gente de aquí, sin tratarlos como niños, que no lo son. Lo bueno es identificar a las personas, abrirles puertas y formarlas, o a veces ni siquiera formarlas, porque ya saben lo que tienen que hacer.»

En general la cooperación española, como otras cooperaciones, está supeditada a intereses económicos y de política exterior. «Por lo tanto esa base no existe, aunque dentro de eso siempre se puede hacer un pequeño tira y afloje. Porque invierte mucho trabajo.» En cualquier caso no cree que esta institución esté salvando a África, ni cree que lo vaya a hacer. «Primero porque África no necesita ser salvada. Si África necesita algo es que la dejen en paz y que no la jodan más. Si alguien tiene que salvarla son los propios africanos. Si les dejáramos, lo harían.»

PLAN REVA: ¿COMERCIO O COOPERACIÓN?

Juan Rivero es miembro del Grupo de Estudios Africanos (GEA) de la Universidad Autónoma de Madrid, especializado en migraciones. Antes de trabajar en la universidad pasó dos años en una ONG de acogida. Eva Martínez es ingeniera agrónoma de formación y también miembro del GEA. Ha trabajado muchos años en cooperación y llevado proyectos de desarrollo agrícola y rural a distintas partes de África y el Cáucaso.

Ambos emprendieron la investigación de la puesta en marcha del ambicioso plan del gobierno senegalés de vuelta a la agricultura REVA, por sus siglas en francés, que ha recibido financiación del gobierno español. Martínez asegura que ha trabajado con agricultores de subsistencia, pero «nunca a este nivel de alta tecnología.»

El Plan REVA se lanzó en 2006, en opinión de Juan Rivero, «de manera muy apresurada, como sucedió también con el Plan África». El objetivo de este plan senegalés de vuelta a la agricultura pretende crear 550 polos de desarrollo rural con el fin de frenar las migraciones y reincorporar a los repatriados. Se calcula crear unos 300.000 puestos de trabajo, de los cuales un 40 % serían para los repatriados.

Luego del lanzamiento, Juan Rivero y Eva Martínez comenzaron a recopilar documentación. Comprobaron que el gobierno español había dado mucho apoyo público a esta iniciativa, tanto en el Congreso como en el Senado. Cuando en 2006 Moratinos y Zapatero fueron a Senegal, apoyaron públicamente este plan como única política de arraigo y de reinserción de ilegales. «En diciembre de 2006 se empezó a perfilar el proyecto y Tragsa —Transformaciones Agrarias, Sociedad Anónima, una empresa española— asumió el rol de un "medio propio", como se dice en términos de la cooperación, en una subvención del Estado en especie. Esto quiere decir que España va a poner toda la infraestructura en estos polos de desarrollo.» Se destinaron 530.000 euros y Tragsa aprovechó la oportunidad para entrar en Senegal, donde abrió una oficina. «De hecho, al principio estuvieron trabajando en la oficina de la cooperación, utilizando los ordenadores y los recursos. O sea que la ligazón es muy estrecha.»

Juan y Eva realizaron un estudio previo y durante 2007 Tragsa comenzó el proyecto piloto. El gobierno senegalés también lo anunció. «Antes de las elecciones presidenciales de febrero de 2007 fueron inaugurando polos que aparecieron en la prensa senegalesa. Seis o siete lugares que hemos visitado con posterioridad y donde no encontramos nada, sólo un cartel. Eran antiguos proyectos de cooperativas de los años ochenta y noventa que habían fracasado», dice Juan Rivero.

Solicitaron fondos al Ministerio de Asuntos Exteriores para realizar el estudio y presentaron un borrador. Pero, hasta que lo aprobaron, el proyecto fue tomando un aspecto mucho más técnico, más alejado de los repatriados y los supuestos beneficiarios y mucho más ligado a una explotación agrícola moderna y eficiente. «Nuestra idea era ver qué otras alternativas de desarrollo rural había, si se podía trabajar realmente el tema del arraigo y si había alternativas de desarrollo rural sostenible frente a la migración.»

En 2008 viajaron a Senegal, donde pasaron casi tres meses. «Nos pusimos en contacto con la gente de Tragsa, que fue muy amable y nos mostró varios estudios y el proyecto piloto. Habían montado un sistema de goteo con un pozo para una explotación que, en principio, iba a ser de cien hectáreas y que luego se redujo a cuarenta y cinco.»

Los trabajadores se acababan de formar en cinco Grupos de Interés Económico (GIE) y partían de un principio cooperativista. Se había seleccionado a cien personas, de las cuales la mitad tenían que ser mujeres, y las edades oscilaban entre 18 y 55 años. «Cuando llegamos nos dimos cuenta de que uno de estos grupos aún no iba a trabajar. No había ningún tipo de contrato o concesión y en los otros cuatro había desigualdades. Una quinta parte había decidido no ir a trabajar y entrevistándolos vimos que había bastante malestar y descontento.» Tragsa hizo una subcontrata para poner el riego y «se lo llevó una empresa española». Luego puso a concurso la gestión de la granja, dado que no se vio que hubiera recursos técnicos. «La ganó otra empresa española, y ya están plantando los melones. Desde hace años tienen varias plantaciones donde cultivan melones para exportar a España. Tienen sus viveros, han ido con su equipo técnico, y sus ingenieros senegaleses son de fuera de la comunidad.»

Juan asegura que hay malestar porque los capataces deciden a dedo quién va y quién no. Además, el terreno pertenece a la comunidad, se lo cedieron al gobierno senegalés para que se hiciera cargo de la infraestructura. «El propietario del terreno es la comunidad y el propietario de la infraestructura es el gobierno senegalés. Si al cabo de los tres años —que al final fueron dos— el gobierno ve que lo han administrado bien y que son capaces de hacerlo, se lo entrega a estos grupos de intereses económicos», dice Rivero.

Cuando llegaron al campo ya estaba todo plantado, pero no se habían firmado contratos laborales. La empresa que gestionaba el cultivo de melones y calabazas para exportación era murciana. «Había gente que había trabajado un solo día —o ninguno— y otra que había trabajado 16 días. Se les pagaba proporcionalmente a los días trabajados, y al final la paga era la misma que recibían los empleados de la granja privada que la misma empresa tenía a quince kilómetros.» Había desilusión por parte de la población. La gran frustración estaba ligada a que se esperaban muchos más puestos de trabajo. Las personas de 50 años, que tradicionalmente llevan la agricultura familiar, quedaron excluidas. Además, había gente de 15 a 30 años de edad que había emigrado de núcleos urbanos próximos, como Dakar, Mbour y Thiēs. «Casi todas las chicas están en el servicio doméstico y los chicos de aprendices, en los barcos o en el sector informal. Encontramos algunos casos de personas que dejaron esos trabajos y vinieron a la granja, pero ante la incertidumbre y la falta de expectativas volvieron a las ciudades.»

En palabras de los dos investigadores, no hay absolutamente ningún repatriado, aunque se hubiera anunciado que el 40 % de los beneficiarios serían personas en esa condición. La justificación de las autoridades, según Rivero, es que son aventureros, que no son fiables. «Se les acusa de haber cometido un delito, por lo tanto dicen: "¿Cómo vamos a premiar a alguien que ha cometido un delito?"» Las asociaciones de repatriados cuentan que en el momento más álgido (2006-2007) se les convocó a reuniones en las que les hicieron promesas de incluirlos, pero que han quedado apartados y no se les tiene en cuenta. «Da la sensación de que han sido utilizados y que cuando se han empezado a producir frutos, tanto en la creación de este polo, que es el único que hay, como en la designación de contingentes de migración legal, se han olvidado completamente de ellos.» Para lo cual, dicen que socialmente se ha dado un proceso en el que se ve al migrante como alguien molesto, como un traidor, alguien que se ha querido ir en lugar de luchar por su país. «Personas que, ofrezcas lo que les ofrezcas, si tienen la idea de irse en la cabeza hasta que no lo consigan no van a parar.»

En opinión de Eva Martínez un proyecto que en un primer momento no implica la creación de empleo es ridículo. «Desde el momento en que pones una producción hipertecnificada está claro que eso va a crear un empleo muy reducido. En estos casos, donde había cien personas en los GIE (Grupos de Intereses Económicos) al final hubo trabajo para unas 25.» Se trata de un modelo de explotación como los que existen en España. Hubo un pequeño análisis socioeconómico que hizo Tragsa a la hora de agrupar gente en los GIE. Pero se hizo al revés de como se trabaja en cooperación normalmente. Hacen esos estudios socioeconómicos para justificar la formación de los GIE. «Se vio que el nivel de alfabetización es muy bajo, o sea que esta gente no va a ser capaz de llevar los GIE, ni técnicamente ni de ninguna de las maneras porque son incapaces.» Eva y Juan comprobaron esta realidad en las múltiples reuniones que mantuvieron. «No están acostumbrados a este tipo de organización. Va en contra de los principios de un proyecto de desarrollo: no se pueden apropiar de él, porque no lo entienden.» En las reuniones vieron «claramente cómo las personas estaban totalmente manipuladas por un señor que les decía lo que tenían que hacer». No saben de qué va el Plan REVA. «Los contratos eran en francés y la población sólo habla serer. Que les agreguen cosas técnicas es lo de menos, o lo de más, si se tiene en cuenta que eso permite la entrada de empresas españolas.»

El Plan REVA ha resultado ser un proyecto muy mediático y político. «Ha tratado de dar una respuesta muy inmediata y coyuntural a unos problemas que son estructurales. Se le da prensa y se hace una campaña publicitaria, pero luego los proyectos se van desinflando. En este caso es clarísimo. Las soluciones son mínimas.» De momento, sólo hay 100 beneficiarios reales, cuando se hablaba de 550.000. «El Plan REVA ya no ocupa las primeras páginas. El presidente Wade ya ha sacado otro plan de choque llamado GOANA para la agricultura senegalesa.»

Juan Rivero asegura que se ha montado el Plan REVA en una localidad concreta sin hacer ningún estudio previo o siquiera preguntarle a la población cuáles son sus necesidades. «A los repatriados se les ha dado mucha voz al principio, pero luego se los ha ido acallando.»

Desde 2006 se habla de una contrapartida a la aceptación de repatriaciones y control fronterizo de Senegal. Se habla de donaciones y ayudas millonarias. «Lo único que veo que realmente se haya hecho es este medio millón para la explotación de una granja en Djilakh, que es una subvención de Estado en especie. Pero claro, se hace con una empresa española y absolutamente todo el material es traído de España, desde los goteros a los fertilizantes, cuando en Senegal hay generadores y un montón de insumos. Están produciendo dependencia. Es casualidad que Tragsa entra en Senegal gracias a este proyecto, y en un principio su oficina era la de la AECID.»

Aparte de la teoría, no han visto ninguna coordinación real entre ese polo y los demás que se iban a implementar. Ahora van a hacer un trabajo que debería haber sido previo, de formación y sensibilización de la comunidad. Entonces Juan Rivero plantea la pregunta: «¿Por qué había tanta prisa en producir melones y en desarrollar un proyecto puramente técnico? Por el momento los claros beneficiarios de ese medio millón de euros de donativo son para Tragsa y otra empresa española que tienen unas instalaciones maravillosas gracias a la cooperación. Luego darán créditos FAD, con un modelo que ya han implementado en Latinoamérica de internacionalización de las empresas españolas. Lo que es comercio que se llame por su nombre. Si se habla de cooperación, que se haga cooperación. Que se les pregunte a los agentes, a las poblaciones supuestamente beneficiarias, y no sólo a los gobiernos con los que se está negociando e intercambiando beneficios comerciales.»

Eva Martínez asegura que la responsabilidad no es sólo del gobierno español, Tragsa y los murcianos, sino también del gobierno senegalés, que quiere una explotación altamente tecnificada. «El gobierno senegalés, básicamente, lo que quiere es agua. Senegal es un país saheliano donde falta el agua. Y el agua se consigue bombeando a una profundidad de 160 metros con un costo energético altísimo. El gobierno de Senegal ya sabe esto. Y en Djilakh no hay ni electricidad. Por lo tanto necesitan un agente externo, como ellos lo llaman, que lo gestione para productos de exportación. Porque los beneficiarios no son capaces de reunirse para gestionar un mercado internacional que exportará a toda Europa.» Juan Rivero asegura que se están creando estructuras que «generan verdaderas corruptelas. Democracia no significa sólo elecciones cada cuatro años».

LLUÍS MALLART

> Fui a África a convertir negros y me convirtieron a mí.

Este antropólogo nació en Barcelona en 1932. De joven trabajaba en la Caja de Ahorros, pero la dejó porque sentía los ideales de aquella época: «En Barcelona no había nada más que la Iglesia, que aglutinaba a la gente joven.» Hizo el seminario de misiones en Burgos. No quería ser jesuita ni pertenecer a ninguna orden, y aquello era lo más parecido a lo que se conoce como el clero diocesano. Pasó cinco años en Burgos y volvió a Barcelona a otro seminario donde había gente con ideas más afines a las suyas, «con una mayor apertura, así me ordené». Se quería poner al servicio de un obispo africano y entró en contacto con Tomás Mongo, un obispo camerunés que estuvo de acuerdo en acogerlo.

«Corría el año 1960 y en Camerún descubrimos todo el peso de la colonización, de lo cual aquí no se hablaba. El peso en lo económico y en lo religioso. La Iglesia había impuesto su liturgia, y los obispos africanos la aplicaban. Esto nos provocó un impacto muy fuerte. También conocimos el llamado "subdesarrollo". Éramos unos 50 entre maestros, médicos, enfermeros y curas. Como una ONG, aunque lo llamábamos «hermanamiento»; y al igual que nosotros fuimos a allí, de Camerún vinieron monjas, curas y obreros. Eran los primeros africanos que llegaban a Barcelona, recuerdo que el periódico avisaba a la población de que se podían encontrar con un cura negro por la calle. ¡Cómo han cambiado las cosas!

»Hicimos muchos disparates. Nos pusimos a hacer economía de cooperativas, cuando en realidad no sabíamos nada. Creíamos que el ser blancos y tener buena voluntad ya nos solucionaba cualquier cosa. Fuimos bastante críticos con la iglesia de allí y con el mismo desarrollo. Nosotros estábamos favoreciendo el propio colonialismo y capitalismo. Cuando lanzábamos las cooperativas, los empresarios blancos estaban encantadísimos con estos misioneros románticos que organizaban todo sin cobrar nada. Nos querían muchísimo. Todo eso nos hizo reflexionar bastante acerca de nuestro papel, porque el mismo concepto de cooperativa era un concepto de nuestro mundo.

»Nosotros teníamos una manera de actuar que llamaba la atención, pues era totalmente diferente a la de los religiosos blancos que habían llegado anteriormente. Por ejemplo, las monjas que estaban antes de nosotros no dejaban entrar a los africanos a sus casas. Atendían al personal por una ventana. Nosotros los invitábamos a pasar, y además no teníamos criados. Queríamos mostrar que un blanco lava su ropa, limpia sus cosas. Creo que eso fue muy positivo, pues mostramos cierto mundo cristiano de contacto con la realidad. Cuando fui de párroco a la región de Nsola —donde viví muchos años— no quise vivir en la misión, que estaba apartada, sino que me fui a vivir al pueblo, con la gente. Me fui a vivir a la casa de un polígamo, un hombre que tenía dos mujeres. Según la iglesia él debería estar excomulgado y su segunda mujer no podría recibir los sacramentos. Fui a vivir con ellos; como no tenían hijos me ofrecieron vivir allí. Queríamos hacer una revolución en el propio seno de la Iglesia.

»Me convertí a la antropología, porque el buen pastor debe conocer a sus ovejas, aunque no los consideraba mis ovejas, sino personas. También me puse a estudiar medicina tradicional y me fui introduciendo en su mundo. Aunque eran pobres no tenían el instinto que tienen ahora de emigrar, todo estaba inundado de la alegría de la descolonización. Estaban tan orgullosos de ser independientes que ni se hablaba de venir a Europa. El neocolonialismo de los blancos y de los negros ha ahogado al pueblo. Ha habido tanta corrupción por parte de las altas esferas que, si el pueblo ahora puede, entra en el mismo juego. Bendita corrupción. Me duele, pero es así.

»En Olot veo mucha inmigración y se les pide que se adapten. ¿Qué mayor adaptación que acompañar a sus hijos a la escuela cuatro veces al día, poner una tienda, usar tarjetas de crédito, ir a los hospitales? Incluso se les pide que se saquen el velo. No hablarán catalán, pero la adaptación es total. Sobre todo cuando los europeos que fueron a África no se adaptaron nada. No iban desnudos como los africanos, les enseñamos a vestirse. Siempre desde el poder, como poseedores de la verdad. En mi libro *Okupes al Àfrica* empiezo con un símil, una obra de teatro por la que van desfilando todos los blancos que han pasado por África, cada uno llevando su verdad. Los últimos son los representantes de las ONG también con sus verdades de cooperación y desarrollo pero con el fin de introducir a África en el mundo capitalista, como todos los anteriores.

»En 1968 éramos muy críticos y concluimos con que la revolución la debían hacer ellos mismos. Tenía que llegar un momento en el que el pueblo, harto de la situación, provocara un cambio social y político, no esos golpes de Estado militares. Que el pueblo exija lo que se le debe; han pasado cuarenta años y todavía no ha habido grandes cambios. En 2008 han tenido lugar unas revueltas en varios países del África occidental, creo que han sido muy significativas, porque no fueron un golpe de Estado más, sino que la propia gente se hartó de la subida de los precios que se está dando con la crisis alimentaria. Pero ningún periódico ha dicho nada.

»Soy muy escéptico con la cooperación, me parecen pequeñas tiritas que tapan las grandes heridas que causamos nosotros mismos. Además del estatus del cooperante, algunos van de buena fe, pero otros van con unos sueldos y unas facilidades enormes. Hay toda una tipología del cooperante, y esta práctica, en algunos casos, se ha perfilado como una suerte de promoción social. Cuando yo volví de África tenía 40 años y no teníamos ningún empleo.

»Estoy convencido de que hay buena voluntad en muchas personas. Recuerdo que en una universidad un estudiante que había leído un artículo escrito por mí le dijo al profesor, un amigo mío: "¿Cómo es posible que el Mallart arremeta contra todas las ONG?" De la misma manera que yo busqué respuestas en la Iglesia, los jóvenes de hoy las buscan en la universidad y en el mundo de la cooperación. Lo que a mí me carga es el poco interés que hay por conocer África. En las universidades catalanas no tenemos ni un catedrático de antropología africana. La diferencia con Francia es abismal. En los últimos años se han multiplicado las iniciativas que, en apariencia, se interesan por África, como fue la creación del instituto de estudios africanos en Cataluña, Institut Catalunya Àfrica, o programas de televisión que tratan de acercar la realidad africana. Me temo que son iniciativas sin contenido.

»Cada vez que me entrevistan me empeño en hablar de los evuzok, la etnia con la que conviví en Camerún, pero siempre los periodistas se centran en mi historia personal. Nunca me he escondido, pero creo que es irrelevante que yo fuera como cura y volviera siendo antropólogo. Fui a África a convertir negros y me convirtieron a mí. Ésa es mi realidad, pero debemos conocer la realidad de los africanos, sobre todo ahora que tenemos que convivir y el racismo está surgiendo y mucho. Cuando escucho: *"Jo no sóc racista, però..."* Siempre digo que cuantos más africanos tengamos aquí, mejor. Quizá lo diga para provocar, pero no podemos olvidarnos de que nosotros fuimos a África sin papeles, a ocupar el territorio y sin aprender ninguna de sus lenguas ni costumbres.

»La cooperación tiene una forma y unos matices diferentes a la colonización y a la Iglesia, pero nuestra presencia allí representa los intereses de España. También reconozco que África es muy grande y que los problemas son enormes, pero la aproximación es muy limitada. Cuando me presentan como africanista pienso que mi campo de estudio es muy concreto y el continente es enorme, es como si a un antropólogo que hace estudios sobre la Semana Santa de Sevilla, le tildaran de europeísta y lo invitaran a dar una charla sobre Suecia. Creo que no hay nada que hacer en la medida que imperen los intereses de las grandes transnacionales. En Camerún construyeron un oleoducto que atraviesa el territorio y se suponía que iba a ser el gran desarrollo del país. ¿Desarrollo para quién? A los pigmeos los desplazaron y ahora están muriendo de tuberculosis. La pesca ha descendido porque los peces tienen gusto a petróleo. Unos cuantos se beneficiaron como mano de obra, pero luego qué. Cuando volví al lugar en el que estuve viviendo en Camerún, me encontré con que antes no podíamos ver las montañas por la vegetación y ahora todo está esquilmado por las compañías forestales. Hemos estropeado África, no la hemos colonizado, porque colonizar siempre puede tener el sentido positivo de la civilización. La hemos estropeado, por eso somos los okupas.»

10

El encuentro

(...) Un encuentro de dos: ojo a ojo, cara a cara.
Y cuando estés cerca arrancaré tus ojos
Y los colocaré en el lugar de los míos,
Y tú arrancarás mis ojos
Y los colocarás en el lugar de los tuyos.
Entonces te miraré con tus ojos
Y tú me mirarás con los míos. (...)

J. L. MORENO

El modelo político de integración que ha desarrollado el gobierno español está ligado al momento histórico en el que se ha producido la inmigración. Como el resto de los gobiernos europeos, no adopta uno puro. Ni siquiera en Francia existe el modelo francés, como tampoco existe más el multicultural en Inglaterra. Allá por los años ochenta, la Dama de Hierro, con palabras tan contundentes y categóricas como su semblante, anunciaba que no existía otra alternativa: *«There Is No Alternative.»* La supervivencia del sistema económico capitalista pasaba por la apertura de las barreras arancelarias, la expansión de los mercados y las grandes privatizaciones. El neoliberalismo se instauraba.

Los modelos de integración dirigidos por los gobiernos se dieron durante la década de 1960. En la época de las migraciones coloniales, tanto Francia como Inglaterra plantearon organizar a sus migrantes a partir del modo de control colonial: el directo o el indirecto. Esto se tradujo en el modelo de asimilación, universalista a la francesa, o en el anglosajón, multicultural y segregacionista. Hay que tener en cuenta que se hacía desde unos países muy específicos y controlados por las antiguas metrópolis.

Éste no es el caso de la globalización de las migraciones. Hoy día la heterogeneidad de inmigrantes es abismal, de hecho, no hay comunidades de inmigrantes como se daban en aquella época. Como afirma la antropóloga Mercedes Jabardo: «En España hay inmigrantes de todo el mundo. En una ciudad pequeña como Elche o Alicante hay inmigrantes de 200 nacionalidades, que por supuesto no se organizan comunitariamente.»

Cuántos acelerados y gigantescos cambios han sobrevenido en el planeta y en cuán diversos ámbitos. El huracán de la globalización nos tomó a todos por sorpresa. Nuestras ciudades, nuestras sociedades, son ahora de una diversidad cultural nunca antes vista. Cabe aclarar que no entendemos la cultura en su aspecto restringido como un objeto de museo —mero folclore—, sino como algo más vivo, amplio, curvo, dinámico. Entendido hoy día en términos de pluralidad y diversidad.

La posmodernidad se presenta como una oportunidad única para construir modelos de convivencia más soberanos, más democráticos. La urdimbre intercultural es un entramado propicio para que a través del encuentro y la total apertura al Otro, sin prejuicios, se trascienda la razón instrumental, en dirección hacia una sociedad más responsable, plural y humana. Nos queda pues transitar el «pensamiento débil» que describe el filósofo Gianni Vatimo.

No es cosa de niños, o sí, precisamente, es en verdad un acto valiente de pura humildad y desinteresado. Exige lo que Raimon Panikkar describe como el desarme cultural para ponerse en el lugar del otro sin esperar nada a cambio. «Ese Otro que está a mi lado y gracias al cual soy quien soy.»

Nos entristecería dar la razón a los hermanos Marx cuando dicen que hemos alcanzado las cimas más altas de la miseria humana, pero continuamos silenciando y ocultando a los inmigrantes y a toda voz que pervirtiera el monólogo y lo convirtiera en diálogo. Los instrumentalizamos. Reducimos el Otro a lo Mismo, aniquilando la diversidad, y esto es crudo etnocentrismo.

Para el filósofo Levinas, el Otro no es algo, sino un Rostro que está desprotegido. «Desde el momento en que el Otro me mira, yo soy responsable de él sin ni siquiera tener que tomar responsabilidades en relación con él; su responsabilidad me incumbe. Es una responsabilidad que va más allá de lo que yo hago.» Es una responsabilidad ética con aquellos que, históricamente, han sido marginados, excluidos, relegados, estigmatizados y perseguidos.

Para Kaunas la ética se va a basar en la relación, porque cada uno de nosotros será la suma de las relaciones que alberga, al sustituir el «pienso, luego soy» por el «soy amado, soy nombrado, luego soy». Una sociedad que piensa que no somos más que mónadas aisladas, independientes, en analogía a la medicina y al cáncer, sería una sociedad enferma. Vivimos una época de revuelos. Queda el reto, acoger al otro como infinito y trascendente, responsabilizarse de sus necesidades y vivir un mundo, al fin, sin miserias.

IÑAKI GABILONDO

>Ver un cayuco llegando con negros a bordo casi no es noticia.

Con una experiencia de más de 40 años en radio y televisión, este periodista nacido en San Sebastián en 1942 se ha convertido en un indiscutible líder de opinión de los medios españoles. Inició su carrera en la radio con 21 años y con sólo 27 ya era director de Radio San Sebastián de la Cadena SER. Fue director de los informativos de RTVE y es uno de los periodistas más reconocidos y emblemáticos de España. En innumerables ocasiones le ha tocado de cerca el tema de la inmigración, ya sea a la hora de entrevistar a personajes clave, de dar noticias importantes o de opinar sobre el tema.

«Los medios de comunicación no tienen una sabiduría infusa, ni tienen opiniones absolutamente precisas de cada una de las cosas que suceden, ni una estrategia, después, para introducirlas inoculadas en la sociedad. Los medios de comunicación también viven en la sociedad y también viven en sus estupores y en sus desconciertos. Es verdad que en algunos casos hay acciones de algunos medios, desde posiciones muy rotundas y muy intencionadas, que tratan de machacar con un concepto. Pero en otros casos, sencillamente, hay desconcierto ante fenómenos que se escapan a un fácil resumen.

»Siempre he observado el fenómeno de la migración de una manera diferente a la general. Creo que es un fenómeno de la vida que no tiene solución si se entiende como un problema. El mundo entero, desde que es mundo, se ha construido con la gente que se mueve, en nombre de las mil y una razones por las que se mueven las personas, porque les da la gana, porque quieren mejorar o porque huyen de algo. Esto ha hecho que conozcamos el mundo tal y como es, porque la migración también ha estado motivada por las ambiciones y los deseos de conquistar al otro.

»En esta sociedad tan economizada que cuenta en dinero, en sumas y en restas todos los fenómenos, se trata de resolver este fenómeno como si fuera un problema cuando es un hecho mismo de la realidad y propio de todas las sociedades. Aquí, a los amigos, cuando dicen que hay muchos inmigrantes les pregunto:

»—¿Tú de dónde eres?

»—De Lugo.

»—¿Y qué haces aquí?

»Todo el mundo se ha movido, pero, en un momento determinado, a un pedazo del espacio se le llama el territorio en el que nos podemos mover con libertad. El de Lugo puede ir a Madrid y el de Madrid a Sevilla, porque es algo normal. Cuando uno está más lejos y viene aquí, estamos en el «nosotros». La idea del nosotros es completamente equivocada. Porque ¿qué somos nosotros? Nosotros somos el resultado de un cruce monumental desde todos los tiempos. Y así será siempre. No sólo porque sea de justicia, sino porque, además, es inevitable.

»España observa este fenómeno como un problema y tiene una solución clarísima, arruinarse. En cuanto se arruine se solucionará. Cuando éramos pobres, nos íbamos nosotros. Y en todos los países del mundo ha sido así, y siempre será así. Forma parte de la realidad de la vida. Cualquier intento de hablar de esto como un fenómeno a controlar es un imposible metafísico, un error, una injusticia y una manera de engañar a la gente. Lo único que cabe hacer es que las sociedades, entendiendo que las migraciones comportan grandes dificultades de gestión, duden sobre las formas y cuestionen. A mí no me queda muy claro cómo hay que gestionarlo. Evidentemente, no todo el mundo puede moverse al mismo tiempo de un sitio para otro. Los pueblos aspiran a que se reparta todo equitativamente. Entiendo que pueda haber complejidades en la gestión y que los partidos políticos no tengan muy claras las posiciones. Cuando alguien dice que tiene muy claras las posiciones desconfío porque no existe una manera clara de resolver esto. El ideal de "que vengan cuando se les necesita y se vayan cuando ya no se les necesita" es una jaimitada que no tiene ni pies ni cabeza.

»Sólo una sociedad que se ha histerizado con las cuentas y los números intenta resolver un problema que no es tal. Porque si luego lo analizas como un fenómeno cuyos aspectos problemáticos tienen que ser resueltos, descubres que nadie tiene la solución. ¿Los norteamericanos, que colocan una barrera y policías armados? Se supone que regularizar a los que están en el país está mal. En Estados Unidos tienen a veinte millones de tíos sin papeles. Creo que la única solución es que todos digamos a la vez con claridad: "Señores, lo que llamamos el movimiento migratorio es la vida. Pregúntense ustedes dónde nacieron y dónde viven." Además, los pueblos se enriquecen con ese cruce cultural que ha creado los países tal y como los conocemos.

»A los partidos políticos les toca manejar la gestión en un tono verdaderamente menor, porque las personas se desplazan como respiran y huyen de los conflictos como respiran. Se crean distintos tipos de complicaciones que no sé cómo se resuelven, pero creo que sería bueno que se comenzara a pregonar una doctrina sencilla y clara, en lugar de hacernos este lío, que marca un juego entre nosotros y ellos que ha dado muy malos resultados a lo largo de la historia de la humanidad.

»Tengo una opinión sobre el tema, pero no el saber específico de cómo se debe resolver. Reconozco lo que no me gusta, como la directiva europea que ha salido. Me parece ilegal, me parece inhumano e inútil. No sé lo qué habría de hacerse pero, si hubiera una mirada más normal sobre este hecho, lo veríamos de una manera diferente, para tratar estas complicaciones. A lo mejor con torpeza y desacierto, pero por lo menos saldríamos de este lío que conduce a unas consecuencias muy peligrosas: considerar al inmigrante como una amenaza. Esto es no entender la vida. El gobierno me dijo: "Es cierto que nosotros los teníamos menos tiempo, pero como había gobiernos que los retenían sine die nos parece un paso adelante que haya una decisión común." Será un adelanto que se armonice una política unificada, pero soy demasiado mayor para aceptar que es positivo tener retenida a una persona durante tanto tiempo por haber cometido una infracción administrativa. Me parece mal que no se pueda acceder a los centros de internamiento y he criticado al gobierno. No tengo una respuesta alternativa, no soy el líder de la oposición, pero es un paso atrás en los derechos.

»No está pasando nada especial, nada más que no teníamos la costumbre de verlo desde este ángulo. Pero Estados Unidos se construyó así, todo el continente americano, de norte a sur, se ha construido así. Podemos hablar de cómo tratar a las personas mayores, las atenciones y los servicios sanitarios que hay que prestarles, pero no podemos extrañarnos de que la gente se haga mayor y se muera. La migración se entiende como un fenómeno coyuntural, como algo extraordinario, como "un drama que estamos padeciendo", incluso algunos que la defienden la definen como "una bendición que recibimos". Ni bendición ni drama, es un hecho de la vida.

»En la política, todos los elementos que generan alguna urticaria en algún sector social, automáticamente, se convierten en un buen material para soltar un tortazo al contrincante. El tratamiento sobre la inmigración tiene un tono alarmante porque lo nuevo llama la atención y desconcierta. En países como Francia ha habido tiempo para que la propia sociedad se vaya adaptando a los cambios. Por otro lado, en España ha habido un momento de prosperidad —de otra manera nadie hubiera venido— y se encaja al extranjero porque coincide con la bonanza económica. Cuando empieza a haber problemas económicos surgen los consabidos problemas de rechazo, que son inevitables. Lo que sí es evitable es que quienes tienen responsabilidades públicas, como los medios y los políticos, aprovechen para meter cargas de dinamita ideológicas que generan mucho daño.

»Irlanda es el caso más claro. Una cuarta parte de la población emigró porque era un país pobre. Por definición uno de los países que ha marcado una de las características fundamentales de Estados Unidos. Con la construcción pasó diez o doce años siendo un país riquísimo y empezó a recibir muchísimas personas. Como ahora se les ha ido la construcción a la mierda, como aquí, empieza a tener problemas de rechazo a la inmigración. Sólo se puede pedir serenidad en la gestión y una correcta y decente diligencia de la comunicación de este tipo de hechos. Si tú haces una comunicación indecente, xenófoba, se puede generar una auténtica avería, porque se aprovechan estados de opinión muy emocionales.

»Cuando en la redacción hemos tenido alguna discusión al respecto, los he parado a todos en seco: "El que haya nacido en Madrid que levante el dedo." Yo mismo he nacido en San Sebastián y alguien se puede preguntar qué se me ha perdido aquí. Las mismas razones que nos asisten para desplazarnos a nosotros les asisten a los demás. Tratemos este asunto con serenidad, porque por mucho que nos llame la atención, nos toca practicar el ejercicio de la comprensión de estas nuevas realidades. Yo también me crie en una sociedad en la que no había homosexuales públicos, pero es de justicia y lo acepto aunque me hayan educado para que me llame la atención. Tampoco me he criado con musulmanes, pero si ahora al lado de mi casa hay una mezquita y ochenta tíos se ponen a orar cinco veces al día tengo que entenderlo aunque me llame la atención.

»Lo que muchas veces les reprocho a los políticos es que jueguen con las cosas del comer porque es dinamita. A veces me acusan de que soy demasiado comprensivo, pero no es una cuestión de que te sorprenda o no ver a dos hombres besándose en la boca, es una cuestión de justicia. Las posturas de los partidos políticos es de: "Tu receta es una mierda y la mía es cojonuda." Llega el PSOE al poder y se encuentra con 700.000 tíos sin papeles y los regulariza. El PP le dice: "Muy mal por legalizarlos", pero el PSOE responde: "Sí, pero yo me los encontré aquí, ¿hubiera sido mejor no haberlo hecho?" Este tipo de discusiones son absurdas, pero proyectan sobre la sociedad muy mal rollo. Son juegos de espejos, no tocan la realidad y su objetivo es llegar a sensibilidades para recabar votos. No hay más.

»Nosotros promovimos la elaboración de un manual, que luego sacó la administración y yo presenté, con determinados términos y enfoques para contribuir a un tratamiento más justo. Por ejemplo, no decir gente ilegal, porque un señor no es ilegal por no tener los papeles en regla. En estos fenómenos se enciende la mala leche de unos y la ingenuidad y torpeza de otros. Nosotros no podemos dificultar la convivencia de las personas de diferentes culturas con un tratamiento equivocado, ahí tenemos una responsabilidad. Tenemos que verlo como algo normal y que luego se persigan todos los abusos.

»Lo noticioso en el mundo de las pateras y los cayucos no puede ser la cantidad de gente que llega, sino la persona que arriesga su vida para mejorar en una auténtica odisea. Este proceso pone de manifiesto un formidable fracaso. No se puede aceptar. La llegada de cayucos se ha convertido en una rutina informativa. Ver un cayuco llegando con negros a bordo casi no es noticia, sólo es noticia cuando adquiere un dramatismo añadido. Porque les ha ayudado un pesquero o porque han llegado a una playa con señoras tomando el sol y el balón de Nivea.

»Me siento desbordado por el tema y me irrita que se observe de manera equivocada. Me parece extraño cuando España hace dos pestañeos era un país de emigrantes. Cuando yo estaba en la veintena la gente salía en masa a emigrar. No sé cómo ha podido tan rápido, en una generación, olvidarse de todo aquello. Recuerdo cuando la gente saltaba de España para buscarse la vida. Hacía reportajes para Radio Sevilla en Alemania sobre los inmigrantes que pasaban allí las navidades, con todas las dificultades y angustias que conlleva la migración. Ahora levanto la vista, todavía no soy un viejo petate de morirme, y no me puedo creer que se haya cambiado el chip.»

«LA LACRA DEL SIGLO XXI»

Son muchos los que se oponen a la inmigración en España. Desde los pretendidos argumentos lógicos —«nos vienen a quitar el trabajo», «copan los servicios sociales», «no se integran»— hasta los más flagrantemente xenófobos, las voces contra los recién llegados varían en el tono y en la corrección política. Los partidos, de hecho, suelen tratar el tema con discursos demagógicos que evitan cualquier comentario comprometedor. Pero ése, ciertamente, no es el caso de Josep Anglada. Este político, presidente del partido Plataforma Per Catalunya y regidor en el Ayuntamiento de Vic, militó en el partido Fuerza Nueva. Hace unos años ha vuelto al panorama político con esta nueva formación que sigue la línea de los partidos de ultraderecha europeos, como el Front National de Le Pen en Francia. Lo encontramos en la plaza mayor de Vic, mientras fuma y se acomoda su chaqueta de cuero, camina erguido y va saludando a los transeúntes y concretando asuntos cotidianos que le plantean al pasar. Sus labios finos dejan caer frases contundentes y polémicas.

Josep Anglada trabaja en un municipio en el que la mitad de los inmigrantes son de origen africano. Este señor vivió en Vic toda la vida y asegura ser una persona popular en su ciudad. «Desde hace años que, hablando con la gente, empiezo a detectar el problema de la inmigración: el exceso de inmigración.» En respuesta al «problema», en 2001 anunció que se presentaría a las elecciones municipales de 2003 «por un mejor control de la inmigración y una mejor seguridad ciudadana». «Creo que no dije nada del otro mundo, pero salió en muchos medios y mucha gente se interesó en mi proyecto. Vic era una ciudad pequeña en la que siempre hemos estado de maravilla, y ahora tenemos un 23% de inmigración, y hay que aguantarlo. Éste es el problema. Si fuera un 5% o un 8% no pasaría nada, pero un 23% es inaguantable.»

Al preguntarle si su partido es contrario a la inmigración, contesta de manera rotunda: «No es verdad. Siempre he dicho que lo que queremos es una inmigración controlada y que cumpla con las leyes.» Aunque dice que el problema está en el exceso de inmigrantes. «Hay varios tipos de inmigración. Con alguna estamos más de acuerdo, pero hay otro tipo que es un peligro, una auténtica amenaza. Me refiero a la inmigración islámica, que es un peligro no sólo en Cataluña y España, sino en toda Europa y Occidente. Vienen a trabajar, pero también a conquistar lo que desde hace tiempo dicen que es de ellos.»

Ahora todos los partidos hablan de la inmigración, «porque se han dado cuenta de que es un hilo para conseguir votos». Pero Anglada se jacta de ser el primero en «abrir los ojos de los ciudadanos». Su labor es clara: «Desde aquí controlamos la inmigración, en el sentido de que en este país hay unas leyes y tienen que cumplirlas tanto los moros, los negros como los cristianos.» Además, dice que en la ciudad de Vic, donde viven 40.000 habitantes, «cabemos los que cabemos». Apela a la necesidad del inmigrante, porque «nunca hemos dicho que no queramos inmigración, pero que venga la que necesitamos. Migración sí, pero la necesaria y la justa. No más».

Vaticina un mal futuro para la inmigración, porque con la crisis económica se va a agravar la situación. «Creo que veremos cosas peores. Si esta gente que está viniendo se queda sin trabajo tendrá que comer, que fumar, y ¿de dónde va a sacar el dinero? Ahí empezarán los problemas.»

En su trabajo municipal han implementado varias ordenanzas, sobre todo con respecto a la regulación comercial. «Si te vas a Barcelona ves que allí nadie cumple las leyes, si vas a la Gran Vía o a plaza Cataluña verás muchísimos *top manta*. Eso lo están permitiendo las autoridades. Aquí en Vic no se están cometiendo esas ilegalidades. Antes sí. De los comercios regentados por gente inmigrante no había uno solo que cumpliera con las leyes de horarios comerciales.» Pero ahí no termina su trabajo, asegura que los vecinos de Vic estaban hartos de hacer denuncias. «Hay muchos problemas en los inmuebles. Tú sabes que en las comunidades hay gastos de mantenimiento, como luz y limpieza. Esta gente ni paga ni quiere pagar. Hemos tomado medidas y lo hemos solucionado.»

No se considera racista ni xenófobo. «Siempre hemos actuado con la ley en la mano. Si a mí me llama la señora María y me dice, por ejemplo, que hay gente vendiendo algo, en cinco minutos ya están los Mossos d'Esquadra y la Guardia Urbana.» Asegura que al «ciudadano autóctono» le molesta que la Guardia Urbana haga la vista gorda con determinadas personas. Hace unos meses fue al mercado medieval de Vic y detectó que había unos senegaleses vendiendo en la calle. «Llamé a la Guardia Urbana y les dije: "Oye, soy Anglada, aquí hay unas personas vendiendo de manera ilegal que están perjudicando a las tiendas de autóctonos que pagan sus impuestos." A los cinco minutos vinieron. Si haces un seguimiento constante, llegas a evitar toda esta economía sumergida.»

Una de sus principales batallas la ha librado contra los locutorios. Asegura que, antes de que llegaran al ayuntamiento, se daba una situación desastrosa. «Los locutorios abrían y cerraban cuando les venía en gana. Lo utilizaban como lugar de reuniones hasta la una de la noche, mientras los vecinos no podían dormir. Además de que todo el mundo sabe que en esos lugares, regentados más que nada por gente musulmana, se realizan otras actividades. Uno se pregunta cómo se ganan la vida, que va más allá de vender una simple cerveza o hacer una llamada, si hoy día todo el mundo tiene móvil. Detrás de esas tiendas se esconden otras tramas que nada tienen que ver con el negocio.» Propusieron al ayuntamiento unas normas por las que los locutorios tenían que tener un determinado espacio mínimo, servicios y un horario: que cerrasen a las seis de la tarde. «Son actuaciones puntuales, pero éste es el control de la inmigración.»

«Los ayuntamientos están realizando una discriminación positiva a favor de los inmigrantes.» Anglada se lleva las manos a la cabeza y sentencia: «Nosotros siempre hemos dicho que primero somos los de casa, y después los de fuera. Hay que ayudar al autóctono y, si sobra algo, a los de fuera.»

Para este corregidor, en la convivencia se acentúan los conflictos con los foráneos. «Allí donde hay inmigrantes hay problemas, desde mearse y cagarse a cortarse el pelo en la escalera, por no hablar del tema de los ruidos y músicas a todo volumen.» Éstos son problemas que quiere resolver. Además, asegura que en la ciudad de Vic hay prostíbulos y «no puede ser que en una escalera donde hay diez vecinos y nueve son "normales" un inmigrante ponga una casa de masajes donde se hace de todo».

«Hace poco se murió un negro y esta gente lo celebra con mucha bebida. Los vecinos estaban muy molestos y llamaron dos o tres veces a la Guardia Urbana diciendo que había mucho follón. Hasta que a las doce de la noche me llamaron a mí diciéndome que estaban desesperados y que no sabían qué hacer. Entonces me tuve que poner un poco serio.» Josep Playà, periodista especializado en inmigración del diario *La Vanguardia*, nos dijo que Anglada dispone de tres o cuatro secuaces con los que se presenta en el lugar en conflicto. Esta actuación recuerda, por sus formas, a los camisas negras italianos. El caso de Anglada ha generado que en otros ayuntamientos, como en Hospitalet, se creen lo que se ha denominado la «policía de convivencia». En este caso son treinta y dos policías municipales —no van armados— que dan respuesta a las denuncias a inmigrantes relacionados con la avenencia.

Anglada recuerda que aquel día llamó a la Guardia Urbana: «Mandó cuatro dotaciones al lugar. A punto de venir estuvieron los Mossos d'Esquadra para hacer una carga. Se montó la de San Quintín, con botellas de cerveza y demás, un policía fue herido. La gente no entiende. Estuvieron quejándose todo el día, hasta que tuve que intervenir yo, no hubo ningún detenido, ninguna denuncia, absolutamente nada. Los únicos que se la cargaron fueron dos municipales que según el regidor no hicieron actuaciones correctas y no le pasó nada mejor por la cabeza que suspenderlos durante un mes sin trabajo ni sueldo. Los vecinos alucinaban. Los que arman el follón son ellos, se tuvieron que poner un poco duros, poniendo en riesgo su integridad física, y encima se cargan a los dos municipales. Este país no puede funcionar de esta manera.»

Anglada denuncia que los medios de comunicación tilden cualquier cosa de racista. «Un espectador puede ir a ver un partido del Barcelona y decirle al señor Laporta que es un cabrón y no pasa nada. Pero si insulta a Eto'o, es un racista. Esta diferencia está dada por la intoxicación de los medios de comunicación. La gente "normal", que por suerte son muchos, se da cuenta de esa discriminación positiva a favor de los inmigrantes.»

«Los ilegales tienen que ser expulsados del país inmediatamente.» Anglada pone el grito en el cielo y no admite regularizaciones. «Los dos partidos que han estado en el gobierno han tenido la misma culpa. El Partido Popular regularizó a unos 300.000 inmigrantes y el Partido Socialista hizo lo mismo. Ahora tenemos otro millón de inmigrantes que no están legalizados.» En su opinión el gobierno no tendría que permitir el acceso de «esta gente a nuestro país».

Plataforma per Catalunya no está en el gobierno, pero su presidente dice tener muy claro qué medidas tomaría. «No lo digo abiertamente, porque quiero esperar. Pero te puedo asegurar que en materia de seguridad, para que la gente pueda circular tranquilamente por las calles, en 24 horas tendría el tema solucionado, a mi manera.» Entre otras actuaciones, asegura que dejaría trabajar a la policía «tranquilamente».

El concejal de Vic también culpa a los empresarios, que fomentan el trabajo sumergido. «Es mentira que aquí nadie quiera hacer ciertos trabajos. Quieren hacerlos, pero con un salario digno. Lo que pasa es que, claro, viene un marroquí que en su país gana setenta duros al mes y cualquier empresario lo coge. Le da seiscientos euros y el marroquí se siente millonario. No se hacen inspecciones de trabajo. Conozco lugares donde tienen a muchos inmigrantes trabajando de ilegales y no pasa nada. Eso sí, si es un autóctono que tiene una tienda, lo miran de arriba abajo. Nuevamente la discriminación positiva a favor de los inmigrantes.»

Anglada no mide a los inmigrantes por si saben hablar catalán o no, «yo los mido de acuerdo a si se comportan como personas. A mí qué coño me importa si un magrebí de catorce años habla perfecto catalán —nació aquí y lo aprendió en la escuela—, si en su interior no deja de ser un musulmán. Siempre digo que el problema que vamos a tener será con las segundas generaciones.

Son las peores. Yo me pregunto qué van a hacer estos jóvenes que no tienen trabajo.

España es el único país de Europa que tiene ley de arraigo. «Es la primera medida que se tendría que sacar, porque ya en toda Europa la han sacado. Por eso evidentemente hemos tenido en tan poco tiempo tantas llegadas de inmigrantes, porque España es el paraíso. Hay inmigrantes que vienen sólo para operarse y luego se vuelven a su país. Y eso lo pagamos nosotros. Los catalanes, los vascos, los gallegos. Vienen magrebíes y negros con fotocopias falsificadas. En el Ayuntamiento de Vic les dicen que, siempre y cuando puedan demostrar que viven en un piso, los empadronamos. Viene un negro, se empadrona y al día siguiente tiene los mismos derechos que tú, que has estado cotizando toda tu vida en la seguridad social. Que venga uno ilegalmente y utilice la seguridad social y los colegios no se puede consentir.»

El concejal de Vic asegura que con el tema de la inmigración hay que aplicar unas medidas duras y muy concretas. «Pero no por el simple hecho de que sea negro o amarillo. Solamente hay que acabar con estas injusticias que se están cometiendo. Como los «pisos patera». Está lleno de «pisos patera», porque el gobierno no hace nada. Hay pisos donde viven cuarenta personas. Aquí tenemos un ejército de tierra, mar y aire, ¿no? ¿Para qué sirve? Los cayucos no tendrían ni que llegar a España. Se pueden detectar antes de llegar. Yo no los dejaría entrar. Si yo voy por una autopista en dirección contraria y me para la Guardia Civil, ¿me va a dejar seguir? Que los ejércitos trabajen, que para eso les pagamos. La inmigración es la lacra del siglo XXI.»

JUAN GOYTISOLO

No tenemos raíces, tenemos pies y caminamos.

Me cita en su casa de Marrakech. Lo llamo desde la plaza de Xamaá-el-Fná. Las primeras luces iluminan la gran plaza. Los encantadores de serpientes tocan las flautas y el pandero mientras *los turistas más madrugadores hacen fotografías. De fondo se ve la imponente Koutoubia, la hermana de la sevillana Giralda. Huele a especias, a comino y a té a la menta. Sigo las indicaciones que me da por teléfono. Paso por el Café de la France y sigo por el impresionante dédalo de la ciudad, llego a los cines Edén, una callejuela y una puerta verde. Parece el inicio de una novela. La puerta se abre lentamente y, según chirría la vetusta bisagra, uno de los pobladores del mundo interior de Marrakech se va descubriendo: Juan Goytisolo, el autor de* Señas de identidad *y* Paisajes después de la batalla.*

Su mirada es de un azul metálico. Camina pausadamente. A simple vista sólo sus manos dan muestra de la edad. Enseguida hace referencia a la situación actual de Marruecos con las corrientes migratorias, «con la imposibilidad de pasar el muro en Ceuta y Melilla, los cayucos cada vez salen de países más lejanos. Marruecos se ha convertido en un país de tránsito, todavía existe el que busca una posibilidad. En la zona norte del país la cantidad de africanos subsaharianos que viven en cuevas esperando la oportunidad de pasar es enorme». *Pero empecemos por el principio...*

«La migración política siempre es una migración de lujo. Siempre cuento que cuando salí de España y decidí no volver, aunque luego volví algunas veces, viajaba en un tren con emigrantes económicos. Yo era el único que emigraba por razones políticas, literarias o intelectuales. Buscaba la libertad de pensamiento y de escritura. Pero el tren, coincidiendo con la helada de la naranja de 1956, estaba lleno de valencianos que iban en busca de trabajo a Francia. Yo era el único que iba en busca de libertad. Este hecho, junto con los posteriores viajes que hice por el sur de España, por las zonas más pobres de Almería, como Níjar y La Chanca, me puso en contacto con gente que emigraba para buscarse el pan.

»Por una serie de razones —entre ellas el contacto que establecí con un español exiliado de la Guerra Civil que era director de obras— encontré trabajo a muchísima gente que había hecho el servicio militar conmigo. Y por otro, Monique Lange y yo conocimos a una valenciana extraordinaria. Poco a poco, fueron llegando sus familiares, hasta que al final nuestra casa parecía una agencia de empleos. La gente llegaba con sus maletas. Es decir, es un problema que he vivido desde el año 1956. También hice en un volumen, publicado por *Hijos de Muley-Rubio*, una encuesta sobre la inmigración española hacia los años sesenta. Siempre he estado muy familiarizado con la migración.

»En mi barrio de París, el Sentier, he visto llegar a gente de todos los países. Para mí fue una suerte. La inmigración la he tratado mucho en la prensa en forma de artículos, pero también ha influido mucho en mi concepción novelesca. Hay un lado dramático, pero hay un lado enriquecedor también. Si la llegada de otra gente con otros horizontes en lugar de ser acogida como algo peligroso, se acoge como algo positivo, nos permite conocer el mundo mucho mejor. En el barrio de París donde viví aprendí el árabe y el turco sin moverme. Recibía clases en las asociaciones de emigrantes. Me pareció que era lo correcto para entender lo que sucedía a mi alrededor.

»Luego he conocido otros mundos de emigración. Nueva York es el caso más claro. Allí todo el mundo viene de algún sitio. A nadie le choca que haya gente de todas partes. Yo salía de una España uniforme y descubrí la diversidad en Francia y luego en Estados Unidos. Esto me permitió, desde el comienzo de la democracia, tratar el tema de la inmigración, sobre el que he escrito bastante.

»Siempre es mejor poseer dos lenguas y dos culturas que poseer una. Poseer tres es mejor que dos y cuatro es mejor que tres y así sucesivamente. Siempre he tratado de sumar. No sólo he hecho un trabajo periodístico al respecto, sino que ha tenido una influencia directa en mi concepción sobre la literatura, en lo que he escrito. Supone ver tu propia cultura a la luz de otras culturas. Siempre he dicho que una cultura, como la española, es la suma de las influencias exteriores que ha recibido a lo largo de su historia. No hay culturas puras, esto lo he tenido bastante claro desde el principio. He tratado este tema para explicar este concepto de mestizaje de culturas.

»El paso de la España emisora de emigración a receptora se veía venir. Empecé a hablar de la inmigración en España cuando era magrebí y latinoamericana, cuando nadie hablaba de ella. Simplemente me di cuenta de que era algo que se nos iba a venir encima para bien y para mal. Tengo una recopilación de artículos desde que pude colaborar en la prensa, desde el restablecimiento de la democracia. Lo negativo sería cuando la migración llega de manera masiva e indiscriminada porque puede generar un rechazo. La prosperidad de España se debe en gran parte a la inmigración magrebí, de latinoamericanos, de India y de Pakistán. No hay que olvidar que han sido grandes artífices de la prosperidad española. No hay que verlos como una amenaza. Los españoles deberíamos aprender de nuestra propia historia. He querido poner mi experiencia de cuando éramos emigrantes al servicio de la inmigración que iba a llegar a España.

»Recientemente leí una estadística que se publicaba en *El País* que repetía casi en términos similares la que se llevó a cabo en los años noventa. Era una encuesta hecha en la comunidad de Madrid y salían por orden los grupos étnicos que generaban más rechazo. Primero salían los gitanos, segundo —decían— los moros, el tercero los catalanes, el cuarto los judíos, el quinto los africanos... Era extraordinario, era una falta de corrección política absoluta. Por esta falta de corrección política se excluyó a los catalanes. Además, tampoco emigraban a la Comunidad de Madrid. Era el reflejo de la muy negativa percepción que se tiene sobre este grupo. En la actual estadística han salido: primero los gitanos, segundo los magrebíes y tercero los judíos. Pero ¿qué inmigración judía hay en España? Son judíos mentales, sin embargo, dentro del imaginario van saliendo todos los fantasmas de la historia española. Sobre la nueva encuesta que han hecho publiqué un artículo en el que planteaba la seriedad de estas encuestas, quizá nadie se plantea qué grupo le genera más rechazo, pero como está en la casilla... Publicar este tipo de encuestas supone azuzar las conciencias, es muy negativo. El caso de los judíos es muy significativo, porque los judíos que hay en España suelen ser gente adinerada y nadie los ve, pero si aparece en la casilla la gente la marca.

»Es muy interesante ver el rechazo al inmigrante a través de los años, la evolución. El partido de Le Pen decía siempre que había los buenos inmigrantes: los españoles, los italianos, etc., que venían de una civilización cristiana como la *nuestra* y que no planteaban problemas, a diferencia de los árabes y de los africanos. Pero en la época de la inmigración de los años veinte y treinta, que eran sobre todo italianos y españoles, en Francia había un rechazo completo a los españoles y a los italianos. Decían: "qué diferencia de las buenas migraciones anteriores que venían de Bélgica y de Suiza". Suiza era un país pobre. La concepción que había sobre los españoles era que eran sucios, vagos... Todos los clichés racistas, mientras que la migración "buena", la anterior, no era así. Pero en los periódicos de la época salía que los suizos y los belgas también eran sucios, etc. Siempre se van trasladando los prejuicios a los nuevos grupos, mientras los anteriores se van asimilando. En mi opinión, estas encuestas no deberían hacerse públicas y darles publicidad, supone un elemento muy negativo porque gente que no había pensado nada se dice: "ah, sí los judíos".

»He vivido siempre entre inmigrantes y he aprendido muchísimo. En mi barrio eran judíos, armenios, italianos, luego llegaron los españoles, y más tarde se fueron, también los portugueses. Estaba ya la población de origen magrebí, a medida que llegaban los inmigrantes de India, Pakistán y de diferentes países árabes. Aprendí mucho en mi barrio, que era un barrio multiétnico. Salía a pasear y estaba en Turquía, con la llegada de los turcos y kurdos después del golpe de Estado militar. Ibas a otro barrio y estabas en Pakistán, en India, para mí era una maravilla. Inevitablemente el planeta va a ser así. Tengo las dos experiencias urbanas, la de París y la de Nueva York.

»Muy próximo al barrio donde vivía en Nueva York se ubicaba Little Italy, que poco a poco ha sido devorado por China Town. A medida que pasaron los años, los italianos —que tenían más burgueses— ya no querían vivir en el barrio, querían vivir con los WASP [blancos protestantes anglosajones]. Es fascinante ver cómo se trasladan de un lado a otro los prejuicios. Nueva York es una ciudad modélica porque todo el mundo viene de algún sitio. En París ha sido así también, pero han comenzado las limpiezas étnicas de algunos barrios, donde han enviado a los inmigrantes a las barriadas. Así han empezado los problemas, al quedar las barriadas étnicamente separadas con malas comunicaciones. La convivencia que es posible en el centro de la ciudad es imposible en la periferia. Se pasa del crisol al gueto.

»Siempre que he sido consultado por la Generalitat o la Junta de Andalucía he tratado de explicar que la asimilación ha de producirse espontáneamente a largo plazo. Hay que tratar de buscar una especie de integración. Me parece muy bien que reciban clases de la lengua materna. Nada de árabe clásico que no sirve para nada. Que les den clases de árabe dialectal, es la manera de adquirir la cultura catalana, castellana, la que sea y al mismo tiempo conservar su propia cultura. Ir sumando siempre, nada de ir restando. El reto de la sociedad española ahora mismo se plantea en una integración que respete la variedad cultural. No hay que crear guetos, el modelo inglés no me gusta nada, hay que intentar una integración abierta que respete la cultura de origen.

»Hay un retroceso enorme, los españoles deberíamos acordarnos de cuando emigrábamos. Yo tengo una memoria muy clara, publiqué en *Tribuna Socialista* biografías de emigrantes que contaban su vida. Pero se integraron con relativa facilidad tanto en Francia como en Suiza y en Alemania. Creo que esta experiencia deberíamos aplicarla a los que ahora llegan a España. Varía mucho la situación, hay zonas donde no hay conflicto, y el caso más extremo fue precisamente en la provincia de Almería.

»Tuve el honor de ser declarado persona non grata por el Ayuntamiento de El Ejido por decir, cuando fui allí, "esto que estoy viendo es esclavitud". La gente dormía en los invernaderos con pesticidas y en la calle padecían el racismo contra ellos. Escribí un artículo que titulé "Quién te ha visto y quién te ve". Hablaba de El Ejido que yo vi a finales de los años cincuenta, eran chozas, cabañas en un paisaje desértico. No había nada hasta que empezaron a llegar alemanes y suizos que pusieron en práctica técnicas por las que sacaban agua de las capas acuíferas, y aquello se transformó de la región más pobre de España a la más rica. Sin haber tenido la posibilidad de asimilar ni ética, ni moral, ni culturalmente el cambio. El informe del Foro Cívico sobre El Ejido decía: "49 agencias bancarias, 124 prostíbulos y una librería". Ya está todo dicho. Siempre he citado una frase hermosísima de Sherezade de *Las mil y una noches*: "El mundo es la casa de quienes no la tienen." Creo que es la mejor definición que puede haber. Los españoles cuando no tenían trabajo iban a Latinoamérica, a Marruecos, a Argelia, a Europa, a donde fuera. Había casi tres millones de emigrantes españoles en Europa a fines de los sesenta y principios de los setenta.

»No me gusta lo de multicultural, supone crear guetos y me parece negativo. Los gitanos con los gitanos, los africanos con los africanos, esto no me parece ideal. Una cultura es la suma de las influencias que ha sufrido a lo largo de su historia. Con la cultura española, debemos comenzar con los romanos, los cartagineses, los visigodos, los árabes, los gitanos, los judíos, ha sido siempre así. Cuando la península Ibérica era el centro de la cultura del mundo era porque tenía todo el acerbo árabe que había llegado. A través de los árabes, toda la cultura griega traducida al árabe por los traductores de Toledo. Esta ciudad era el centro de la cultura del mundo porque estaba abierta a todos los influjos, como el del Camino de Santiago, que traía la emergente cultura que venía de Francia y del resto de Europa. En cuanto se buscó la pureza racial, castiza e ideológica, la cultura española se derrumbó en un siglo y medio. Ésta es la experiencia.

»También existe un análisis puramente marxista en el que únicamente están los pobres y los ricos. Es cierto, pero no es cierto en su totalidad porque existen las fronteras. En Cuba, donde hay un régimen marxista-leninista, sigue habiendo una división étnica, los blanquitos arriba y los descendientes de esclavos abajo. ¿Cuántos negros hay en el Comité Central o en puestos de mando? Ninguno. Mi conflicto con las autoridades cubanas viene, en gran parte, por esto. Tengo un amigo ex diplomático negro que decía que los levantamientos que se habían sucedido en Cuba desde el siglo XIX eran una lucha de emancipación de los negros. José Martí era una figura puramente intelectual, pero había dirigentes negros, como Quintín Banderas, que lo borraron de la historia oficial. Se habló de lucha de clases en lugar de hablar de emancipación, es un tema de mucha complejidad, pero la tesis *negrista* me parece muy sólida. Una minoría blanca culta adoptó una postura determinada tras la independencia, pero los negros siguieron en la capa más baja de la sociedad.

»Esto es extrapolable al mundo de las migraciones en Europa. En Francia, cuando llegaba la inmigración procedente de África, se decía, "qué diferencia con la buena inmigración". Pero no olvidemos que según las encuestas los que lo tienen más difícil son los gitanos, los árabes y, luego, los africanos. Por este orden. En la Guerra Civil española el uso de mercenarios rifeños por las tropas de Franco hizo que el bando franquista dejara durante algún tiempo de lado el racismo *antimoro*. Todo era el "judaísmo internacional"... En el bando republicano se publicaron poemas racistas contra los moros, hay un discurso célebre de Dolores Ibárruri que dice "morisma salvaje que viene a violar a nuestras mujeres...". Tanto en la izquierda como en la derecha se han repetido siempre los clichés racistas.

»El mundo está cambiando constantemente en un *perpetuum mobile*. Así es como hay que tomarlo, quién le iba a decir a España hace treinta años que habría decenas de miles de pakistaníes o de chinos, nadie se lo hubiera creído. Esto no se puede parar. Los hombres no tenemos raíces, tenemos pies y caminamos. Por mi parte, siempre he sido castellano en Barcelona, afrancesado en Madrid, español en París, hispano en Norteamérica; siempre he tenido la ventaja de ver las cosas desde fuera. La mirada de la periferia al centro es mucho más interesante que la mirada del centro a la periferia. Esto lo aprendí leyendo a los clásicos españoles, porque desde el siglo XV hasta las primeras décadas del siglo XVII la inmensa mayoría de los escritores españoles eran cristianos nuevos.»

Epílogo

El que quiera oír que oiga.

SAMUEL BECKETT

Vuelvo a casa, el viaje ha llegado a su fin. Subo al avión. Atrás quedan los meses de idas y venidas, el sol abrasador, el desierto, las personas que me han acogido y han compartido con nosotros sus intimidades: su conocimiento, sus ilusiones, sus alegrías y su frustración. Despegamos, veo el mar desde la altura, las pequeñas espumas parecen ovejas y el océano parece la alegoría de otros mundos. No puedo evitar el recuerdo de ese mar que los poetas perciben como un hecho estético y que, perversamente, puede tornarse infierno, sepulcro insospechado para miles de desesperados de nuestro tiempo. Humillados y vencidos, víctimas de un orden injusto.

Nos une el anhelo de un mundo diferente y mejor, si bien sería incapaz de concebirlo. Pues hasta ahora, al menos, no lo hemos visto nunca realizado. Ponemos la mirada en una especie de búsqueda sin término del otro y de uno mismo. Hasta que no nos hagamos cargo del sufrimiento colectivo no seremos capaces de definirnos como sociedad. Como pretendía una corriente materialista de la historia, para transformar el mundo previamente hay que interpretarlo. No somos los mismos los que volvemos de una travesía que no sólo ha traspasado fronteras físicas, porque la experiencia del viaje está ligada a la vida, acaso el mayor de los viajes.

En este camino hollamos geografías que luego nos habitarán para siempre. ¿Hasta dónde puede uno liberarse del espíritu de época? ¿Hasta dónde podemos descentrarnos de nosotros mismos y desarrollar el juicio crítico? Siempre, lo sepamos o no, estaremos condicionados. Pero toda vez que hemos dado los primeros pasos, comprendemos que no hay retorno. Esta toma de posición puede ser un arma de doble filo: el pasaporte a la independencia de criterio y también al flagelo de la soledad, la autoexclusión, el exilio en la propia tierra. Volvemos a casa y ya no nos reconocemos en la antigua desafección ante el discurso político. Sentimos horror. Frente a la crisis financiera internacional, como en tantas otras crisis que ha atravesado la modernidad, se suceden las mismas actitudes intolerantes, extremadamente peligrosas, que buscan en el elemento externo el responsable de todos los males. El poder corre el imperdonable riesgo de convertir a la inmigración en el chivo expiatorio de esta época.

Este libro estaría justificado si condujera no a una respuesta unívoca al fenómeno de la migración —que no la hay— sino a replantearse de un modo menos prejuicioso y más humano ciertas preguntas. Porque, como decía Gustavo Bueno, preferimos las verdades curvas a las verdades rectas.

Creo que el aprendizaje ha sido acercarse a una realidad que nos interroga, allí donde antes teníamos certezas. Acercarse a África es acercarse a una verdad que poco y nada conocemos y que nos concierne.

Este fenómeno deja un mensaje a la comodidad satisfecha de los estados desarrollados: tomar las riendas del propio destino más allá de lo que se gane o se pierda. Es fácil, sin quererlo, caer en la concepción romántica del buen salvaje. Sería otro prejuicio pequeñoburgués. En cambio, es difícil cerrar un libro que trata de múltiples realidades. Los discursos son construcciones más o menos míticas. La verdad es que no hay verdad. La vida se define en su propio ejercicio, es una oportunidad que también podemos perder.

Agradecimientos

Cualquier trabajo acumula deudas incontables, pequeñas y grandes contribuciones sin las que el trabajo final no sería lo que es. Cuánto más en un libro testimonial, cuya base son las experiencias y la percepción de sus protagonistas. Por ello agradezco, primero, a todas las personas que aparecen en el libro y han compartido con nosotros su tiempo, su saber y su sentir. Relatos íntimos y profundos, muchas veces dolorosos y difíciles de compartir. Más con un extraño. Son muchas las voces que no he podido incluir, no porque sus testimonios no fueran necesarios, sino por mi incapacidad de incluirlos en este volumen. A todos ellos, gracias también.

Agradezco a mi familia —padres, abuelas y hermanos— por su ayuda y apoyo. Su contribución ha sido fundamental, incluso en la aproximación a la temática. Gracias a Álex y Ainhoa. A la ayuda de compañeros periodistas y amigos, a Beñat, el mejor de los acompañantes para cualquier aventura. A aquellos amigos que me han abierto las puertas de sus casas, han compartido su conocimiento e incluso nos han alojado en tantos viajes. Gracias a Juanito, Noumbissi, Joan, Oier, María José, Virginia, Bernabé y tantos otros.

A los editores que han confiado en este proyecto y en mí. Faustino, Ricardo e Iñigo, gracias por la oportunidad y la paciencia. A los valiosísimos consejos de Cristina y Mercedes, que me han permitido una aproximación más profunda y sensible a este fenómeno. Gracias a Sara, por la foto de portada.

A mi madre, a ella, especialmente, porque alimenta sueños que se hacen realidad.

A mi hermana Amaia, por su saber y capacidad de análisis, y a Landoni, por su estilo y método. Pero sobre todo, mis más profundos agradecimientos a Rosario, mi gran compañera infatigable. Por su generosidad, complicidad y trabajo.